致力于中国人的教育改革和文化重建

立 品 图 书 · 自觉 · 觉他
www.tobebooks.net
出 品

东海先生作品集 03

儒家法眼

对诸子的肯定与批判

余东海 著

中国友谊出版公司

图书在版编目（C I P）数据

儒家法眼：对诸子的肯定与批判 / 余东海著. --
北京：中国友谊出版公司，2016.9
ISBN 978-7-5057-3842-3

Ⅰ. ①儒… Ⅱ. ①余… Ⅲ. ①儒家—研究 Ⅳ.
①B222.05

中国版本图书馆CIP数据核字（2016）第217397号

书名　儒家法眼：对诸子的肯定与批判
作者　余东海
出版　中国友谊出版公司
发行　中国友谊出版公司
经销　新华书店
印刷　三河市华晨印务有限公司
规格　787×1092毫米　16开
　　　17.5印张　235千字
版次　2017年1月第1版
印次　2017年1月第1次印刷
书号　ISBN 978-7-5057-3842-3
定价　38.00元
地址　北京市朝阳区西坝河南里17号楼
邮编　100028
电话　（010）64668676

目　录

撰述说明

司马迁说："夫《春秋》，上明三王之道，下辨人事之纪，别嫌疑，明是非，定犹豫，善善恶恶，贤贤贱不肖。"这是《春秋》精神，即是儒家精神。对诸子百家予以如理如实的评判，是者是之，非者非之，善者善之，恶者恶之，是儒家的文化责任，是理和礼之所当然，是明我儒家中道、卫我中华正道的必须。

孔子是儒家集大成者和创派大宗师，儒家是中华文化主统和中华文明的主要缔造者，诸子百家无不源于儒家六经。但是，于六经所坚持的中道，诸子百家都有不同程度的偏离和违背。本书根据中道立场，分别对老子、管子、墨子、韩非、商鞅、荀子及《世说新语》中的魏晋名士进行了如理如实的批判。

对于传统各派，儒家是破（批判和破斥）、是收（肯定和吸收），如何破如何收，因派而异。例如，对商韩有破无收，重在批判，对老子、荀子及管子有破有收。

对于佛道两家和自由主义，儒家虽不完全认同，但又有相当赞肯，以之为仁本主义三大辅统。东海认为，除了外王学，自由主义是最优秀的政治学；除了内圣学，佛学、道学是最优秀的道德学。因此，对老子的批评，并不妨碍对他的肯定和恰当的文化定位。

第一章　关于老子

前　言

《周易》首乾，乾性阳刚，富有刚健、中正诸德，孔子法乾，取义于阳刚，天行健，君子以自强不息；黄帝《归藏易》首坤，坤性阴柔，老子法坤，取义于阴柔，地势坤，君子以厚德载物。有人嘲笑道家之“道”是“阴之道”，不是没有道理的。

独阳不生，孤阴不长，孔子曰：“亢龙有悔，盈不可久。”故儒家阳中有阴，集阳刚、阴柔诸美于一身；道家阴中有阳，静中有动，不乏阳刚之气。坤卦说：“坤至柔而动也刚，至静而德方。”所以说道家的虚静也是相对而言。《老子》对本体的描述“独立而不改，周行而不殆”，尤合《易经》“不易”和“性健”之旨。

但道家毕竟主乎阴柔，其本体论毕竟偏于虚静和归本虚静，其经典更多的是对虚静无为的强调，人生唯重超脱，政治唯倡无为。坤元不能涵盖乾元，乾元则可以涵盖坤元。儒家乾坤并建，阴阳刚柔圆满统一，因此高于道家。佛道强调空寂和虚静，殊不知，空寂的尽头，是生生不息，至诚无息；虚静的尽头，是维天之命，于穆不已。

《易经》曰：“天行健，君子以自强不息。”

天行即天性，即乾元之性。人能弘道，非道弘人，若不能自强不息，则不能弘道。

《礼记·哀公问》记载：

> 公曰："敢问君子何贵乎天道也？"孔子对曰："贵其不已。如日月东西相从而不已也，是天道也；不闭其久，是天道也；无为而物成，是天道也；已成而明，是天道也。"

道家于道有见，知其"不殆"，卒归本自然（道法自然），主张守静任化，以致废除裁成辅相之人能，究不悟"圣人成能"之旨。荀子说"庄子蔽于天而不知人"，其实老庄于天性的认证，也不全面，知其虚静，不知天性更有健动的一面。

道家作为中华文化的三大家之一，《老子》作为道家最高经典，智慧很高，但所见不够圆满中正，非"大象"之全，只可称之为"偏激的智慧"。《老子》一书颇有道理，又有不少偏激、极端、非正常之处，如果付诸实践，难免行差踏错，或者流弊无穷。

道家阴柔，法家阴毒，虽然性质不同，但不乏相通之处。法家的集大成者韩非，就从《老子》中汲取了不少营养。荀子的偏差和老子的偏激，共同培养了韩非的阴邪恶毒。《史记》中将老子与申不害、韩非合为一传，一言申不害本于黄老，再言韩非归于黄老，其意申韩法术渊源于黄老，不无道理。王夫之将老庄、浮屠、申韩并称为"古今三大害"，将佛道与申韩完全等同起来，则过了。就像荀子门下出了韩非、李斯，但荀子与韩李的正邪之别不可混。

孔子说："洁净精微，易之教也，其失也贼。"此言用在老子身上，颇为合适。康有为说，老子偷得《易经》半部，难免有点"贼"。然老子毕竟有道，其"贼"有限，学老子有失，进一步"贼"起来，就会流于申韩的惨刻寡恩，为害天下。马一浮先生说："老子其失也贼。"这个贼害就大了。

马一浮在《论老子流失》中又说："周秦诸子以道家为最高，道家之中又以老子为最高，而其流失亦以老子为最大。""法家之不仁，不能不说老子有意启之。合阴谋家与法家之弊观之，不是其失也贼么？”然哉然哉！

东海儒眼看《老子》，依儒家法眼和中道智慧，予以如理如实、实事求是的评判，是者是之，非者非之，正者可之，偏者纠之。

某些道家人物以孔子向老子问礼之事来抬老贬孔，很是无谓。圣人无常师，能者为师。孔子好学，“入太庙，每事问”。向老子问礼，作“犹龙之叹”，并不意味着孔子完全认可道家。学礼不同于学道，赞美不一定同道。对于道家和隐士，孔子师徒既很尊重也有批评。（孔子与老子是否同时，见仁见智。姑且以《史记》所载为真实。）

老子批评孔子，假设为真，是老子自说自话；孔子赞美老子，则说明孔子尊贤嘉善，孔子也曾赞美管子“如其仁”，就像东海高度尊重、赞扬某些自由派志士一样。

或问老子是否圣人。陆贾说：“自人君至于庶人，未有不法圣道而为贤者也。”（《新语》）此言甚是。别说圣德，就是贤境，也必须通过儒家中道才能抵达。如果说老子是圣人，那也是外道圣人，与“从心所欲不逾矩”的儒家圣境有异。当然，道家自有标准，也不以圣为理想人格。

道心惟微，不易全证，唯我儒家圣人，才能“允执厥中”，唯我儒家正经，才能“精义入神”。中外各种良性学说，虽有所得，部分而已；佛道两家最能得其大体，但也非全体。故孔子虽十分尊重老子，但与尊重尧舜禹汤、文武周公毕竟不同。对周公们是完全认同，对老子虽然高度赞美，并不完全认同。

儒家对于外道圣人，予以如实评判，则是理所当然、礼所当然，非狎侮也。如孔子对七逸民和荷蓧丈人们，孟子对伯夷、伊尹、柳下惠，都高度推崇又不尽认可。太史公说：“世之学老子者则绌儒学，儒学亦绌老子。道不同不相为谋，岂谓是邪？”（《史记·老子韩非列传》）宋儒对佛教更是侧重于批评。道理最大，当仁不让于外道圣人也。

2010年清华大学在上海自主招生时，有这样一道面试题：“如果老子和孔子有一天打架，你会帮助谁？”这是个伪问题，这个假设完全不成立，盖儒道两家都是正理正学，孔子、老子都重谦德，相互欣赏尊重。如果“打架”指义理相争，君子帮理不帮亲，谁的话更有道理就认同谁。将四书五经与《道德经》比较，我毫无疑问会站在孔子一边。

《论语》中孔子对隐士（道家者流）颇有微词，然点到为止。以儒家大中至正而无微不至的眼光，把《老子》彻头彻尾、彻外彻里地看透，看进老子和道家的心髓里去。该赞则赞，该批则批，该是则是，该非则非，该收则收，该破则破，深度揭示老子的本来面目。

《老子》八十一章

第一章

道可道，非常道。名可名，非常名。无，名天地之始。有，名万物之母。故常无欲以观其妙。常有欲以观其徼。此两者同出而异名，同谓之玄。玄之又玄，众妙之门。

《易经》说：“形而上者谓之道。”对于这个形而上之道，儒佛道诸家各有自己的认知。老子的认知也很深刻。所谓形而上，就是超越宇宙万象，包括意识、精神和语言文字。简而言之，人类的意识和语言文字都是形而下之物，不可能完全把握道体的奥妙。故孟子说“我于辞命则不能”，又说“浩然正气难言”。

然复须知，语言文字又是理解、说明、把握、通达道体奥妙至关重要的手段。在一定程度上，道又是“可道”的，儒佛道诸家传道和弘道都离不开语言文字，佛教千经万论，儒家四书五经，司马谈《六家要指》说：“六艺经传以千万数，累世不能通其学，当年不能究其礼。”可见儒家经典原来是“以千万数”，因战火和秦火而大量失传。就是老子自己，不也只留下了五千言吗？

因此，对于语言文字，既不能完全依赖，也不能过度排斥。“道可道，非常道”“知者不言言者不知”“狗不以善吠为良，人不以善言为贤。”（《庄子·徐无鬼》）之类说法，就过于绝对化了。儒家态度则有所不同，《论语》说“有德者必有言”，以“尚辞”为圣人之道，而且要言之有文，文质彬彬。孔子说：“言之无文，行之不远。”又说：“言行，君子之枢机。枢机之发，荣辱之主也。言行，君子之所以动天地也，可不慎乎？”把言论和行为并列为“君子之枢机”。

孔子“天何言哉”的“天”，与老子“道可道，非常道”的“道”，指的都是天道。孔子的话是事实判断，完全正确，天道无言，“妙万物而为言”，万物就是乾元生生不息的绝妙发言；老子的话指出了天道形而上的超越性，但对语言文字的作用认识不足，割裂了道与语言文字之间的关系，有失“道器不二”的圆满。

第二章

天下皆知美之为美，斯恶已；皆知善之为善，斯不善已。故有无相生，难易相成，长短相形，高下相倾，音声相和，前后相随。是以圣人处无为之事，行不言之教。万物作而弗辞，生而弗有，为而弗恃，功成而弗居。夫唯弗居，是以不去。

天下的人都知道美好的事物是美好的，是因为丑的存在；都知道善良的事物是善良的，是因为恶的存在。美与丑，善与恶，有与无，难与易，长与短，高与下，前与后，都是相反相成的。这个事实判断是正确的。

但是，“是以”的结论并不全面和中正。对于有为和无为、言和不言，圣人因时、因地、因人而制宜，并非一定要“处无为之事，行不言之教”。例如儒家圣王垂拱而治，这是“无为”，但在“垂拱”之前，要“有为”，要制礼作乐，要开展良好的文化引导、道德教化和制度建设。

《尚书·武成》尾句是“垂拱而天下治”，前面是“列爵惟五，分土惟三。建官惟贤，位事惟能。重民五教，惟食、丧、祭。惇信明义，崇德报功。”《易经·系辞》说：“黄帝尧舜垂衣裳而天下治。”但尧舜无为是建立在“大有为”基础上的。《尚书·尧典》就记载了尧制定历法节令、选贤任能、考察提拔接班人等情况；《尚书·舜典》也有记载，舜“受终于文祖”而摄政之后，同样开展了一系列纷繁的政治工作。

《易经》说：“圣人之情见乎辞。”意谓圣人之情，存乎教人，现于文辞。《礼记·经解》：“其为人也温柔敦厚，诗教也；疏通知远，书教也；广博易良，乐教也；洁静精微，易教也；恭俭庄敬，礼教也；属辞比事，春秋教也。”儒家六教，哪一种能够抛弃文字语言？

“生而不有，为而不恃，功成而弗居”等句颇合儒家精神。

第三章

不尚贤，使民不争。不贵难得之货，使民不为盗。不见可欲，使民心不乱。是以圣人之治，虚其心，实其腹，弱其志，强其骨，常使民无知无欲，使夫智者不敢为也。为无为，则无不治。

老子不尚贤，不能建设贤人政治和礼乐制度，就不能导之以德，齐之以礼，禁之以法，就不可能使民不争，反而更会使民争名、争利，趋于恶性竞争。儒家尚贤，强调“选贤与能”和“亲仁”，鼓励文化道德之争，君主之争，良性竞争，这才是正道。

墨子也主张尚贤，说：“尚贤者，政之本也。”以尚贤为政治之本，没有错，唯不够中肯，不如以民为本的中正。《大学》三纲领之二的“亲民”和《论语》的“泛爱众”，就是以民为本的体现。儒家政治在民本基础上尚贤。

“实其腹”，让国民衣食无忧，即《尚书》的“厚生”，是儒家为政的要点。吕坤说：“足民，王政之大本。百姓足，万政举；百姓不足，万政废。孔子告子贡以足食，告冉有以富之。孟子告梁王以养生、送死、无憾，告齐王以制田里、教树畜。尧、舜告此无良法矣。”（《呻吟语》）

儒家认同“实其腹，强其骨”，但反对“弱其志”和“常使民无知无欲”，而是强调立志和“志于学”，强调“天行健，君子以自强不息”，主张“格物致知”“食色性也”，以正常的欲望为天理，为本性的作用。

“虚其心”本来不错，但与“弱其志”和“常使民无知无欲”结合，就不正常了。“使民无知无欲”和“不见可欲，使民心不乱”，都是因噎废食的做法。吕坤指出：“不见可欲时，人人都是君子；一见可欲，不是滑了脚跟，便是摆动念头。老子曰：‘不见可欲，使心不乱。’此是闭目塞耳之学。一入耳目来，便了不得。”

其实，只要有良好的文化导向、道德教化和礼法制约，国民欲望“发而中节”，其心照样不乱。而这样的“不乱”才是基础扎实、稳定可靠的。

“天下莫能与之争”是“夫唯不争”的自然结果，不是原初的发意和主动的追求。有人认为“不争，是为了天下莫能与之争”是从功利主义、实用主义的角度理解老子，反而降低了老子的境界。

道家所谓的“圣人之治”对商韩派法家颇有影响和启发。商鞅“弱民”政策与“弱其志”一脉相承，韩非更是以老子为精神导师，曾作《解老》《喻老》，从《老子》中为法术势之学寻求“道德”凭借。韩非师从荀子，私淑老子，将两位的偏激和错误变本加厉地发扬了起来。

第四章

道，冲而用之或不盈，渊兮似万物之宗。挫其锐，解其纷，和其光，同其尘。湛兮似或存，吾不知谁之子，象帝之先。

本章是对道体的形容和描述，颇有独到之处。道，是形而上的存在，非现象之物，故称之为冲（形容空虚）。但又大用无穷，其作用无穷无尽。祂深邃无限，仿佛“万物之宗”。祂不是“谁之子”，也不是“象帝之先”，祂就是中华特色的“昊天上帝”。

老子的道，与儒家的天道同属一个“级别”，但所证有异，证得的相当于坤元，其道其学充满坤元的特征。

乾元与坤元，不二而有别。有乾必有坤，乾坤不可割裂，不二也；乾主坤辅，乾可涵盖坤，有别也。《周易》首乾：“大哉乾元，万物资始乃统天。”其次为坤：“至哉坤元，万物资生乃顺承天。”两句话就排定了乾坤的尊卑位序。乾元是万物的原始资本，是最高统帅；坤元是万物的母体，居顺承之位。

“乾知大始，坤作成物。”乾元主管宇宙的启动，坤元负责万物的造作。知是主管义，如知县、知府，乾元知宇宙万物，是宇宙最高主管。作是造作义，坤元负责万物的生成。乾坤都是万物的创造者，乾元侧重于创，开创，开辟；坤元侧重于造，制造。坤元统于乾元，没有乾就没有坤、没有一切。

乾元主义，提纲挈领，抓住乾元就抓住了真理的大象。得道之全体，自然大用无穷。《易传》说裁成辅相，以左右民；《中庸》说尽己、尽人、尽物之性，赞天地之化育，与天地参；张载说为天地立心，都必须由此入手，都是道之大用。道家是坤元主义，得《易经》半部，抓住了“大象”的一半。虽不错，但很不够。

儒家特别重视“位”的概念，强调万事万物各安其位。《中庸》说：“致中和，天地位焉，万物育焉。”将“中和”推到最高境界，天地各安其所，万物各遂其生。《易经·系辞》说：“天尊地卑，乾坤定矣；卑高以陈，贵贱位矣。”天上地下，尊卑各得其所，贵贱各守其份。反过来，如果地上天下，乾坤颠倒，就没有安定可言了。

道家作为辅统，自可发挥很好的作用，但若成为文化主流，那就意味着将地道抬举到了乾位，政治礼乐崩坏，社会及家庭乾纲不振，就是必然的现象，这在魏晋时代最为典型。明朝从嘉靖开始走下坡路，“崇尚道教，享祀弗经”（《明史》）就是嘉靖的一大政治误区。无论道家还是道教，如果压倒儒家，必然害及政治。

同样，诸子百家和各种学说也都应该各安其位。如农家力于农业，兵家限于兵事，佛道甘于辅统，宗教限于宗教。如果农家执政，人人劳动；兵家主政，政不厌诈；佛道排儒，自居道统；宗教干政，政教合一，那就乱套了。

第五章

天地不仁，以万物为刍狗。圣人不仁，以百姓为刍狗。天地之间，其犹橐（tuó）迭（dié）乎！虚而不屈，动而愈出。多言数穷，不如守中。

老子不知道，儒家的仁，即道即器，是形而上和形而下的统一。他仅仅将“仁”理解为人世间的爱和有差等之爱，其言便不中肯。东海曰：“天地至仁，以万物为一体；圣人至仁，以天下为一家。生生不息新新不已，天地之仁也；民胞物与，大爱无疆，圣人之仁也。”

关于言，儒家该少则少，该多则多，该沉默就沉默，该放言就放言，无可无不可，这才是“守中”。

第六章

谷神不死，是谓玄牝（pìn）。玄牝之门，是谓天地根。绵绵若存，用之不勤。

道家于道有悟，知道“谷神不死”“用之不勤”，但终究是从坤阴的一面入手的，坤元是坤阴之元，物质之元，“牝”在上古中国文字中，是雌性生殖机能的代名词。以玄牝喻道，就充分体现了道家坤元主义的特征，因此道家的人生观、价值观、道德观，都带了阴柔的性质和女性的特征。

相比坤元主义，儒家乾元主义又更加高明中正，盖乾元第一元。说乾元，坤元在其中矣。东海曰：“谷神不死，是谓乾元。乾元之门，是谓天地根。生生不息，用之不勤。”

“绵绵若存”，绵绵不绝，似存非存，因为道体是一种非现象的存在。勤，通尽，竭、完的意思。《淮南子·主术》说：“力勤则匮。”用之不勤，天道大用无限，作用无穷无尽。或说，勤是勤劳之义。用之不勤，无限作用但不现勤劳相，意谓既不懈怠，也不勤劳，自然而然，永远如此。这样说也能说得通。杨雄说：“圣人乐天知命，乐天则不勤，知命则不忧。”这样来看，不勤正是道的特征。

坤元主乎顺，“万物资生，乃顺承天。”阴柔虚静为主，但阴中有阳，柔中有刚，所以《易经·坤文言》说：“坤至柔而动也刚。”这是因为乾坤不二，相通相契。因此，道家并非一味虚静，也不乏“用之不勤”的表现。

第七章

天长地久。天地所以能长且久者，以其不自生，故能长生。是以圣人后其身而身先，外其身而身存。非以其无私邪？故能成其私。

这些话有些绝对化。儒家为了成仁取义，必要时可以杀身舍生；在“可以不死”的时候，又有君子见机“明哲保身”的一面。“外其身”也不一定就能“身存”。

不自生、后其身、外其身、无私，这是不错的，可是，出发点却是长生、身先、身存、成其私，无非一个“私”字作怪。马一浮指出：“看来老子病根所在，只是外物。他真是个超客观、大客观的哲学，自己常立在万物之表。若孔子之道则不然，物我一体，乃是将万物折归到自己性分内，成物即是成己。故某常说：圣人之道，己外无物，其视万物犹自身也。肇法师云：‘圣人无私，靡所不己。’

此言深为得之。老子则言：‘圣人无私，故能成其私。’明明说成其私，是己与物终成对待，此其所以失之也。”（《泰和会语·论老子流失》）

马一浮说：“老子曰：‘圣人无私，所以成其私。’则是以无私为私也。若见有可私，焉能无私？仁者浑然与物同体，不见有可私者。换言之，是不见有物与之为对也。”（《复性书院讲录》）

儒家在处理无私与私的关系问题上，强调物我一体之仁，故“不见有可私者”“不见有物与之对也”。儒家不讲成私，只讲尽心尽性，成德成圣。所谓“古之学者为己”，为的是良知仁性。儒家圣人的无私是真正的无私。

《礼记》记载：

子夏曰：“三王之德，参于天地，敢问何如斯可谓参于天地矣？”孔子曰：“奉三无私以劳天下。”子夏曰：“敢问何谓三无私？孔子曰：天无私覆，地无私载，日月无私照。奉斯三者以劳天下，此之谓三无私。”（《礼记·孔子闲居》）

“奉三无私以劳天下”的这个“劳”字，也是儒家圣王的特色。《易经·井卦》之《象》说：“君子以劳民劝相。”《论语》子路问政中，子曰：“先之劳之。”又说：“爱之，能勿劳乎？”孟子引用尧之言说：“劳之来之，匡之翼之。”庄子引用墨者之言说：“禹，大圣也，而形劳天下也。”都是阐发“劳”字之义的。儒家圣王和政治的无为，建立在“大有为”和“劳天下”的基础上。

第八章

上善若水。水善利万物而不争，处众人之所恶，故几于道。居善地，心善渊，与善仁，言善信，政善治，事善能，动善时。夫唯不争，故无尤。

儒道两家在修养层面颇有相近之处。

老子说“居善地”，孔子说“里仁为美”；老子说“心善渊”，儒家讲心平气和；老子说“与善仁”，孔子说“依于仁”；老子说“言善信”，儒家强调言而有信；老子说“政善治”，孔子说“政者正也”；老子说“事善能”，儒家强调德才兼备，重视办事能力；老子说“动善时”，《易经》讲“时变”……不尽相同，可以相通。

唯“上善若水”虽然高明，不够中庸，不如“仁者乐山，智者乐水”之言圆满；乾纲不振，不如儒家乾元挂帅，从而得阴阳合一、刚柔相济之妙。

《坎卦》为水。卦辞：“习坎：有孚，维心亨，行有尚。”《象》曰：“维心亨，乃以刚中也。行有尚，往有功也。”王夫之指出：“圣人于易，择取元化之善者以为德，而不效其所不足，故特于刚中之象，著其有孚，谓其刚直内充，非貌柔以行狙诈，而易以溺人者之足贵也。若老氏曰上善若水，则取其以至柔驰骋乎至刚，无亨之坎，为小人之险，岂君子之所尚哉。”（王夫之《周易内传》）

儒家争不争皆无尤，即不妨“处众人之所恶”，也可以处众人之所尊，“素富贵，行乎富贵”。

第九章

持而盈之，不如其已；揣而锐之，不可长保；金玉满堂，莫之能守；富贵而骄，自遗其咎。功遂身退，天之道也。

这些话并非没有道理，只是绝对化和片面化了——除了“富贵而骄，自遗其咎”这句。儒家“无可，无不可”，功成身退，可以；功成身不退，也可以。大禹治水，汤武革命，大功告成之后，何尝身退哉。

第十章

载营魄抱一，能无离乎？专气致柔，能如婴儿乎？涤除玄览，能无疵乎？爱国治民，能无为乎？天门开阖，能为雌乎？明白四达，能无知乎？生之畜之，生而不有，为而不恃，长而不宰，是谓玄德。

本章论述修身治民之道，虽有道理却又不够全面，知“专气致柔”而不知“养吾浩然”，知“无知”而不知“致知”，知“无为”而不知首先应该“大有为”。

第十一章

三十辐共一毂（gǔ），当其无，有车之用。埏埴（shān zhí）以为器，当其无，有器之用。凿户牖（yǒu）以为室，当其无，有室之用。故有之以为利，无之以为用。

有车轮而没有车轮的中空，不能用；有陶器而没有陶器的中空，不能用；有房屋而没有房屋的中空，不能用。老子以此形容有和无相辅相成的辩证关系，颇为形象。

第十二章

五色令人目盲，五音令人耳聋，五味令人口爽，驰骋畋（tián）猎令人心发狂，难得之货令人行妨。是以圣人为腹不为目，故去彼取此。

儒家既不为目也不为腹，而是为心、为仁，故强调成仁取义、致良知。只要良知光明，五色可以养目，五音可以养耳，五味可以养口，驰骋畋猎可以养身（强身健体），难得之货又有何妨。《吕氏春秋·孝行览》曰：“养有五道：修宫室，安床笫，节饮食，养体之道也；树五色，施五采，列文章，养目之道也；正六律，和五声，杂八音，养耳之道也；熟五谷，烹六畜，和煎调，养口之道也；和颜色，说言语，敬进退，养志之道也。此五者，代进而序用之，可谓善养矣。”

第十三章

宠辱若惊，贵大患若身。何谓宠辱若惊？宠为下。得之若惊，失之若惊，是谓宠辱若惊。何谓贵大患若身？吾所以有大患者，为吾有身；及吾无身，吾有何患。故贵以身为天下，若可寄天下。爱以身为天下，若可托天下。

本章论述贵身、爱身之道，与儒家“明哲保身”的理念相通，不过不如儒家全面。儒家贵身更加贵仁，爱身是因为爱良知。孟子说：“可以死，可以不死，死伤勇。”可以不死的时候，理当明哲保身；可以死的时候，则应该杀身舍生。两者相辅相成，都是为了成就良知的辉煌。

第十四章

视之不见名曰夷，听之不闻名曰希，抟之不得名曰微。此三者不可致诘，故混而为一。其上不皦，其下不昧，绳绳不可名，复归于无物。是谓无状之状，无物之象，是谓惚恍。迎之不见其首，随之不见其后。执古之道，以御今之有。能知古始，是谓道纪。

本章是对道体特征的描述。道体是看不到、听不见、抓不住的，超越心物，超绝言诠。道及高处，冷暖自知，很难用语言文字准确传达，但语言文字又是传道解惑不可或缺的工具。道不可言，又不可不言，故强为之言。

万物包括人的肉体意识都是道的产品（器），语言文字又是人的产品。故语言文字堪称道的隔代产品。道家主张绝圣弃智，对这个隔代产品的作用很轻蔑，甚至认为有副作用。儒家有所不同，认为道器本来不二，下学可以上达，语言文字固然不是道，却是解悟天道的重要法门。

生命是宇宙的奇迹，人类是生命的奇迹，语言文字又是人间奇迹之一。现象之物都有其局限性，语言文字也不例外，但人类文明、社会发展、道的彰明和传承都离不开祂，祂是上达恒常之道的重要法门或渠道。

作为形而上、第一性的道，非物质非意识，超物质超意识，又"全息"着物质意识的信息。这很难理解，所以老子说"道可道，非常道"，子贡说"性与天道，不得而闻"，佛道两家论之不休，真正悟入者寡。想象一下宇宙大爆炸之前的那一"点"，或许对你进一步解悟道体有所启发。能够了知宇宙的初始，"是谓道纪"，就抓住了道之纲纪。

若用儒家的解释来讲，"执古之道，以御今之有"即返本开新："执古之道"是返本，抓住道统；"以御今之有"是开新，驾驭时代。

第十五章

古之善为道者，微妙玄通，深不可识。夫唯不可识，故强为之容：豫兮若冬涉川，犹兮若畏四邻，俨兮其若容，涣兮若冰之将释，敦兮其若朴，旷兮其若谷，混兮其若浊。孰能浊以静之徐清，孰能安以动之徐生。保此道者，不欲盈。夫唯不盈，故能蔽而新成。

道家"古之善为士者"如是。

儒家之"善为士者"，无可无不可，未必如是，未必不如是。《礼记·儒行》通过孔子与鲁哀公的对话，描述了不同儒者的行为特色和精神风貌。

“不欲盈”说与《易经》说“亢龙有悔”相通，颇得《谦卦》之理。不过，《易经·谦卦》言及征伐，非道家所知。《谦卦》六五爻辞：“利用侵伐，无不利。”上六爻辞：“鸣谦，利用行师，征邑国。”行乎正道，又行谦道，人心皆服，众望所归。若有不服者，必野蛮凶恶之辈，为人间公害。吊民伐罪，顺天应人，无不利也。

老子的“微妙玄通”，境界很高，却非最高，有智而无仁，远不如儒家仁智勇俱全。马一浮指出：“禅师家有一则机语。问：二龙争珠，谁是得者？答曰：老僧只管看。老子态度便是如此。故曰：微妙玄通，深不可识。他看世间一切有为，只是妄作，自取其咎，浅陋可笑，故曰：不知常，妄作凶。他只燕然超处，看汝颠扑，安然不动，令汝捉不到他的败阙，不奈他何。以佛语判之，便是有智而无悲；儒者便谓之不仁。”（《泰和会语·论老子流失》）

第十六章

致虚极，守静笃。万物并作，吾以观复。夫物芸芸，各复归其根。归根曰静，静曰复命。复命曰常，知常曰明。不知常，妄作凶。知常容，容乃公，公乃全，全乃天，天乃道，道乃久，没身不殆。

“致虚极，守静笃”六个字，堪称道家核心思想和理念，是道家修身功夫的要旨。道家的高明和不足都根源于此。

宇宙万物包括人类生命的根本是道。这个道既虚静又健动，动静不二，生生不息。“天行健，君子以自强不息；地势坤，君子以厚德载物。”意谓天性健动，君子通达天性，所以能够自强不息；地势顺从，君子明白地势，所以能够厚德载物。自强不息、厚德载物是君子德性的必然。

天行健与地势坤相对。天指天道，即乾元，主乎健；地指地道，即坤元，主乎顺。健与坤都是形容词，健是阳刚健动，坤是阴柔顺从。势意谓表现出来的样子，有形势、趋势、特征义。以作以此、因此解。

虚静是坤元的特征，可见道家说的道是地道坤元。地道虽然也是道，但从属于天道。地道不能涵盖天道，天道可以涵盖地道，故抓住乾元，就抓住了一切；抓住坤元，则只能得道体之半，知其静而不知其健。故道家虽然归根，不够彻底；虽然复命，不够圆满。

或曰："静而未必能悟，悟时必在静中。"东海答曰："此悟有偏。"悟后动静一如，即亦静亦动，非动非静，动中有静，静中有动，动静不二，同时以健动为本。所谓"天行健，君子以自强不息"。君子自强不息是因为（以）天性健动的缘故。君子致其良知、明其明德、见其天性，自然健动不息如永动机。

马一浮说："如老子之言曰：'万物并作，吾以观其复。夫物芸芸，各复归其根。'孔子则云：'圣人感人心而天下和平。观其所感而天地万物之情可见矣。'作、复，是以物言；恒、感，是以心言。老子连下两其字，是在物一边看。孔子亦连下两其字，是在自己身上看。其言天地万物之情可见，是即在自己恒感之理上见的，不是离了自心恒感之外，别有一个天地万物。老子说吾以观其复，是万物作复之外，别有一个能观之我。这不是明明不同么？今讲老子流失，是要学者知道，心术发源处合下便当有择。若趋外物一边，直饶汝聪明睿智到老子地位，其流弊不可胜言。何况如今唯物史观一流之理论，其浅薄去老子简直不能以霄壤为喻。而持彼论者，往往自矜以为天下莫能过，岂不哀哉！"（《泰和会语·论老子流失》）

第十七章

太上，不知有之；其次，亲而誉之；其次，畏之；其次，侮之。信不足焉，有不信焉。悠兮其贵言。功成事遂，百姓皆谓："我自然。"

“太上不知有之”，这是无为之治导出来的最高政治境界。《帝王世纪》载：“帝尧之世，天下大和，百姓无事。有八九十老人击壤而歌。”其歌词是：“日出而作，日入而息。凿井而饮，耕田而食。帝力于我何有哉？”这就是“太上不知有之”的形象说明。

清人沈德潜在《古诗源》中说：“帝尧以前，近于荒渺。虽有《皇娥》《白帝》二歌，系王嘉伪撰，其事近诬。故以《击壤歌》为始。”他认为《击壤歌》比较可靠。

民众“不知有之”，这才是最好的政府，民众亲近被赞誉的政府。如果，出现民众害怕的政府，民众侮骂的政府，这就意味着政府彻底丧失了民意支持，结果是，要么改良，要么垮台。

“信不足焉，有不信焉。”自古而然，政府“无信”的后果极其严重，比“无兵无食”更严重。

第十八章

大道废，有仁义；智慧出，有大伪；六亲不和，有孝慈；国家昏乱，有忠臣。

作为历史性的事实判断，本章不无道理，岁寒然后知松柏而后凋也。

但是，不能“反推”，不能将道废、大伪、六亲不和、国家昏乱等问题的责任，推给仁义、智慧、孝慈和忠臣。设想一下，道废、大伪、六亲不和、国家昏乱的时代，如果再没有仁义、智慧、孝慈和忠臣，人类禽兽化和社会丛林化将伊于胡底（编者注：伊于胡底，出自《经诗·小雅》。意同不堪设想）。就像庄子说圣贤不死、盗贼不止一样，何尝不是事实？但是，如果将盗贼的责任推给圣贤，认为打倒圣贤就可以消灭盗贼，那就荒谬了。

只有弘扬仁义，才有望回归大道；只有开发智慧，才有望破斥大伪；只有倡导孝慈，才有望六亲和睦；只有忠臣辈出，才有望国家和平；只有推崇圣学，提升道德，才有望逐步消除盗贼。

第十九章

绝圣弃智，民利百倍；绝仁弃义，民复孝慈；绝巧弃利，盗贼无有；此三者，以为文不足。故令有所属：见素抱朴，少私寡欲，绝学无忧。

老子反智，反对文化启蒙、智慧开发、道德教化和制度建设，主张小国寡民绝圣弃智，退回原始社会的混沌世界最好。眼光往后看，认为道德在后面。问题是人类社会的是不断发展的，文明一旦上路就退不回去了。东海提醒曰："绝圣弃智，民害百倍；绝仁弃义，民更逆狠（忤逆狠恶）。绝圣弃智、绝仁弃义之后，必然巧诈泛滥，利益挂帅，私欲失控，盗贼横行。"

儒家以圣境为最高境界，以智慧为道德要目，以知识为智慧桥梁，以仁义为第一原则，以道义统帅利益（义者利之和），而且特别强调学习。《论语》开宗明义就是要求"学而时习之"。

第二十章

唯之与阿，相去几何？美之与恶，相去若何？人之所畏，不可不畏。荒兮其未央哉！众人熙熙，如享太牢，如春登台；我独泊兮其未兆，如婴儿之未孩；儽儽兮若无所归。众人皆有余，而我独若遗。我愚人之心也哉，沌沌兮！俗人昭昭，我独昏昏；俗人察察，我独闷闷。澹兮其若海，飂兮若无止。众人皆有以，而我独顽似鄙。我独异于人，而贵食母。

唯之与阿确实相去无多，某些美丑标准也会因时而异。但是，义利、善恶、正邪、华夷、人禽之别，不可混淆，不可不辨。大是大非面前，是则是，非则非，焉能我独昏昏与世浮沉，焉能"此亦一是非，彼亦一是非”是非不辨？那不成了乡愿了吗？

儒家君子才是真正的“异于人而贵食母”者。

第二十一章

孔德之容，惟道是从。道之为物，惟恍惟惚。惚兮恍兮，其中有象；恍兮惚兮，其中有物。窈兮冥兮，其中有精；其精甚真，其中有信。自古及今，其名不去，以阅众甫。吾何以知众甫之状哉！以此。

本质是对道体的形容。祂既有超越性又有内在性，超乎宇宙万物和肉体意识，又内在于这一切。说祂是有，祂无形无迹，非心非物，不可捉摸，不可思议；说祂是无，祂又是真真切切、实实在在的“东西”，可信、可解、可行、可证。

“孔德之容，惟道是从。”这也是儒家的精神。惟道是从，就是惟天理良知是从。天下有道，以道殉身；天下无道，以身殉道，将身体当做道体的栖居，任何时候都身与道俱，与道同在。

第二十二章

曲则全，枉则直，洼则盈，敝则新，少则得，多则惑。是以圣人抱一为天下式。不自见故明，不自是故彰，不自伐故有功，不自矜故长。夫唯不争，故天下莫能与之争。古之所谓“曲则全”者，岂虚言哉！诚全而归之。

儒道两家都讲“曲”，但同中有异。一是曲的“地位”有异。《老子》泛言“曲则全，枉则直”，儒家则“诚”居第一，“其次致曲”，而且要曲中有诚，“曲能有诚”，目的是“曲成万物而不遗”。二是曲的涵义有异。儒家的曲，不是枉曲，而涵曲折、细致和精微义。

第二十三章

希言自然。故飘风不终朝，骤雨不终日。孰为此者？天地。天地尚不能久，而况于人乎？故从事于道者，同于道；德者，同于德；失者，同于失。同于道者，道亦乐得之；同于德者，德亦乐得之；同于失者，失亦乐得之。信不足焉，有不信焉。

“从事于道者，同于道；德者，同于德”，没错，然复须知，道德修养有其次第。孔子从“十五有志于学”开始，直到七十岁才完全得乎道，同于道德。“从心所欲不逾矩”是圣境，意味着生命完全道德化，“肉身成道”。

“失者，同于失”，然哉。自暴自弃，必然丧失道德，为道所弃。

第二十四章

企者不立，跨者不行，自见者不明，自是者不彰，自伐者无功，自矜者不长。其在道也，曰：余食赘（zhuì）形。物或恶之，故有道者不处。

这一章说得很有道理。但“自是者不彰”，不尽然。儒家认为，非则非，是则是，自己的思想观点若“是”，自是又何妨。孔孟和历代圣贤，还有释尊和老子，对自己认证的道，无不充满自信、绝对自肯和坚定自是。

第二十五章

有物混成，先天地生。寂兮寥兮，独立不改，周行而不殆，可以为天下母。吾不知其名，强字之曰道。强为之名曰大。大曰逝，逝曰远，远曰反。故道大，天大，地大，人亦大。域中有四大，而人居其一焉。人法地，地法天，天法道，道法自然。

这是对道体的描述，与儒家的认证有同有异。“寂兮寥兮”相当于“易无思也，无为也，寂然不动……”“独立不改”，相当于《易经》的“不易”原则；“周行不殆”，相当于“天行健”；而“有物混成，先天地生”和“为天下母”，相当于“大哉乾元，万物资始乃统天”。但老子之言，终究不够圆满，如“独立”“周行”之类，可视为形容，不可执实。

道法自然，并非道之上还有“自然”。道就是自然。唐默希子解说：“自然，盖道之绝称，不知而然，亦非不然，万物皆然，不得不然，然而自然，非有能然，无所因寄，故曰自然也。”

道大、天大、地大、人大，都大而又有别。道器不二，故可以说道体在“域中”，但道体毕竟是形而上者，不仅仅在“域中”。同时，道也是大中之大，道为体，天地人为用；天地人三才中，人又最大，因为人类生命是道体在天地之间最高明的“作品”，人是万物的中心和尺度。天地之性人为贵，万物之中人最灵。

域中四大之中，唯道最大。道是第一性之“物”，是天地万物之母体、本体，天地和人类的肉体、意识、心都属于现象。同时，人类的生命作为道体最高级的产品，比自然的天地更伟大。天地无心，唯人能“为天地立心”。

另复须知，在中华文化话语体系中，天有多义，如自然之天、运命之天、义理之天、本体和本性之天等等。老子“天大”的天，无疑指自然的天，即头顶的天空。在“大哉乾元，万物资始乃统天”句中，乾元指道体之天，而“乃统天”的天则指自然之天或者宇宙。

第二十六章

重为轻根，静为躁君。是以君子终日行不离辎重。虽有荣观，燕处超然。奈何万乘之主，而以身轻天下？轻则失根，躁则失君。

儒家强调重，“君子不重则不威”；也强调静，“仁者静。”

唯儒家全面，“仁者静”不碍“知者动”，动静一如。静的对面是动，不是躁。智者通权达变，仿佛水流动不滞，随岸赋形，智者乐水，切合《易经》变易原则；仁是绝对真理，仁者仿佛大山巍然，屹立而不动摇，仁者乐山，切合《易经》不易原则。智与仁，既有别又相通。智慧到了最高，就与道德合一而成了仁。仁是至德也是大智。

第二十七章

善行无辙迹，善言无瑕谪，善数不用筹策，善闭无关楗而不可开，善结无绳约而不可解。是以圣人常善救人，故无弃人；常善救物，故无弃物，是谓袭明。故善人者，不善人之师；不善人者，善人之资。不贵其师，不爱其资，虽智大迷。是谓要妙。

圣人的经典就是“善言无瑕谪”的典型。

“善人者，不善人之师；不善人者，善人之资。”与《论语》中“三人行必有我师”一章近义，可共参考。老子的说法，毕竟差点。

王夫之评判说：“老子曰善人，不善人之师；不善人，善人之资，是很毒语。将谓纣为武王之资，杨、墨为孟子之资，利人之不善，而己之功资以成，道资以伸！若此，既非君子之存心。”（《读四书大全说》）

第二十八章

知其雄，守其雌，为天下溪。为天下溪，常德不离，复归于婴儿。知其白，守其黑，为天下式。为天下式，常德不忒（tè），复归于无极。知其荣，守其辱，为天下谷。为天下谷，常德乃足，复归于朴。朴散则为器，圣人用之，则为官长。故大制不割。

道家对道德、心性的认证与儒家相通而又有异。道家强调道体、道心、“德性”的自然性，以无为自然为至善，即最高的善。老子的“常德”是“含德之厚，比于赤子”“复归于婴儿”；庄子以虚静、恬淡、寂漠、素朴、纯粹为性之本真。因此其修道法门与儒家有所不同，以返璞归真、复归自然为要旨。

守雌贵柔没有错，但不能一边倒，绝对化。该雌则雌，该雄则雄，该柔则柔，该刚则刚，岂能一概而论。

第二十九章

将欲取天下而为之，吾见其不得已。天下神器，不可为也，为者败之，执者失之。夫物或行或随，或歔或吹，或强或羸，或载或隳（huī）。是以圣人去甚，去奢，去泰。

儒家的政治理念也提倡“无为”，所谓“垂拱而治”。但是，儒家的“无为”是建立在“大有为”基础上的。《尚书·武成》说：“列爵惟五，分土惟三。建官惟贤，位事惟能。重民五教。惟食丧祭。惇信明义，崇德报功，垂拱而天下治。”请看，在垂拱之前，需要做好如此多的工作！

《周礼》开宗明义：“唯王建国，辨方正位，体国经野，设官分职，以为民极。”《舜典》：“慎徽五典，五典克从。纳于百揆，百揆时叙。

宾于四门，四门穆穆。”

《易经》说：“天地之大德曰生，圣人之大宝曰位。何以守位曰仁，何以聚人曰财，理财正辞，禁民为非曰义。”这是仁政要求，理财是富之，制民之产；正辞是教之，文化教育和道德导向；禁民为非是立法，“法者所以禁民为非而使其迁善远罪也。”(欧阳修)《易经》又说：“正德，利用，厚生，惟和。”这些政治工作，千头万绪，岂“无为”二字了得？

第三十章

以道佐人主者，不以兵强天下。其事好还。师之所处，荆棘生焉。大军之后，必有凶年。善有果而已，不以取强。果而勿矜，果而勿伐，果而勿骄，果而不得已，果而勿强。物壮则老，是谓不道，不道早已。

除了最后一句，本章中规中矩。

秦王朝是“以兵强天下”的榜样，汤武革命则是“善有果而已，不敢以取强”的典型，周公、召公、姜尚都是“以道佐人主者”，文王、武王则是知“道”者。他们用兵，是为了革暴政之命，达到目的后，即“纵马于华山之阳，放牛于桃林之虚；偃干戈，振兵释旅：示天下不复用也。”(《史记·周本纪》)偃武修文，制礼作乐。

最后一句说得不错，但又不准确。“物壮”未必“不道”，要看是通过什么方法手段“壮”起来的。《易传》说得才中正无偏：“乾以易知，坤以简能。易则易知，简则易从。易知则有亲，易从则有功。有亲则可久，有功则可大，可久贤人之德，可大贤人之业。易简而天下之理得矣，天下之理得而成位乎其中矣。”

第三十一章

夫兵者，不祥之器，物或恶之，故有道者不处。君子居则贵左，用兵则贵右。兵者，不祥之器，非君子之器，不得已而用之，恬淡为上。胜而不美，而美之者，是乐杀人。夫乐杀人者，则不可得志于天下矣。吉事尚左，凶事尚右。偏将军居左，上将军居右。言以丧礼处之。杀人之众，以悲哀莅之，战胜，以丧礼处之。

曾子说："杀人而不戚焉，贼也。"（《大戴礼记·曾子立事》）正义之战，不得已而用兵，毕竟是要杀人的。因此，打了胜仗也不要赞美，而要处之以丧礼，以悲哀的心情追悼战争中的死亡者。非常正确。

儒道两家对于战争和"杀人"都持非常谨慎的态度。孔子说"为政焉用杀"。梁襄王问"孰能一之"（谁能统一天下）？孟子的回答是："不嗜杀人者能一之。"又说："今夫天下之人牧，未有不嗜杀人者也，如有不嗜杀人者，则天下之民皆引领而望之矣，诚如是也，民归之，由水之就下，沛然谁能御之？"（《孟子·梁惠王》）

关于用兵祥不祥，儒家并不一概而论。《大戴礼记》中，鲁哀公问："用兵者，其由不祥乎？"孔子回答说："胡为其不祥也？圣人之用兵也，以禁残止暴于天下也；及后世贪者之用兵也，以刈百姓，危国家也。"又说："人生有喜怒，故兵之作与民皆生，圣人利用而弭之乱，人与之丧厥身。"

后世贪婪之徒用兵，残害百姓，危害国家，当然不祥；圣人用兵是为了禁止盗贼残暴天下，岂有不祥？人生有喜怒，兵器制作是与生民一同产生，一般人用兵容易丧失生命，圣人则用来制止战乱。

第三十二章

道常无名，朴虽小，天下莫能臣。侯王若能守之，万物将自宾。

天地相合，以降甘露，民莫之令而自均。始制有名，名亦既有，夫亦将知止，知止可以不殆。譬道之在天下，犹川谷之与江海。

道，作为“万物之母”，超越一切现象，不可以大小称之。说大，其大无外，天下莫能载焉；说小，其小无内，天下莫能破焉。

“侯王若能守之，万物将自宾。”侯王如果能够保守住祂，万物将会自己宾服。尧舜禹汤、文武周公，历代圣王相传的，就是这个道。所谓得道多助。中国古来比较“长寿”的王朝，无不尊道守道，所谓“道统高于政统”。

朴，是道的形容，即指道体。马一浮说：“老子所言朴者，绝于形名，其义深密。故又曰：侯王若能守之，万物将自宾。朴字最难下注脚。王辅嗣以无心无名释之，愚谓不若以佛氏实相无相之义当之为差近。惟无相，故不测一切法，无相即是诸法实相。佛言一切法，犹老子所谓器。言实相，犹老子所谓朴。为者败之，执者失之，犹生心取相也。相己无相，故曰神器。诸法实相，故名朴也。”（《泰和会语·论老子流失》）

第三十三章

知人者智，自知者明；胜人者有力，自胜者强。知足者富，强行者有志，不失其所者久，死而不亡者寿。

本章颇合儒理。知人、自知、自胜、知足、不失其所、死而不亡等等，都是儒家修身的要求和希望达到的境界。

自胜者强，可以与《易经·乾卦》“天行健，君子以自强不息”和孔子“克己复礼为仁”同参。自胜的自，克己的己，指的都是人的习性，包括各种欲望和意气。战胜克服“习我”，让它听从良知“本我”主宰。“克”字下得精准，“胜”字也不错，宋儒“灭人欲”的“灭”字就过猛了。克己、自胜，包括制怒和伏傲。“怒、傲”二气最难制伏，多少英豪入不了圣贤境界，就是此二气作怪。

王阳明说："凡人言语正到快意时，便截然能忍默得；意气正到发扬时，便翕然能收敛得；愤怒嗜欲正到胜沸时，便廓然能消化得，此非天下之大勇者不能也。然见得良知亲切时，其工夫又自不难。"（《王守仁全集·与黄宗贤（丁亥）》）这就是自胜的表现，能够做到，就是天下之大勇。但对良知人士，则也不难。

第三十四章

大道泛兮，其可左右。万物恃之以生而不辞，功成而不有。衣养万物而不为主，可名于小；万物归焉而不为主，可名为大。以其终不自为大，故能成其大。

本章可与《易经·坤卦》同参。"万物恃之以生"，相当于"万物资生"；"衣养万物"相当于"品物咸亨"；而"万物归焉"相当于"坤厚载物"。

第三十五章

执大象，天下往。往而不害，安平泰。乐与饵，过客止。道之出口，淡乎其无味，视之不足见，听之不足闻，用之不足既。

道无味无迹无声，但用之不竭，大用无穷。圣人都是"执大象"者，天下归往，即为圣王和王道，"安平泰"则是王道政治的表现。

第三十六章

将欲歙（xī）之，必固张之。将欲弱之，必固强之。将欲废之，必固兴之。将欲取之，必固与之。是谓微明。柔弱胜刚强。鱼不可脱于渊，国之利器不可以示人。

将欲取之，必固与之，相当于俗话说的“舍不得孩子，套不住狼”。还真有人用亲生孩子下套的。韩非子在《说难》中说：“昔日郑武公欲伐胡，故先以其女妻胡君以娱其意。”这一招真够狠毒的。这种观点若用到兵法、军事中，倒也罢了，兵不厌诈，无伤大雅；用到政治上去，就很容易沦为权术和诈术，变成阴谋家。

儒家态度截然不同。孟子说：“可以与，可以无与，与伤惠。”老子这种居心不良志在“取之”的与，在儒家看来，岂仅伤惠，简直缺德。

班固认为《老子》主讲“帝王南面之术”，苏辙认为《老子》是一部兵书，二程、朱熹等以为《老子》是一部“阴谋权诈之书”。王夫之在《庄子解》中谈到老庄的差异，强调老子思想的机谋性。他说：“老子知雄而守雌，知白而守黑，知者博大而守者卑弱。其意以空虚为物之所不能距，故宅于虚，以待阴阳人事之挟实而来者穷而自服，是以机而制天人者也。《阴符经》之说盖出于此。以忘机为机，机尤险矣！若庄子……其高过于老氏，而不启天下险侧之机，故申韩孙吴皆不得窃，不至如老氏之流害于后世。”

柔弱胜刚强，未必然也。能被柔弱所胜的刚强，亦非真正的刚强。“天行健，君子以自强不息”“君子终日乾乾”，这是君子的刚强，刚柔相济的刚强。

老子只知柔弱的作用，不知刚强的作用，只知坤道之柔弱，不知乾德之刚强，不知乾元可以涵盖坤元，不知乾德刚中有柔，刚柔相济。老子的高明处在此（知柔知坤），不足处也在此。

第三十七章

道常无为而无不为。侯王若能守之，万物将自化。化而欲作，吾将镇之以无名之朴。镇之以无名之朴，夫亦将无欲。不欲以静，天下将自正。

坤元也有“无为而无不为”的特点，因为坤元是柔顺与刚方的辩证统一。《易经·文言》说：“坤至柔而动也刚，至静而德方。”至柔至静，就是无为；动刚德方，就是无不为。

然复须知，坤毕竟是以柔顺为主的，无名之朴、不欲以静云云，都是坤道的特点。坤顺承乾，地顺承天。“坤道其顺乎，承天而时行”“至哉坤元，万物资生，乃顺承天”。比较乾元来，坤元毕竟处于次要的、顺从的地位。乾元的特征：“大哉乾元，万物资始，乃统天。云行雨施，品物流形，大明始终，六位时成，时乘六龙以御天。乾道变化，各正性命，保合大和，乃利贞，首出庶物，万国咸宁。”（《易经·乾文言》）这才是最高境界的“无为而无不为”。

第三十八章

上德不德，是以有德；下德不失德，是以无德。上德无为而无以为，下德无为而有以为。上仁为之而无以为，上义为之而有以为。上礼为之而莫之以应，则攘臂而扔之。故失道而后德，失德而后仁，失仁而后义，失义而后礼。夫礼者，忠信之薄而乱之首。前识者，道之华而愚之始，是以大丈夫处其厚，不居其薄，处其实，不居其华。故去彼取此。

姑不论老子对道德仁义的理解和定位，作为历史性的事实判断，“失道而后德，失德而后仁，失仁而后义，失义而后礼”之言不无道理，世道确实如此陵夷。

人人居心中正，厚道诚信，人人皆有士君子之行，确实不需要礼制。需要礼法约束，就说明人心不厚了。

但是，因此而反对仁义礼法，则大错特错矣。在忠信不足的情况下，礼是重要的堤坝，也是恢复忠信、重建道德的地基，而法更是最后的防线。

依照中华文明的标准，现代社会大多是失礼、无礼的，中国是“失礼而后法”，还有法律底线；如果礼法双失，无礼无法，无法无天，那么只能堕落为没有任何底线的丛林。

老子“道失后德，德失后仁，仁失后义，义失后礼”之说，有两大问题：一是将道德义礼之间紧密的关系割裂开来，不知礼本于仁义，德是得乎道；二是将“仁”贬低和孤立起来，不知儒家之仁，全体大用，形上形下不二，内圣外王一体，于天为天道，于人为德性，于政治为礼制……

第三十九章

昔之得一者：天得一以清，地得一以宁，神得一以灵，谷得一以盈，万物得一以生，侯王得一以为天下正。其致之，天无以清，将恐裂；地无以宁，将恐发；神无以灵，将恐歇；谷无以盈，将恐竭；万物无以生，将恐灭；侯王无以正，将恐蹶。故贵以贱为本，高以下为基。是以侯王自称孤、寡、不毂。此非以贱为本邪？非乎？至誉无誉。是故不欲琭琭如玉，珞珞（luò）如石。

这个“一”，就是道，儒佛道三家各有证悟。

道家称之为“太极”，儒家称之为“乾元”，于生命而言为本性，于人身而言为本心，即道心、仁心、良知心。万物一体，一于乾元；天下一家，一于仁宅。老子说：“侯王得一以为天下正”，孟子说：“天下定乎一”，两家对“一”的证悟有所不同，但原理相同。

本章阐述道的普遍意义和得道的大利益。前半段论述道的作用和失道的可怕。如果失道缺德，后果就是“天无以清将恐裂，地无以宁将恐废，神无以灵将恐歇，谷无以盈将恐竭，万物无以生将恐灭，侯王无以正而贵高将恐蹶。”后半段由此推及到人间，对统治者提出告诫。

第四十章

反者，道之动；弱者，道之用。天下万物生于有，有生于无。

反者，道之动；循环是道的运动方式。不错，《易经》说物极必反、剥极必复和否极泰来。然复须知，这种循环运动，有螺旋式上升的特征。循环往复，并非机械式地回到原地。

弱者道之用，未必不柔弱，道的运用特征，未必柔弱，不可以强弱论也。

论宇宙，大爆炸强乎？弱乎？论人事，汤武革命强乎？弱乎？弱者道之用，强者更是道之用，归根结底，乾元为首，道体健动，天行健，生生不息，新新不已。

第四十一章

上士闻道，勤而行之；中士闻道，若存若亡；下士闻道，大笑之。不笑，不足以为道。故建言有之：明道若昧，进道若退，夷道若纇(lèi)，上德若谷，大白若辱，广德若不足，建德若偷，质真若渝，大方无隅，大器晚成，大音希声，大象无形，道隐无名。夫唯道，善贷且成。

儒佛道对“道”的解悟和阐发同中有异，但都是真道、正道。

老子说：“上士闻道，勤而行之；中士闻道，若存若亡；下士闻道，大笑之。不笑，不足以为道。”这是正常现象。试想，如果倒过来，下士闻道，勤而行之，那个“道”很有可能是伪道或邪道。

另外，下士虽然低下，终究是士，闻道大笑而已不至于诋毁、摧残之。那些毁灭中华文化者，比下士更不堪，只能称之为流氓了——有没有知识地位和权力都是流氓。

庄子说："井蛙不可以语于海者，拘于虚也；夏虫不可以语于冰者，笃于时也；曲士不可以语于道者，束于教也。"（《庄子·秋水》）中士下士，都是曲士，都有不同程度的知识障和习障，被偏见所拘，被习性所蔽。

第四十二章

道生一，一生二，二生三，三生万物。万物负阴而抱阳，冲气以为和。人之所恶，唯孤、寡、不穀，而王公以为称，故物或损之而益，或益之而损。人之所教，我亦教之，强梁者不得其死。吾将以为教父。

本章是道家的宇宙创生论。

道是唯一的（道生一亦可释为无极生太极），一蕴阴阳二气，二气相交形成的混沌状态为三，从这种状态中产生万物。儒家有"三元说"：道一即乾元，分为乾坤二元，再加人元为三。一分为三，三统于一，毕竟是"一元化领导"。

道生一，道就是无双无对的唯一，并非指道大于一。就像"道法自然"，并非说道之上还有个叫"自然"的东西，道就是自然，自然是道的特征。

第四十三章

天下之至柔，驰骋天下之至坚，无有入无间，吾是以知无为之有益。不言之教，无为之益，天下希及之。

刚与柔，无与有，言与不言，为与无为，不是非此即彼、你死我活的，完全可以相辅相成。老子一味强调以柔克刚、以弱胜强和不言无为，有其片面性。"至柔"正是坤元的特征，所谓"坤至柔而动也刚，至静而德方。"（《易经》）

“不言之教”固然重要，言教同样很重要。知“道”就要传道，传道有赖言传，立言就是立德。佛菩萨不能不说法，圣贤不能不造经，即使是认为“知者不言，言者不知”的老子，也不能不留下五千言。

不知而言，是妄言；知而不言，知错误而不批判，知真理而不宣传，知正义而不弘扬，是自私。圣贤不妄言也不自私。有德者必有言，有真言、善言、美言，这是有德乎道者的责任、义务和天赋使命。

或说道德不是说出来的，或说道德也是说出来的。双方各有其理。

道德不能空说，但不能不说。从某种意义上来说，道德也是说出来的。孔子、释尊一生诲人不倦，说个不休；老子不爱多说，也留下了五千言。他们既是道德家，也是道德学家。三家历代圣贤，对于道德都有相当的体悟，都能深入地解说。信解行证，解为其一，理解和解说都很重要。解不对、说不对，何谈“信行证”哉。

道德这个“东西”，是理论和实践的统一，可言可行。就理论而言，道德有知识性和学问性，可教可学可以言传，需要启蒙和教育。例如，道德的奥义和真相是什么，有哪些规范和标准，有哪些修养方式和法门，次第如何，道德与政治的关系怎样，诸如此类都是道德教育题中应有之义。

或说：“道德不是知识”“它绝不是作为学问存在的”“有伦理学家，没有道德家。道德多言即空，个中骗子居多”，这是否定了道德的知识性和道德教育的可能性，也否定了古今中外，各派大师大德。孔子诲人不倦，释尊说法一生，孟子好辩、好争，他们所诲、所说、所辩、所争，归根结底无非“道德”二字。

有了正确的道德知识（常识）、学问和道德观，理解认识了道德真义实相，才能起而行之。理论正确才能实践无误。儒家对道德的认知，对世界本源、生命本质的认知，最为全面圆满，反儒家反掉的是最正确的世界观、人生观和价值观，在实践中必然颠三倒四，错误百出。

第四十四章

名与身孰亲？身与货孰多？得与亡孰病？是故，甚爱必大费，多藏必厚亡。知足不辱，知止不殆，可以长久。

甚爱必大费的“爱”指爱财，甚爱是极度爱财，有吝啬义。《国语·鲁语》记载：“子为鲁上卿，相二君矣，妾不衣帛，马不食粟，人其以子为爱，且不华国乎！”

甚爱必大费，多藏必厚亡，意谓过分爱财必然招致巨大耗费，过多聚敛必然导致沉重损失，可与“知足不辱，知止不殆”参看。儒家也有此义理，《中庸》说：“德者本也，财者末也。外本内末，争民施夺。是故财聚则民散，财散则民聚。是故言悖而出者，亦悖而入；货悖而入者，亦悖而出。”

身亲于名（身体比名声更亲切），但不必一味逃名；身多于货（生命比财物更贵重），但不必一味弃货；得病于亡（得到比丧失更苦痛），但不必一味求亡。名是德行的副产品。儒家当然不求名，不求人知，“人不知而不愠”；另一方面又“君子疾没世而名不称焉”，如果老死都默默无名，说明没有德行。既不攀援也不绝缘，而是随缘，一切顺其自然。这才是对于名利的正确态度和中庸之道。

第四十五章

大成若缺，其用不弊；大盈若冲，其用不穷。大直若屈，大巧若拙，大辩若讷。躁胜寒，静胜热。清静为天下正。

想起某武友的一句话：初习三年，虎头虎脑，大手大脚；再习三年，缩头缩脑，畏手畏脚；九年之后，小手小脚，笨头笨脑。正所谓“良贾深藏若虚，君子胜德，容貌若愚”。

此言出自《史记·老子韩非列传》。老子对孔子说：“良贾深藏若虚，君子盛德，容貌若愚。去子之骄气与多欲，态色与淫志，是皆无益于子身。”

老子摆老资格，但眼光不够，对孔子判断失误，看朱成碧，不过不影响“良贾深藏若虚，君子盛德，容貌若愚”的正确。曾子也说过：“良贾深藏若虚，君子有盛教如无。”（《大戴礼记》）

第四十六章

天下有道，却走马以粪；天下无道，戎马生于郊。祸莫大于不知足。咎莫大于欲得。故知足之足，常足矣。

韩非子《解老》对本章解得不错，录此共赏：

有道之君，外无怨仇于邻敌，而内有德泽于人民。夫外无怨仇于邻敌者，其遇诸侯也外有礼义。内有德泽于人民者，其治人事也务本。遇诸侯有礼义，则役希起；治民事务本，则淫奢止。凡马之所以大用者，外供甲兵而内给淫奢也。今有道之君，外希用甲兵，而内禁淫奢。上不事马于战斗逐北，而民不以马远淫通物，所积力唯田畴。积力于田畴，必且粪灌。故曰：天下有道，却走马以粪也。

人君无道，则内暴虐其民，而外侵欺其邻国。内暴虐，则民产绝，外侵欺，则兵数起。民产绝，则畜生少；兵数起，则士卒尽。畜生少，则戎马乏；士卒尽，则军危殆。戎马乏，则将马出；军危殆，则近臣役。马者，军之大用；效者，言其近也。今所以给军之具于将马近臣。故曰：“天下无道，戎马生于郊矣。”

人有欲，则计会乱；计会乱，而有欲甚；有欲甚，则邪心胜；邪心胜，则事经绝；事经绝，则祸难生。由是观之，祸难生于邪心，邪心诱于可欲。可欲之类，进则教良民为奸，退则令善人有祸。奸起，则上侵弱君；祸至，则民人多伤。然则可欲之类，上侵弱君而下伤人民。夫上侵弱君而下伤人民者，大罪也。故曰："祸莫大于可欲。"是以圣人不引五色，不淫于声乐；明君贱玩好而去淫丽。

人无毛羽，不衣则不犯寒，上不属天而下不着地，以肠胃为本，不食则不能活；是以不免于欲利之心，欲利之心不除，其身之忧也。故圣人衣足以犯寒，食足以充虚，则不忧矣。众人则不然，大为诸侯，小为千金之资，其欲得之忧终身不解。故曰："祸莫大于不知足。"

第四十七章

不出户，知天下；不窥牖，见天道。其出弥远，其知弥少。是以圣人不行而知，不见而明，不为而成。

不出户知天下，不窥牖见天道。不错。其实用不着圣人，一般文化人特别是儒者都有这种能力。例如，对于自由主义和西方文明的本质，没必要深入直观。由于缺乏文化慧眼，大多数西方人和留学游学西方者，很容易迷失于西方的物象繁华和科技强大，从而丧失客观公正的判断，丧失正确认识中华文化的机缘，将人本主义视为终极价值，将人本文明视为人类最高文明形态。

但也并非"其出弥远，其知弥少"。只要有一个正确的态度，知识就是通往智慧和道德的桥梁。对于中华文化人来说，其出弥远，其知弥多。只要能摆脱所知障，知识多多益善，眼界越广越好。

第四十八章

为学日益，为道日损。损之又损，以至于无为，无为而不为。取天下常以无事，及其有事，不足以取天下。

“为学”和“为道”不同，一个是加法，一个是减法。但两者不一定你死我活，也可以相辅相成、相互促进。只要明白知识的局限性，破除所知障，知识的增加和智慧的增长，完全可以同步进行，知识可以产生质的飞跃，进入智慧境界和道德境界。因此在儒家，“为学”和“为道”、“日益”和“日损”是统一的。

佛道两家对知识、习性及欲望的态度过度严厉，其境界高处，不仅绝弃世俗知识，甚至排斥善习善欲。儒家则不一样，只针对不良习性和欲望而“损之又损”以至于良知光明的圣贤境界。

“取天下常以无事，及其有事，不足以取天下。”这种观点也是很偏激的。汤武革命，诸圣贤做了多少准备和策划工作，有事乎？无事乎？

第四十九章

圣人无常心，以百姓心为心。善者，吾善之；不善者，吾亦善之，德善。信者，吾信之；不信者，吾亦信之，德信。圣人在天下，歙歙（xī）焉，为天下浑其心。百姓皆注其耳目，圣人皆孩之。

“圣人无常心，以百姓心为心。”圣人以百姓的意愿为意愿，一切为百姓着想。此言与儒家民本精神相通。周武王说：“天视自我民视，天听自我民听。”（《尚书》）孔子说：“天无私覆，地无私载，日月无私照。奉斯三者以劳天下，此之谓三无私。”

对善者和不善者，都一样善待；对诚信者和不诚信者，都一样诚信。任何环境和情况下都做一个善者和信者，这也是儒家的要求。不过，儒家在一般性的善良和诚信之上，还有更高的道德原则。对待不善不信者，可以根据仁义原则和礼制规范直道相待。义刑、义杀、义战，非不善也；言不必信，行不必果，惟义所在，非不信也。

第五十章

出生入死。生之徒，十有三。死之徒，十有三。人之生，动之死地，亦十有三。夫何故？以其生生之厚。盖闻善摄生者，陆行不遇兕虎，入军不被甲兵。兕无所投其角。虎无所措其爪。兵无所容其刃。夫何故？以其无死地。

出世为生，入土为死。正常活着的有十分之三，短命而死的有十分之三；活着却活动于死亡边缘的，也有十分之三。这是什么呢？因为养生过分丰厚。“夫唯无以生为者，是贤于贵生。”（《老子》）“生生之厚”，反而违背了摄生之道，成了危险地带。故《吕氏春秋》提醒：“贵富而不知道，适足以为患，不如贫贱。”因为，“贫贱之致物也难，虽欲过之，奚由？出则以车，入则以辇（niǎn），务以自佚，命之曰招蹶之机；肥肉厚酒，务以自强，命之曰烂肠之食；靡曼皓齿，郑卫之音，务以自乐，命之曰伐性之斧。三患者，贵富之所致也。故古之人有不肯贵富者矣，由重生故也。”（《吕氏春秋·本生》）

死地，死亡边缘也。亦相当于致命的错误、致命的问题。人生死地，岂止“生生之厚”而已？亏心即是害生，丧心即是死地。

儒眼相看，小人都是精神分裂者，恶人更是深度分裂，那是良知与恶习的分裂。恶人越来越愚昧，其精神越来越苦恼，其身心越来越失康，其命运越来越恶劣，本质上都是良知在惩恶罚罪。注意，良知不死，她若丧失显意识里的主导权，依然会在潜意识里起作用。你的身体和意识不尊重她，不遵循她的命令，她就会暗中给你制造麻烦。

第五十一章

道生之，德畜之，物形之，势成之。是以万物莫不尊道，而贵德。道之尊，德之贵，夫莫之命而常自然。故道生之，德畜之。长之育之。亭之毒之。养之覆之。生而不有，为而不恃，长而不宰。是谓玄德。

老子主张尊道贵德，孔子也强调志于道、据于德。这是儒道两家最大的共同点和共鸣点。可以说，两家都是道德主义学说。

不同在于两家对道德的认证颇不一致。《孟子》说："仁义忠信，乐善不倦，此天爵也。"又有"四端"说，以恻隐之心，为仁之端；羞恶之心，为义之端；辞让之心，为礼之端；是非之心，为智之端。道家则对仁义忠信和礼采取排斥态度，甚至将她们与道德对立起来。

第五十二章

天下有始，以为天下母。既得其母，以知其子。既知其子，复守其母，没身不殆。塞其兑，闭其门，终身不勤。开其兑，济其事，终身不救。见小曰明，守柔曰强。用其光，复归其明，无遗身殃。是为袭常。

母，指道，于宇宙为道体，于人类为道心。子，指宇宙万物，包括人类身体精神一切现象。得其母，得道也；知其子，致知也。得母知子，没身不殆，说的没错，只不过在功夫论方面，道家过于空泛了，一味塞兑闭门、守柔守雌，是远远不够的。

要得其母，必须先知其子，必须"有志于学""学而时习""好学不厌""自强不息"。儒家强调下学上达，只有致力于下学，才有望上达。格致诚正修齐治平，即科学、道德、政治、社会各方面的实践，都属于下学功夫。

第五十三章

使我介然有知，行于大道，唯施是畏。大道甚夷，而人好径。朝甚除，田甚芜，仓甚虚；服文彩，带利剑，厌饮食，财货有余，是谓盗夸。非道也哉。

唯施是畏的施，王弼和河上皆解作“施为”。行于大道，大道无为，畏有所施为。

王念孙释为“迤”，邪也。《韩非子·解老》也训为“邪”：“书之所谓大道也者，端道也。所谓貌施也者，邪道也。”都讲得通，姑两存之。

大道甚夷而人好径，径，小道也。世人都喜欢走小道，故颜回有“道大莫容”之叹。盗夸的出现，就是政治走上了小道、邪道的缘故。

第五十四章

善建者不拔，善抱者不脱，子孙以祭祀不辍。修之于身，其德乃真；修之于家，其德乃余；修之于乡，其德乃长；修之于邦，其德乃丰；修之于天下，其德乃普。故以身观身，以家观家，以乡观乡，以邦观邦，以天下观天下。吾何以知天下然哉？以此。

历代圣贤都是善建善抱、子孙以祭祀不辍者。子曰：“舜其大孝也与！德为圣人，尊为天子，富有四海之内，宗庙飨之，子孙保之。”（《中庸》）孔子自己也一样，宗庙飨之，子孙保之，历经两千多年风霜雨雪而不倒。

儒家同样强调修身，只是修身功夫有所不同，法门更多更广。格物致知诚意正心是“修之于身”，齐家是“修之于家”，治国是“修之于邦”，平天下和明明德于天下，是“修之于天下”。科学实践、道德实践、政治社会实践，都归结为修身。

第五十五章

含德之厚，比于赤子，蜂虿虺蛇不螫（shì），猛兽不据，攫（jué）鸟不搏，骨弱筋柔而握固。未知牝牡之合而朘作，精之至也；终日号而不嗄（shà），和之至也。知和曰常，知常曰明，益生曰祥，心使气曰强。物壮则老，是谓不道，不道早已。

老子在第二十章说：“常德不离，复归于婴儿。”在第二章说：“如婴儿之未孩”，本章又说：“比于赤子”，都是强调赤子之心的珍贵和重要，与儒家相通。孟子说：“大人者，不失其赤子之心者也。”（《孟子·离娄》）赤子之心，纯一无伪，为儒道两家同重。然亦有别，孟子只是说“不失”，不说“复归”“比于”等。因为大人之心，通达万变，通达大人之学和大人之道，不仅纯一无伪而已。

“蜂虿虺蛇不螫，猛兽不据，攫鸟不搏”是描述“含德之厚”的功效。道德确实有大用，《易经》说“厚德载物”，说：“夫大人者，与天地合其德，与日月合其明，与四时合其序。与鬼神合其吉凶，先天而天弗违，后天而奉天时。天且弗违，而况于人乎？况于鬼神乎？”（《乾文言》）无论是赤子还是圣贤君子，对于毒虫猛兽攫鸟，该避则避，该防则防。

第五十六章

知者不言，言者不知。塞其兑，闭其门，挫其锐，解其纷，和其光，同其尘，是谓玄同。故不可得而亲，不可得而疏，不可得而利，不可得而害，不可得而贵，不可得而贱。故为天下贵。

道及高处，超绝言诠，所谓心行路绝，言语道断。孔子说“予欲无言”，老子说“道可道，非常道”，都表达了对语言局限性的认知。但是，“知者不言，言者不知”之说又绝对化了。语言文字是器非道，却又是明道、传道不可或缺的最佳工具。

意识是道心神奇的作品，语言文字又是意识美妙的产物。就像渡河之筏，筏不是彼岸，却有助于通往彼岸。

老子境界高而不圆，从“知者不言，言者不知”这句话即可见。知者未必不言，有德者必有言，不言，是尚未达到智德合一的境界；言者未必不知，大智者所言必为真言真理；能言真言真理者，必为大智者。

第五十七章

以正治国，以奇用兵，以无事取天下。吾何以知其然哉？以此。天下多忌讳，而民弥贫；民多利器，国家滋昏；人多伎巧，奇物滋起；法令滋彰，盗贼多有。故圣人云：“我无为而民自化，我好静而民自正，我无事而民自富，我无欲而民自朴。”

“以正治国，以奇用兵”这句话最值得深思长思。春秋以来，兵家越来越诡诈，所谓兵者诡道，兵不厌诈，但历代仍有“以正治国，以奇用兵”的原则，把治国和用兵区别开来。

在军事斗争中，诈术是战术的重要组成部分，所谓兵不厌诈。但是，其他领域则“厌诈”，尤其是政治斗争，更不允许欺诈，不允许造谣撒谎、栽赃诬陷。这不是什么权道、谋略和斗争的艺术，而是违背正义原则的道德政治的双重自残！

兵不厌诈，可以理解——尽管礼制时代，天子征伐也强调堂堂正正、有礼有节，但以军事手段和阴谋诡计来治理国家、对付国民，是任何时候都不允许的。

兵家是兵不厌诈，法家是政不厌诈，法术势的术即权术、诈术；

军国主义是法家思维，兵民不分，平时为农，战时为兵，暴力征服及统一思想，都是法家及兵家的做法。儒家则强调为政以德，以民为本，民无信不立。儒法格格不入，儒家才是中国文化的主统和中华文明的核心。

另外，制度建设（制礼作乐）、学校教育、文化启蒙和道德教化，都是“以正治国”所必须具备的内容，不是一味无为、好静、无欲、无事、无所事事就可以了。“民多利器，国家滋昏”“法令滋彰，盗贼多有”这类说法也都不能成立。

朱熹指出：“老子之学，大抵以虚静无为、冲退自守为事。故其为说，常以懦弱谦下为表，以空虚不毁万物为实。其为治，虽曰我无为而民自化，然不化者则亦不之问也。”

第五十八章

其政闷闷，其民淳淳；其政察察，其民缺缺。祸兮福之所倚，福兮祸之所伏，孰知其极？其无正。正复为奇，善复为妖。人之迷，其日固久。是以圣人方而不割，廉而不刿，直而不肆，光而不耀。

“其政闷闷，其民淳淳；其政察察，其民缺缺。”说得不错，却不准确。儒家政治文明，是文化、道德、制度、精神、物质多重文明的统一。儒家之政，既不闷闷，也不察察；既能闷闷，又能察察；无可，无不可。

“祸兮福之所倚，福兮祸之所伏”，未必不然，未必然。这是矛盾的转化，祸福的转换，有赖于一定的条件。恶贯满盈而大祸临头，便无后福可言；积善积德而福报深厚，便无后患可忧。正复为奇，是不够正，大中至正，就不会“复为奇”；善复为妖，是不够善，大德大善，就不会“复为妖”。

“方而不割，廉而不刿，直而不肆，光而不耀”的表现，颇合乎儒家圣人的风范。

第五十九章

治人事天，莫若啬。夫唯啬，是谓早服；早服谓之重积德；重积德，则无不克；无不克，则莫知其极；莫知其极，可以有国；有国之母，可以长久。是谓深根固柢，长生久视之道。

这个“啬”字，缺乏温润之风、从容之范和王道风范。改成“敬”字更恰当。治人事天，莫若敬。《礼记》说“礼主敬”，《尚书》说“敬天保民”。

第六十章

治大国，若烹小鲜。以道莅天下，其鬼不神。非其鬼不神，其神不伤人；非其神不伤人，圣人亦不伤人。夫两不相伤，故德交归焉。

“治大国，若烹小鲜”，然哉。《尚书》中反复强调的敬、慎、无逸等等，都是领导人应有的政治心态。战战兢兢，如临深渊，如履薄冰，此之谓也。

另外，此言也有治大国急不得的意思。人类恶习深重，最优秀的文化信仰和政治制度，都不可能一蹴而就地解决一切人性和社会问题，有必要循序渐进。夫子说：“善人为邦百年，亦可以胜残去杀矣。”儒家的文化政治品质，特别优秀，效果特别好，若是儒家圣王，三十年可以建设成功仁义之国。夫子说：“如有王者，必世而后仁。”这是最快的速度了。

道莅天下，其鬼不神。各路“大师”层出不穷，神神叨叨，忽悠朝野，装妖作怪，竞入名家之室，歪门邪术，争登大雅之堂，正是政治无道的结果。

“圣人亦不伤人”，这么说太贬低圣人了。圣人岂仅不伤人？仁者爱人，圣人爱人，通过格物致知、齐家治国、传道授业、亲亲仁民、制礼作乐等等各种方式爱人。圣人在位，道之以德、齐之以礼甚至惩之以刑，都是“爱人”的表现。

第六十一章

大国者下流，天下之交，天下之牝。牝常以静胜牡。以静为下。故大国以下小国，则取小国。小国以下大国，则取大国。故或下以取，或下而取。大国不过欲兼畜人，小国不过欲入事人。夫两者各得所欲，大者宜为下。

“天下之牝”，象征坤元。本章体现了道家之道的阴柔性。老子只知“地势坤”之虚静，不知“天行健”之健动，只知守“天下之牝”之谦下，不知振“首出庶物”之乾纲。

第六十二章

道者，万物之奥。善人之宝，不善人之所保。美言可以市尊。美行可以加人。人之不善，何弃之有。故立天子，置三公，虽有拱璧以先驷马，不如坐进此道。古之所以贵此道者何？不曰：求以得，有罪以免邪？故为天下贵。

没错，道是万物的主宰，是“人之宝”，然“不善人之所保”和“人之不善，何弃之有”的说法不对。不善之人，难以保之，能够保道，就非不善；人之不善，必然弃之，能够不弃，便是善人。“有罪以免”之说也不妥，重道、得道者，或许会出差错，有过失，不至于犯罪。犯罪之人，必然无道。

第六十三章

为无为，事无事，味无味。大小多少，报怨以德。图难于其易，为大于其细。天下难事，必作于易；天下大事，必作于细。是以圣人终不为大，故能成其大。夫轻诺必寡信，多易必多难。是以圣人犹难之，故终无难矣。

或认为“报怨以德”出现在这里是错简，应在《老子·七十九章》。但放在《老子·七十九章》，上下文义不连贯，放在这里更合适。

儒家对“报怨以德”并不完全认同。“子曰：‘以德报德，则民有所劝；以怨报怨，则民有所惩。’《诗》曰：‘无言不仇，无德不报。’……子曰：‘以德报怨，则宽身之仁也；以怨报德，则刑戮之民也。’”（《礼记·表记》）以德报德，大家就会有所劝勉；以怨报怨，大家就会有所警惕。最坏的是以怨报德，这种人缺了大德，很容易触犯法律。以德报怨也不正常。

小恩小怨，不妨一笑了之，或报之以德，这是大丈夫的厚道宽容，大仇则必须讨个公道。“君视臣如草芥，臣视君如寇仇”“君父之仇必复”都是以直报怨的表现。直是公平正直。以直报怨，包括“德报”和“怨报”，包括“义杀”和“复仇”，合情合理、合乎其宜，就是直道。如果对大恶大仇，对于罪恶，也以德报之，那不是宽容，而是怯懦奴性或背叛。

第六十四章

其安易持，其未兆易谋，其脆易泮，其微易散。为之于未有，治之于未乱。合抱之木，生于毫末；九层之台，起于累土；千里之行，始于足下。为者败之，执者失之。是以圣人无为故无败，无执故无失。民之从事，常于几成而败之。慎终如始，则无败事。是以圣人欲不欲，不贵难得之货。学不学，复众人之所过，以辅万物之自然而不敢为。

本章思想与儒家大同。

老子说“未兆易谋”，又说“为之于未有，治之于未乱”。《易经》说“君子见几而作”，又说，“夫易，圣人之所以极深而研几也。唯深也，故能通天下之志；唯几也，故能成天下之务”。（《易经·系辞》）

老子说：“合抱之木，生于毫末；九层之台，起于累土；千里之行，始于足下。”《中庸》说：“君子之道，辟如行远必自迩，辟如登高必自卑。”

老子说：“民之从事，常于几成而败之。”《尚书·旅獒》说：“为山九仞，功亏一篑。”

第六十五章

古之善为道者，非以明民，将以愚之。民之难治，以其智多。故以智治国，国之贼；不以智治国，国之福。知此两者，亦稽式。常知稽式，是谓玄德。玄德深矣、远矣，与物反矣，然后乃至大顺。

本章这种说法，与《大学》中的“明明德于天下”“新民”的努力背道而驰，为法家和后世极权主义的“愚民政策”提供了思想资源。

或为老子辩护，说这里的愚应该理解为质朴淳厚。其实，质朴淳厚与智慧毫无矛盾。质朴淳厚是一种良好的品质，德智不二。修齐治平都有赖于一定的智慧。儒家以智为三达德之一，良有以也。老子将两者对立起来，大错特错。

第六十六章

江海之所以能为百谷王者，以其善下之，故能为百谷王。是以圣人欲上民，必以言下之；欲先民，必以身后之。是以圣人处上而民不重，处前而民不害。是以天下乐推而不厌。以其不争，故天下莫能与之争。

东海有一联曰：“天无一语真高绝，海在千江最下头。”

本章依然是没有错而不中正。一味强调柔顺不争，近乎坤道，即地道、妻道和臣道，离乾道和王道有一定距离。孔子说：“智者乐水，仁者乐山；智者动，仁者静。”仁智并重，山水兼说，而老子只以江海为喻，便有失其全。子曰：“本乎天者亲上，本乎地者亲下，则各从其类也。”（《易经・文言》）

无论原意如何，“欲上民，必以言下之”这类表述，很容易让“下之后之”成为“上民先民”的手段，让谦德工具化。那就不是圣人，而是野心家、阴谋家了。

第六十七章

天下皆谓我道大，似不肖。夫唯大，故似不肖。若肖，久矣其细也夫。我有三宝，持而保之：一曰慈，二曰俭，三曰不敢为天下先。慈故能勇，俭故能广，不敢为天下先，故能成器长。今舍慈且勇，舍俭且广，舍后且先，死矣！夫慈以战则胜，以守则固。天将救之，以慈卫之。

慈是慈爱，俭是俭啬，不敢为天下先是谦让，都是美德，但都不是最高的。慈相当于儒家的仁，但仁有义配套，正义——义刑、义杀、义战；儒家也讲俭朴，节俭，温良恭俭，但要接受五常道的节制，过俭也不合礼，有失中道。

不敢为天下先，谦让也，但儒家更有当仁不让于师、先天下之忧而忧的教导，该为天下先的时候，就应该为天下先。

儒家也重谦德，《易经》有《谦卦》，其中六五和上六的爻辞分别是“利用侵伐，无不利”和“鸣谦，利用行师，征邑国”。说谦德有助于征恶伐罪。连谦卦都充满进取之心，不讳征伐之武，这种本之于仁义的谦德，与道家的谦性质有异，非道家所能理解也。

东海说：“我有三宝，持而保之，一曰仁，二曰智，三曰勇。”或者说：“一曰仁，二曰义，三曰敢为天下先。”

第六十八章

善为士者不武，善战者不怒，善胜敌者不与，善用人者为之下。是谓不争之德，是谓用人之力，是谓配天之极。

本章同乎儒行。儒家圣贤善为士、善战、善胜敌、善用人。最典型的是汤武集团，商汤以伊尹为师，武王以姜尚为师。“武王即位，太公望为师，周公旦为辅，召公、毕公之徒左右王，师脩文王绪业。”（《周本纪》）

太公望、周公旦、召公、毕公等都是德智双全的圣贤人物。用其一为师足以王。武王左右有这么多第一流、超一流的老师，想不王天下，不可得也。古人说得好：“用徒者亡，用友者霸，用师者王。”

第六十九章

用兵有言：“吾不敢为主而为客，不敢进寸而退尺。”是谓行无行，攘无臂，扔无敌，执无兵。祸莫大于轻敌，轻敌几丧吾宝。故抗兵相加，哀者胜矣。

本章论用兵之道，有儒家风。用兵，不能侵略，可以防御；不要进攻，经常退却；更不要大意轻敌。两军对抗，旗鼓相当，哀兵必胜。

然而这仍不全面。当然不能侵略，但用兵之道，该进攻的时候就应该主动进攻，岂能一概“不敢为主而为客”“不敢进寸而退尺”？汤武革命就是充满主动性和攻击性。

第七十章

吾言甚易知，甚易行，天下莫能知，莫能行。言有宗，事有君。夫唯无知，是以不我知。知我者希，则我者贵。是以圣被褐怀玉。

“吾言甚易知，甚易行”，得《易经》“简易”之理。

“知我者希，则我者贵”，这种得道者的自尊、自信、自贵、自乐，儒道两家相通。老子此言可与孔子“人不知而不愠”、颜渊“不容然后见君子”之语共参。

道及高处，不仅外人，也不仅亲友，即使儒门中人也未必理解。孔子困于陈蔡之间，其高足子路、子贡都产生了信念怀疑和立场动摇，唯独颜渊能够深解，说：“夫子之道至大，故天下莫能容。虽然，夫子推而行之，不容何病，不容然后见君子！”孔子之特别器重颜渊，此为要因。

第七十一章

知不知，尚矣；不知知，病也。圣人不病，以其病病。夫唯病病，是以不病。

注解家们一般对“知不知”这句有两种解释，一说知道却不自以为知道，一说知道自己有所不知。

这个问题还是儒家说得中正：（一）“知之为知之，不知为不知。”（二）“君子之道费而隐。夫妇之愚可以与知焉，及其至也，虽圣人亦有所不知焉。”

第七十二章

民不畏威，则大威至。无狭其所居，无厌其所生。夫唯不厌，是以不厌。是以圣人自知不自见，自爱不自贵。故去彼取此。

民不畏威，则大威至。从来都是如此。民不聊生则必然生起偕亡之恨。奈何古来暴君暴政，总是为了一时之私利而与民争利、防民之口和以民为敌，总是过于迷信暴力的作用，最后在强烈的暴力中灭亡，前仆后继。老子“无狭其所居，无厌其所生”的教导永远有效。

暴力维稳、暴力镇压就像吸毒，会越来越上瘾，直到生命崩溃。暴力有效也有限，其效力越来越差，并且可能反噬。得道多助，失道寡助。寡助之至，亲戚畔之。

第七十三章

勇于敢则杀，勇于不敢则活。此两者，或利或害。天之所恶，孰知其故？是以圣人犹难之。天之道，不争而善胜，不言而善应，不召而自来，缂（chǎn）然而善谋。天网恢恢，疏而不失。

利益方面应该“勇于不敢”，道义方面则应该“勇于敢”，见义勇为。儒家将勇德视为三达德之一。

“可以死可以不死”的时候，应该明哲保身，好好活着；当生和义不可得兼的时候，应该“舍生而取义”。这才是正确的人生态度，这才是中道。

天之道不争不言，天何言哉。但君子之道，责任所在，该争还是要争，该言不可不言。《呻吟语》说："难乎能忍，妙在不言。"这很高妙，但有失中庸。东海补充了一下："难乎能忍，关乎道义焉能忍？妙在不言，涉及民生敢不言！"

文以载道，载道之文，自有力量，故孔子作《春秋》而乱臣贼子惧。惧春秋大义，惧政治正理，惧正确的道德标准也。这是通过语言文字迸发出来的良知的力量，真理的力量！

因此，乱臣贼子一定要诋毁、诬蔑《春秋》。岂但《春秋》，对于乱臣贼子，任何一本圣经都是"不可承受之重"，都是会让它们原形毕露之照妖镜。凡乱臣贼子，必然痛恨儒家反儒反孔，只要力所能及，必然"焚书坑儒"。

第七十四章

民不畏死，奈何以死惧之。若使民常畏死，而为奇者，吾得执而杀之，孰敢？常有司杀者杀。夫代司杀者杀，是谓代大匠斲。夫代大匠斲者，希有不伤其手矣。

民不畏死，必然是政治社会出了大问题。物质太贫困，生活无保障，权利被剥夺，生命无尊严，精神太苦闷，都会出现民不聊生，生不如死的现象。老子还说过："民之轻死，以其上求生之厚。"领导阶级贪婪无极、剥削无度，是导致民之轻死的根本原因。

古今中外的极权暴政，最后都会造成"天怒人怨""民不畏死"的局面，国家恐怖主义的边际效率越来越低，直到消失在民愤的大海里。民不聊生之后必是官不聊生。

第七十五章

民之饥，以其上食税之多，是以饥。民之难治，以其上之有为，是以难治。民之轻死，以其上求生之厚，是以轻死。夫唯无以生为者，是贤于贵生。

只有“有为”是胡作非为、胆大妄为，所以“民之难治，以其上之有为，是以难治”这句话才能成立。民难不难治，根本原因在上面。若是圣王，制礼作乐，富之教之，何难垂拱而治？若是政治无道，制度恶劣，法律不公，导致天怒人怨，民当然会越来越难治，直到生不如死，以死相拼。“其上求生之厚”并非“民之轻死”的重要原因。

第七十六章

人之生也柔弱，其死也坚强。草木之生也柔脆，其死也枯槁。故坚强者死之徒，柔弱者生之徒。是以兵强则灭，木强则折。强大处下，柔弱处上。

未必然也，非中道也，坤道耳。孔子说：“刚毅木讷，近仁。”刚毅是刚强果决。《中庸》说：“故君子和而不流，强哉矫！中立而不倚，强哉矫！国有道，不变塞焉，强哉矫！国无道，至死不变，强哉矫！”

“天行健，君子以自强不息。”（《易经》）天行者，天性也。健动不已、生生不息是乾元天性，也是生命本性的特征。君子之所以自强不息，乃是天性的必然。

第七十七章

天之道，其犹张弓与？高者抑之，下者举之，有余者损之，不足者补之。天之道，损有余而补不足；人之道则不然，损不足以奉有余。孰能有余以奉天下，唯有道者。是以圣人为而不恃，功成而不处，其不欲见贤。

本章说得很对。西方福利制度，就是一种“损有余而补不足”的做法，颇合乎“天之道”。《礼运》描述古典大同时代说：“使老有所终，壮有所用，幼有所长，鳏、寡、孤、独、废疾者，皆有所养，男有分，女有归。”这些社会保障问题，在西方得到了一定程度的解决。西方虽非王道礼制，不乏王道精神。

孔子主张“周急不继富”。这是君子为人为政原则之一，亦是老子“损有余而补不足”之道的一个翻版。

第七十八章

天下莫柔弱于水，而攻坚强者莫之能胜，以其无以易之。弱之胜强，柔之胜刚，天下莫不知，莫能行。是以圣人云：“受国之垢，是谓社稷主；受国不祥，是谓天下王。”正言若反。

弱之胜强，柔之胜刚。说得有理，但不绝对，不可必。儒家中道，该刚则刚，该柔则柔，刚柔相济；该弱则弱，该强则强，弱强并用。智者乐水，仁者乐山，水之柔弱山之刚强，皆可乐可取。

《易经》以乾元为大，天行健，君子以自强不息；乾元涵盖坤元，地势坤，君子以厚德载物。乾坤一体，亦刚亦柔，超越刚柔。道家一味柔弱，得道体之一端耳。康有为说：“道家偷得《易经》半部。”然哉然哉！

另复须知，水貌似柔弱而并不柔弱。《荀子》中有一段话，是绝妙的水赞：孔子观于东流之水。子贡问于孔子曰：“君子之所以见大水必观焉者，是何？”孔子曰：“夫水大，遍与诸生而无为也，似德；其流也埤下，裾拘必循其理，似义；其洸洸乎不淈尽，似道；若有决行之，其应佚若声响，其赴百仞之谷不惧，似勇；主量必平，似法；盈不求概，似正；淖约微达，似察；以出以入，以就鲜絜，似善化；其万折也必东，似志。是故君子见大水必观焉。”

这篇流水赞，在《孔子家语》《说苑》《韩诗外传》中都有记载。

水，似德，似义，似道，似勇，似法，似正，似察，似善化，似志，不愧为德智的高度统一。

第七十九章

和大怨，必有余怨，安可以为善？是以圣人执左契，而不责于人。有德司契，无德司彻。天道无亲，常与善人。

天道无亲，常与善人。这个思想与儒家相同。《尚书·蔡仲之命》说："皇天无亲，惟德是辅。""常与善人"和"惟德是辅"，体现了天道之仁。

《尚书·洪范》中箕子说，顺从于善而遵从正道，可得"五福"，顺从于恶而违背正道，会得"六极"。五福：一曰寿，二曰富，三曰康宁，四曰攸好德，五曰考终命。六极：一曰凶、短、折，二曰疾，三曰忧，四曰贫，五曰恶，六曰弱。

《尚书·咸有一德》说："惟上帝不常，作善降之百祥，作不善降之百殃。尔惟德罔小，万邦惟庆；尔惟不德罔大，坠厥宗。"

《易经》说："自天佑之，吉无不利。"又说："积善之家。必有余庆；积不善之家。必有余殃。"曾子说："人而好善，福虽未至，祸其远矣；人而不好善，祸虽未至，福其远矣。"(《中论》)

这些言论可以视为儒道两家对善恶报应这一义理和规律的表述。

第八十章

小国寡民。使有什伯之器而不用，使民重死而不远徙。虽有舟舆，无所乘之；虽有甲兵，无所陈之。使民复结绳而用之。甘其食，美其服，安其居，乐其俗。邻国相望，鸡犬之声相闻，民至老死，不相往来。

“甘其食，美其服，安其居，乐其俗。”这也是儒家的政治追求。不过，这种追求不是通过“小国寡民”等设想去达到。这种复古主义的政治设想，与王道政治“庶之富之教之”“平天下”的追求和大同理想背道而驰。

“使有什伯之器而不用”是反科技。什伯之器就是拿来用的，如果不用，制之何为？《系辞》曰：“神农氏作，斫木为耜，揉木为耒，耒耨之利，以教天下，盖取诸《益》。”神农氏兴起，砍削树木做成犁头，曲转木材为犁柄，以便耕种和除草，创作耕作器具教导人民，利益人民，何乐而不为？

儒家经典很重视科学研究和物质开发，不断强调格物致知、开物成务、观象制器的重要性。《易经·系辞》中介绍，古人观象制器，都是从《离》《益》《涣》《随》《小过》《睽》《大壮》《夬》诸卦的卦象中获得启示的，包牺氏、神农氏等圣王，也是科学发明和物质利用的大师。

“使民重死而不远徙。虽有舟舆，无所乘之”，是反“致远”。《系辞》曰：“刳木为舟，剡木为楫，舟楫之利，以济不通，致远以利天下，盖取诸涣。”“服牛乘马，引重致远，以利天下，盖取诸随。”将木材凿成舟船，削木头做为船楫，方便两岸之人互相来往，且可航行至远方，便利天下人。征服牛，乘着马，用牛拖载重物，用马奔驰远地，以便利世人。何乐不为？

“使民复结绳而用之”，是反知识。《系辞》曰：“上古结绳而治，后世圣人易之以书契，百官以治，万民以察，盖取诸夬。”上古无文字，结绳以记事。后来圣人发明了文书契据，百官方便治理，万民赖以稽察。何乐而不为？

“民至老死，不相往来”，是反社会。《系辞》曰：“日中为市，致天下之民，聚天下之货，交易而退，各得其所，盖取诸《噬嗑》。”中午为买卖时间，招致天下人民，聚集各方货物，互相交易，各取所需。何乐而不为？

第八十一章

信言不美，美言不信。善者不辩，辩者不善。知者不博，博者不知。圣人不积，既以为人己愈有，既以与人己愈多。天之道，利而不害；圣人之道，为而不争。

又是绝对化。中华经典，既是信言也是美言，又美又信；老庄知者，何尝不博？孔孟博者，何尝不知？善者何尝不辩，辩者何尝不善？只要有不同学派和宗派存在，人类就不可能没有思想辩论和理论争鸣。孟子说："吾岂好辩。"我不得已。释尊也很擅长辩论，其十大弟子都是外道领袖而输给他的。人类需要的是尽量避免恶性之争、野蛮之争，倡导良性文明之争，言论问题，言论解决。

圣人不积也不乱与。关于财物之取与，孟子说："可以取，可以无取，取伤廉；可以与，可以无与，与伤惠。"

综上所述，道家很不错，却又很不够。儒道两家，各得乾坤二卦。《易经》说：天行健，君子以自强不息；地势坤，君子以厚德载物。天行谓乾元的本性，地势指坤元的特征。天性健动，君子通达天性，所以能够自强不息；地势顺从，君子明白地势，所以能够厚德载物。自强不息、厚德载物是君子德性的必然。

乾元涵盖坤元之全，可以代表坤；坤元虽含乾元之气，不能代表乾。儒家法乾，证得乾元之妙，得其全体，刚柔相济，自强不息，大用无边；道家法坤，证得坤元之美，得其偏体，阴柔为主，厚德载物，自有作用。因乾主坤辅，故儒主道辅。没有道家，儒家仍可创造三代奇迹；倒了儒家，道家难立。

第二章　关于管子

前　言

（一）

《管子》一书，在《汉书·艺文志》中被列入道家类，是错误的。《隋书·经籍志》中改列法家类，是正确的。

学界普遍认为："《管子》是战国时各学派的言论汇编，内容很庞杂，包括法家、儒家、道家、阴阳家、名家、兵家和农家的观点。"罗根泽说：

> 《管子》八十六篇，今亡者才十篇，在先秦诸子，裒（póu）为巨轶，远非他书所及。《心术》《白心》诠释道体，老庄之书未能远过；《法法》《明法》究论法理，韩非《定法》《难势》未敢多让；《牧民》《形势》《正世》《治国》多政治之言；《轻重》诸篇又多为理财之语；阴阳则有《宙合》《侈靡》《四时》《五行》；用兵则有《七法》《兵法》《制分》；地理则有《地员》；《弟子职》言礼；《水地》言医；其他诸篇亦皆率有孤诣。各家学说，保存最多，诠发甚精，诚战国秦汉学术之宝藏也。（《管子探源》）

儒眼见仁，道眼见道，兵眼见智，阴阳眼见阴阳，但又似儒非儒，似道非道，似兵非兵，似阴阳非阴阳……说好不够好，说坏又不坏。这正是管晏派法家的特点。

法家可以分为两大派：一派反道德，以商鞅、韩非子为代表，我称之为“商韩派”，也可以称为“极权法家”，导出来的是极权君主制，是暴政；一派讲道德，以管子、晏子为代表，我称之为“管晏派”，也可以称为“开明法家”，导出来的是开明君主制，是霸道。

霸道处于暴政和王道之间，与暴政比好得多多，与王道比则大为逊色。

（二）

关于王霸之别，孟子讲得很清楚：“以力假仁者霸，霸必有大国；以德行仁者王，王不待大。汤以七十里，文王以百里。以力服人者，非心服也，力不赡也；以德服人者，中心悦而诚服也，如七十子之服孔子也。《诗》云：‘自西自东，自南自北，无思不服。此之谓也。’”（《孟子·公孙丑》

是“以力假仁”还是“以德行仁”，这是王霸的根本区别。王道是民重君轻，“保民而王”，是“乐以天下，忧以天下”。（《孟子·梁惠王》）霸道则是“假仁假义”，假借仁义之名，获取利益之实。朱熹说：“王霸之心诚伪不同。”

《孟子·公孙丑》记载了一段孟子与学生公孙丑关于管仲晏子的对话，进一步表明了孟子对霸道的看法和王霸之别。

公孙丑问曰：“夫子当路于齐，管仲、晏子之功，可复许乎？”

孟子曰：“子诚齐人也，知管仲、晏子而已矣。或问乎曾西曰：‘吾子与子路孰贤？’曾西蹴然曰：‘吾先子之所畏也。’曰：‘然则吾子与管仲孰贤？’曾西艴然不悦，曰：‘尔何曾比予于管仲！管仲得君如彼其专也，行乎国政如彼其久也，功烈如彼其单也，尔何曾比予于是？’”曰：“管仲，曾西之所不为也，而子为我愿之乎？”

曰：“管仲以其君霸，晏子以其君显。管仲、晏子犹不足为与？”

曰：“以齐王，由反手也。”

曰：“若是，则弟子之惑滋甚。且以文王之德，百年而后崩，犹未洽于天下；武王、周公继之，然后大行。今言王若易然，则文王不足法与？”

曰：“文王何可当也！由汤至于武丁，贤圣之君六七作，天下归殷久矣，久则难变也。武丁朝诸侯，有天下，犹运之掌也。纣之去武丁未久也，其故家遗俗，流风善风善政，犹有存者；又有微子、微仲、王子比干、箕子、胶鬲——皆贤人也——相与辅相之，故久而后失之也。尺地，莫非其有也；一民，莫非其臣也；然而文王犹方百里起，是以难也。

“齐人有言曰：‘虽有智慧，不如乘势；虽有镃基，不如待时。’今时则易然也：夏、殷、周之盛，地未有过千里者也，而齐有其地矣；鸡鸣狗吠相闻，而达乎四境，而齐有其民矣。地不改辟矣，民不改聚矣，行仁政而王，莫之能御也。且王者之不作，未有疏于此时者也；民之憔悴于虐政，未有甚于此时者也。饥者易为食，渴者易为饮。孔子曰：‘德之流行，速于置邮而传命。’当今之时，万乘之国行仁政，民之悦之，犹解倒悬也。故事半古之人，功必倍之，惟此时为然。”

孟子提到，曾有人将曾西与子路相比，曾西大感不安，说子路是父亲所敬畏的人，自己怎么能和他相比。那人又将曾西和管仲相比，曾西大不高兴，说管仲受到齐桓公高度信任，行政那样长久，功绩却那样少，不配与自己相比。孟子接着说，曾西都不愿跟管仲相比，我怎么会愿意呢。

公孙丑认为管仲辅佐桓公称霸天下，晏子辅佐景公名扬诸侯，很了不起了。孟子说，以齐国的实力，如果实行王道，统一天下易如反掌。理由是：夏商周三代初盛的时候，没有哪一国的国土超过方圆千里，而现在齐国却超过了，同时人口众多。国土不需要新开辟，老百姓不需要新团结，如果施行仁政来统一天下，没有谁能够阻挡。

而且，圣王不出，从来没有隔这么久过，老百姓受到暴政的压榨从来没有这么厉害过，实行王道仁政特别容易，就像饥者易为食、渴者易为饮一样，事半功倍。这时候一个大国若行仁政，民众将高兴得若解倒悬。

孟子在谈话中引用了两句古话，一是齐人野语："虽有智慧，不如乘势；虽有镃基，不如待时。"虽然有智慧，不如借助形势；虽然有锄头，不如等待农时。乘势和待时，就是智慧之大者。"镃基"是当时的农具，一种大锄头，"乘"和"待"都是"依靠""凭借"之意。

一是孔子之言："德之流行，速于置邮而传命。"意谓德政最得人心，最易通行，推行起来，比驿站转送命令还要迅速。这句话也见于《吕氏春秋·上德》："德之速，疾乎以邮传命。"

孟子对霸道和管仲颇不屑，但对"假仁假义"也不是完全否定。他说过："尧舜，性之也；汤武，身之也；五霸，假之也。久假而不归，恶知其非有也。"（《孟子·尽心》）尧舜的仁义发自于本性，汤武的仁义致力于实践，当然最好；五霸是假借仁义，不好，但假借久了而不归还，就像自身原来拥有一样，也算不错。

孔子对管子"一分为二"地看待，一方面认为管子"器小"和"不知礼"，另一方面认为管仲相齐桓公，攘除夷狄，居功甚伟："微管仲，吾其披发左衽矣！""桓公九合诸侯，不以兵车，管仲之力也。如其仁，如其仁。"（《论语·宪问》）总体上看，孔子对管子的评价比孟子要高一些。

（三）

关于王霸之别，荀子亦有相当到位的论述。他概括说："故用国者，义立而王，信立而霸，权谋立而亡。"王道是道统至上，道德挂帅；霸道也相当讲信用。荀子对霸道描述如下：

德虽未至也，义虽未济也，然而天下之理略奏矣，刑赏已诺，信乎天下矣，臣下晓然皆知其可要也。政令已陈，虽睹利败，不欺其民；约结已定，虽睹利败，不欺其与。如是，则兵劲城固，敌国畏之，国一綦明，与国信之，虽在僻陋之国，威动天下，五伯是也。非本政教也，非致隆高也，非綦文理也，非服人之心也；乡方略，审劳佚，谨畜积，修战备，然上下相信，而天下莫之敢当。故齐桓、晋文、楚庄、吴阖闾、越勾践，是皆僻陋之国也，威动天下，强殆中国，无它故焉，略信也。是所谓信立而霸也。（《荀子·王霸》）

霸道政治，道德虽没有到位，道义虽没有完备，然而天下的道理大体聚集了，刑罚与奖赏、禁止与许诺，都能够取信于天下，臣下都知道君主可以信赖。政令已经发布，即使发现自己的利益将要有所损害，也不失信于民众；盟约已经签定，即使看到自己的利益将要有所损害，也不失信于盟友。像这样，就会军队强劲、城防牢固，敌国害怕；国家统一，道义彰明，盟国信任，即使偏僻落后的国家，也可威震天下，五霸就是这样。他们虽然没有把政治教化作为立国之本，没有达到最崇高的政治境界，没有健全礼仪制度，没有使人心悦诚服，但他们注重方法策略，注意使民众劳逸结合，认真积蓄，加强战备，君臣上下互相信任，配合像牙齿啮合那样，天下也就没有人敢与他们对抗了。齐桓公、晋文公、楚庄王、吴王阖闾、越王勾践，都处于偏僻落后的国家，却能威震天下，他们的强盛足以危及中原各国，没有别的缘故，就是因为他们有一定信用啊！这就是我所说的，建立了信用就能称霸。

荀子说："王者富民，霸者富士，仅存之国富大夫，亡国富筐箧，实府库。筐箧已富，府库已实，而百姓贫，夫是之谓上溢而下漏。入不可以守，出不可以战，则倾覆灭亡可立而待也。"（《荀子·王制》）又说："王者诛大恶，霸者杀敌国，仅存之国杀刑人，亡国杀无辜。杀无辜而国不亡，则将天倾。"

一句话说霸道：比暴政好得多，比王道差得远。

（四）

霸道讲道德，但对待道德的态度有两个特征：一是工具化和手段化，如荀子说："彼以让饰争，依乎仁而蹈利者也。"（《荀子》）以礼让来装饰竞争，打着仁义的名义而谋取利益。二是狭隘化和表象化，对礼义廉耻等道德元素作狭隘、肤浅的解释和定义。《管子》首篇《牧民》中论"四维"就集中地暴露了这两个特征。

管子与儒家还有很重要的一个区别，就是对"中道"和"道统"的态度不同。儒家强调"道统高于政统"，管子虽然也称颂尧舜和圣王，但在这个原则性问题上避而不论。春秋战国时期诸子百家中的大多数，都会称颂尧舜和圣王，各取所需而已，或取其一点，或托名造说（自造新说），或另立标准，不一而足。

《牧民》解评

《牧民》是《管子》一书首篇，是全书的思想总纲，全面反映了管仲的治国理念和施政措施。断以六字："还不错，很不够。"详见下面解评。

篇名也侧面揭露了管子非民本的政治立场和以道德为工具的学术本质。儒家政治上以民为本，故强调保民、贵民、亲民，霸道则是君国第一，故讲牧民，尽管重视仁义、道德、礼义、廉耻，也不过视之为一种牧民之术而已。

《国颂》："凡有地牧民者，务在四时，守在仓廪。国多财，则远者来；地辟举，则民留处；仓廪实，则知礼节；衣食足，则知荣辱；上服度，则六亲固；四维张，则君令行。故省刑之要，在禁文巧；守国之度，在饰四维；顺民之经，在明鬼神、祗山川、敬宗庙、恭祖旧。不务天时，则财不生；不务地利，则仓廪不盈。野芜旷，则民乃菅；上无量，则民乃妄。文巧不禁，则民乃淫；不璋两原，则刑乃繁。不明鬼神，则陋民不悟；不祗山川，则威令不闻；不敬宗庙，则民乃上校；不恭祖旧，则孝悌不备。四维不张，国乃灭亡。”

国有四维，一维绝则倾，二维绝则危，三维绝则覆，四维绝则灭。倾可正也，危可安也，覆可起也，灭不可复错也。何谓四维？一曰礼，二曰义，三曰廉，四曰耻。礼不逾节，义不自进，廉不蔽恶，耻不从枉。故不逾节，则上位安；不自进，则民无巧诈；不蔽恶，则行自全；不从枉，则邪事不生。

礼义廉耻，都是儒家道德元素，其中礼义属于五常道。可是，管子对礼义的定义是“礼不逾节，义不自进”，这是严重狭隘化；礼义的功能目的无非“上位安”和“民无巧诈”，如此而已，可以一切从统治者的利益出发，这是极端的功利化。

政之所兴，在顺民心；政之所废，在逆民心。民恶忧劳，我佚乐之；民恶贫贱，我富贵之；民恶危坠，我存安之；民恶灭绝，我生育之。能佚乐之，则民为之忧劳；能富贵之，则民为之贫贱；能存安之，则民为之危坠；能生育之，则民为之灭绝。故刑罚不足以畏其意，杀戮不足以服其心。故刑罚繁而意不恐，则令不行矣；杀戮众而心不服，则上位危矣。故从其四欲，则远者自亲；行其四恶，则近者叛之。故知予之为取者，政之宝也。

“政之所兴，在顺民心；政之所废，在逆民心。”此言不错，但“民恶忧劳，我佚乐之”之说并不中正。使民众佚乐没错，但有个度的问题。儒家对于民众，庶之富之教之，也劳之，并不一味佚乐之。

关于“劳民”，在《鲁语》中敬姜曰：“昔圣王之处民也，择瘠土而处之，劳其民而用之，故长王天下。夫民劳则思，思则善生；逸则淫，淫则忘善；忘善则恶心生。沃土之民不材，淫也。瘠土之民，莫不向义，劳也。”后面子夏也说：“君子信而后劳其民。”当然，儒家“劳民”不是无度役使，劳民伤财。一要“先之”，二要“信而后劳其民”，三要“以时”，合情合理，劳逸结合。

“能佚乐之，则民为之忧劳；能富贵之，则民为之贫贱；能存安之，则民为之危坠；能生育之，则民为之灭绝。”这段话充分暴露了法家的政治居心。他们佚乐之、富贵之、存安之、生育之，并非真的爱民，而是别有用心，根本目的是利用民众。

“故知予之为取者，政之宝也。”此言与《老子》“将欲取之，必固与之”句同义。将这种做法视为“政之宝”，颇有阴谋家的味道。

错国于不倾之地，积于不涸之仓，藏于不竭之府，下令于流水之原，使民于不争之官，明必死之路，开必得之门。不为不可成，不求不可得，不处不可久，不行不可复。错国于不倾之地者，授有德也；积于不涸之仓者，务五谷也；藏于不竭之府者，养桑麻育六畜也；下令于流水之原者，令顺民心也；使民于不争之官者，使各为其所长也；明必死之路者，严刑罚也；开必得之门者，信庆赏也；不为不可成者，量民力也；不求不可得者，不强民以其所恶也；不处不可久者，不偷取一世也；不行不可复者，不欺其民也。故授有德，则国安；务五谷，则食足；养桑麻、育六畜，则民富；令顺民心，则威令行；使民各为其所长，则用备；严刑罚，则民远邪；信庆赏，则民轻难；量民力，则事无不成；不强民以其所恶，则诈伪不生；不偷取一世，则民无怨心；不欺其民，则下亲其上。

这段讲得很好，霸道能够做到一些，但不可能持久而全面地做好。如“授有德，则国安”这一条，需要有礼制的维护，有道统、政统、学统的保障，否则难免持而不坚，坚而不久。如齐国的霸业，管子在还好，管子一死就难以为继，连齐桓公本人都死于非命。

“不处不可久者，不偷取一世也。”霸道本身就是不可久的，对道德的态度也是很不真诚的。

以家为乡，乡不可为也；以乡为国，国不可为也；以国为天下，天下不可为也。以家为家，以乡为乡，以国为国，以天下为天下。毋曰不同生，远者不听；毋曰不同乡，远者不行；毋曰不同国，远者不从。如地如天，何私何亲？如月如日，唯君之节！

御民之辔，在上之所贵；道民之门，在上之所先；召民之路，在上之所好恶。故君求之，则臣得之；君嗜之，则臣食之；君好之，则臣服之；君恶之，则臣匿之。毋蔽汝恶，毋异汝度，贤者将不汝助。言室满室，言堂满堂，是谓圣王。城郭沟渠，不足以固守；兵甲强力，不足以应敌；博地多财，不足以有众。惟有道者，能备患于未形也，故祸不萌。

天下不患无臣，患无君以使之；天下不患无财，患无人以分之。故知时者，可立以为长；无私者，可置以为政；审于时而察于用，而能备官者，可奉以为君也。缓者，后于事；吝于财者，失所亲；信小人者，失士。

按照治家的方法治乡，乡不能治好；按照治乡的方法治国，国不能治好；按照治国的方法治天下，天下不能治好。应该按照治家的方法治家，按照治乡的方法治乡，按照治国的方法治国，按照治天下的方法治天下。不要因为不同姓，不听取外姓人的意见；不要因为不同乡，不采纳外乡人的办法；不要因为不同国，不听从别国人的建议。要像天地一样，没什么偏私偏爱；要像日月普照一样，才是君主的气度。

这段话说得不错，却又不够中肯。齐家治国平天下，既有区别又有联系，异中有同。齐家是齐之以礼，治国是治之以礼，平天下是平之以礼，都需要礼。

“惟有道者，能备患于未形也，故祸不萌。”没错，然霸道非道，非真正中道，不足以备患于未形、消祸于未萌。这种政权，上无道统指导，下无学统配套，中无礼制支撑，纵然取得一时成功，很有限，更难以久远。齐桓、管子进行了一些法律建设，但与制礼作乐差得远呢。“言室满室，言堂满堂”，何足为圣王。

第三章　关于墨子

前　言

（一）

墨学是先秦显学。《韩非子·显学》载："世之显学，儒墨也。儒之所至，孔丘也；墨之所至，墨翟也。"但不知为什么，《史记》没有为墨子作传，只是在《孟子荀卿列传》中附带介绍了几个字："盖墨翟，宋之大夫，善守御，为节用。或曰并孔子时，或曰在其后。"

墨子曾师从于儒，后来舍弃儒学，另辟蹊径，开创墨学。墨学体系的术语或概念，大量采用儒家惯用的词汇，却给予不同的理解和诠释。《墨子》中无数次提到仁义，并将仁义视为最高价值范畴。《兼爱》曰："兼爱则仁矣义矣"，说兼爱就是仁义。

最不可容忍的是，墨家反过来强烈反孔反儒——这是墨家最大的问题。虽然批不中肯，或看朱成碧，以是为非，或虚树靶子，栽赃儒家，但毕竟给儒家造成了恶劣影响，遭到孟子严厉而中肯地批判，良有以也。孟子说：

圣王不作，诸侯放恣，处士横议，杨朱墨翟之言盈天下。天下之言，不归杨，则归墨。杨氏为我，是无君也；墨氏兼爱，是无父也。无父无君，是禽兽也。公明仪曰："庖有肥肉，厩有肥马，民有饥色，野有饿莩，此率兽而食人也。杨墨之道不息，孔子之道不著，是邪说诬民，充塞仁义也。仁义充塞，则率兽食人，人将相食，吾为此惧。

闲先圣之道，距杨墨，放淫辞，邪说者不得作。作于其心，害于其事。作于其事，害于其政。圣人复起，不易吾言矣。昔者禹抑洪水而天下平，周公兼夷狄、驱猛兽而百姓宁，孔子成《春秋》而乱臣贼子惧。《诗》云：‘戎狄是膺，荆舒是惩，则莫我敢承。’无父无君，是周公所膺也。我亦欲正人心，息邪说，讵㕍行，放淫辞，以承三圣者，岂好辩哉？予不得已也。能言距杨墨者，圣人之徒也。”（《孟子·滕文公》）

杨朱学是利己主义，是墨子利他主义最大的反动。故孟子常把两者相提并论。孟子曰：“杨子取为我，拔一毛而利天下，不为也；墨子兼爱，摩顶放踵，利天下为之。”（《孟子·尽心》）孟子引三圣自比，攻之如洪水猛兽，并将能否批判杨墨，提高到了是否圣人之徒的高度。韩愈说孟子辟杨墨，功不在禹下。

“墨氏兼爱，是无父也。”这是孟子对墨学大规模实践之后果的逻辑推理。

《墨子》也说：“厚亲，分也”，意谓厚爱父母是人的本分。说得很正确，问题是墨子反对爱有差等和主张“兼爱”，结果会导致无父。二程指出：“大凡儒者学道，差之毫厘，谬以千里。杨朱本是学义，墨子本是学仁，但所学者稍偏，故其流遂至于无父无君。”（《河南程氏遗书》）

或说《墨子·大取》也说：“爱人不外爱已，已在所爱之中。已在所爱，爱加于已。”认为墨学是利他主义和利己主义的统一。殊不知利他和利己可以统一，利他主义和利己主义则格格不入。“杨子取为我，拔一毛而利天下，不为也；墨子兼爱，摩顶放踵利天下，为之。”（《孟子·尽心》）两种思想，相互反悖。

《墨子》“爱加于已”之言也改变不了墨家利他主义的本质，就像集体主义无论怎样强调“以人为本”，改变不了集体本位的本色。同样道理，集体和个人可以统一，集体主义和个人主义则无法统一。

荀子如是批判墨家：

不知壹天下、建国家之权称，上功用、大俭约而僈差等，曾不足以容辨异、县君臣。然而其持之有故，其言之成理，足以欺惑愚众，是墨翟、宋钘也。(《荀子·非十二子》)

意思是说，不懂得统一天下、建立国家的法度，崇尚功利实用，过度节俭而轻慢差别，甚至不容许人与人之间有分别差异，也没有君臣上下的分别。但是他们立论有根有据，解说有条有理，足够用来蒙蔽愚昧民众。墨翟、宋钘就是这种人。

荀子又说："墨子蔽于用而不知文。"(《解蔽》) 墨子重实用，但为实用所蒙蔽，不知道文化和礼乐的根本性和重要性。

（二）

墨学作为先秦显学，在百家争鸣的时代，自然也受到其他各家的评议褒贬。《庄子·天下》认为：

今墨子独生不歌，死不服，桐瓣寸而无椁，以为法式。以此教人，恐不爱人；以此自行，固不爱己，未败墨子道。虽然，歌而非歌，哭而非哭，乐而非乐，是果类乎？其生也勤，其死也薄，其道大觳；使人忧，使人悲，其行难为也，恐其不可以为圣人之道。反天下之心，天下不堪。墨子虽独能任，奈天下何！离于天下，其去王也远矣。

大意是，墨家独主张生前不唱歌，死时不礼葬，桐木棺材厚三寸而且不用外棺，把这些作为法规。用这样的主张来教育人，恐怕不是真正爱护人；用这样的要求来约束自己，当然不是真正的自爱。这样的评论并非有意要诋毁墨家的学说。

虽然如此，应该歌唱而不歌唱，应该哭泣而不哭泣，应该作乐而不作乐，这合乎人情常理吗？生前辛勤劳苦，死后简单薄葬，这种主张太苛刻了。使人忧劳，使人悲苦，实行起来太困难了，恐怕不能够成为圣人之道，违反天下人心愿，天下人不堪忍受。墨子虽然独自能够做到，拿天下人怎么办！背离了天下，也就远离了王道。

《庄子·天下》引用了墨子的一段话：

墨子称道曰："昔禹之湮洪水，决江河而通四夷九州岛也，名山三百，支川三千，小者无数。禹亲自操橐耜（gǎo sì），而九杂天下之川；腓（féi）无胈（bá），胫无毛，沐甚雨，栉（zhì）疾风，置万国。禹大圣也，而劳天下也如此。"使后世之墨者，多以裘褐为衣，以跂跷（qí qiāo）为服，日夜不休，以自苦为极，曰：不能如此，非禹之道也，不足谓墨。

墨子称道大禹"腓无胈，胫无毛，沐甚雨，栉疾风"的俭朴和苦行，从而使后世的墨者，多用兽皮粗布为衣，穿着木屐草鞋，白天黑夜都不休息，以自苦为准则。墨子说，如果不能如此，就不是禹之道，不足以称为墨者。可见墨子给墨家定下的标准非常严厉的。因此，有墨者发誓要复兴墨家，其志可嘉，但非常艰难，应该比复兴儒家更为艰难。《庄子》接着指出：

墨翟、禽滑釐之意则是，其行则非也。将使后世之墨者，必自苦以腓无胈、胫无毛相进而已矣，乱之上也，治之下也。虽然，墨子真天下之好也，将求之不得也，虽枯槁不舍也。才士也夫！

意谓墨翟、禽滑釐用意不错，做法却错了。将使后世的墨者，以极端劳苦的方式互相竞进，乱国有余，治国不足。尽管如此，墨子还是真心爱天下的，这样的人实在难得，即使辛苦得形容枯槁，也不舍弃自己的思想和实践，真是才士啊！道家对墨子既有批判，也有肯定。

出身道家的司马谈说：

墨者亦尚尧舜道，言其德行曰：“堂高三尺，土阶三等，茅茨不翦，采椽不刮。食土簋，啜土刑，粝粱之食，藜藿（lí huò）之羹。夏日葛衣，冬日鹿裘。”其送死，桐棺三寸，举音不尽其哀。教丧礼，必以此为万民之率。使天下法若此，则尊卑无别也。夫世异时移，事业不必同，故曰俭而难遵。要曰彊本节用，则人给家足之道也。此墨子之所长，虽百家弗能废也。（《史记·太史公自序》）

大意是，墨家也崇尚尧舜之道，谈论他们的德行说：“堂口三尺高，堂下土阶三层，茅草屋顶不加修剪，栎木椽子不经刮削。用陶簋吃饭，用陶铏喝汤，吃糙米粗饭，饮野菜羹汤。夏天穿葛布衣，冬天穿鹿皮裘。”墨家送葬，桐木棺材仅三寸，送葬者不能尽诉哀痛。教民丧礼，必须以此为万民的标准。假使天下都这样，尊卑就没有区别了。世代不同，时势变化，人们所做的事业不一定相同，所以说墨家俭啬而难以遵从。墨家学说的要旨是强本节用，那是人人丰足、家家富裕之道。这是墨子学说的长处，即使百家学说也不能废弃它。

墨家强调节用节葬节俭，生活艰苦朴素，真诚利他主义，确实难得，但很过度和极端，有违人情之常，若付诸大规模政治社会实践，必与“交相利”的愿望背驰。

（三）

墨家兼爱说，似是而非。

《说文解字》：“兼，并也，从又持禾。兼，持二禾。”兼字本义为一手执两禾，引申为同时拥有或进行。兼爱即爱无差等，平等地爱。墨子说：“视人之国若视其国，视人之家若视其家，视人之身若视其身。”这是兼爱的经典表述。

《墨子·耕柱》中，巫马子对墨子说：“我与子异，我不能兼爱”，说自己爱我乡人比爱鲁人深，爱家人比爱乡人深，爱双亲比爱家人深云云。显而易见，巫马子所理解的兼爱，既没有远近差别，也没有亲疏差异。但墨子的答辩并不涉及爱的次序和程度，显然是承认巫马子对兼爱的理解的。

《孟子·滕文公下》中说，墨者夷之引用《尚书》中“若保赤子”之语，试图以此证明儒者之爱也是兼爱。孟子作了有力的反驳：“夫夷子，信以为人之亲其兄之子、为若亲其邻之赤子乎？彼有取尔也。赤子匍匐将入井，非赤子之罪也。”若保赤子，礼所当然。赤子入井匍匐救之，理所当然，但不能由此否定差等原则。

孟子说：“老吾老及人之老，幼吾幼及人之幼。”老吾老幼吾幼，是孝慈、亲亲，及人之老和及人之幼，是亲民、仁民。这个“及”用得极为精准，很好地表达了儒家仁爱既有差等又无局限的特征。仁者爱人，自亲人始，但“人不独亲其亲、不独子其子”，而是推扩开去，民胞物与，大爱无疆。东海曰：爱吾身以及之身，爱吾家以及之家，爱吾国以及人之国。

墨者立“爱无差等”为基本原则，视“施由亲始”为外在表现，内外割裂，被孟子批为“二本”。朱熹说：“且人物之生，必各本于父母而无二，乃自然之理，若天使之然也。故其爱由此立，而推以及人自有差等。今如夷子之言，则是视其父母本无异于路人，但其施之之序，姑自此始耳。非二本而何哉？”

焦循说：“且天之生万物也，皆使其由一本而出矣。今夷子以他人之亲与己之亲同，是为有二本也。”二本即无本，“七八月之间雨集，沟浍皆盈，其涸也，可立而待也。”墨家之爱是无本生意。说兼爱源于天志，墨家天志是心外之法；说兼爱是因为利人利天下，可以交相利，则是功利主义的说法。

其实，“施由亲始”就是爱有差等的最好说明。当然，这个爱很狭隘，仅重物质，而仁爱是涵盖而又超越物质的，不会仅仅把眼光盯在物质利益层面。

先亲后疏，先近后远，并非不爱疏远，更非为了亲近者而危害疏远者。礼制规定：“门内之治恩掩义，门外之治义斩恩。”涉及政治，正义为重，亲情私恩必须服从道义。必要的时候，甚至可以大

义灭亲，如周公诛管蔡。孔子称赞叔向“治国制刑，不愧于亲”，“杀亲益荣，犹义也夫”。(《左传》)

爱有差等，因人而异，法无差等，人人平等。都是爱，于亲人是亲爱，于民众是仁爱，于贤者是尊爱，于宠物是宠爱，于自然是喜爱，于用物是爱惜，这些都是爱有差等的表现。民皆同胞，但政治家仁爱民众也应该有差等，对本国民众要有父母之心，爱民如子，对异国民众适当关心就可以了。

或说：“既然人类是一个命运共同体，那么怎么分亲疏？”其实极而言之，万物乃至宇宙都是一个命运共同体，故陆九渊说：“宇宙内事乃己分内事。”但是，能够因此将爱心平等地施与人类和万物吗？连一身器官也有差等，如遇到危险，会本能地用手去护头。闻壮士断腕以保命，不闻壮士断头以保身也。

孟子说：“君子之于物也，爱之而弗仁；于民也，仁之而弗亲；亲亲而仁民，仁民而爱物。”此言对此义理作了准确的表达，一言而决，无庸再议。比较之下，墨子无差等的“兼爱”，杨朱有己无他的“为我”，都有大偏差，皆非正论。

爱人，除了“交相利”的功利作用和目的，还需要有更深刻扎实的内在依据。儒家的依据是仁，仁者爱人，是因为对民胞物与之理的深刻领悟，深知“中国一人，天下一家”，深知“天地万物一体之仁”，通俗地说，就是深知人类是一个命运共同体。仁者，仁性良知也，这是儒家仁爱的内在基石和出发点。墨家虽有天志信仰，未能将天人贯通，不扎实也，真理性和说服力都不够。

墨子认为，“天”有赏善罚恶的意志，“天志”规范制约人们的思想和行为，“天志”是法律的来源，“天志”是最好的法律。天有“志”的证据是“天欲义而恶不义”。何以得知？墨子说：

然则何以知天之欲义而恶不义？曰：“天下有义则生，无义则死；有义则富，无义则贫；有义则治，无义则乱。”然则天欲其生而恶其死，欲其富而恶其贫，欲其治而恶其乱。此我所以知天欲义而

恶不义也。(《墨子·天志》)

这样的推理不能说错，但未免有些肤浅粗糙，将“天”推于心性之外，与儒家天人合一之说相比，一粗一精，天壤悬殊。盖墨家缺乏悟性和必要的心性自觉，缺乏讨论人性之本和形上之道的基本能力，这方面恰似李白诗所写：“茫如坠烟雾。”故只能拜鬼崇天（所谓天志），属于心外求法，不像儒佛道能够贯通天人。

真正的好东西，具有高度真理性、普适性的东西，不可能被打倒。就像不倒翁，无论打得怎么凶狠，总是旋倒旋起，总是占据文化政治社会的重要或主要地位，如儒家。而墨家从来没有遭受过政治性或大规模的迫害，仅被孟子批判了一下，就逐步衰落了，不挥一挥手就消失了踪影，太不够意思了。

（四）

墨学问题有三：一是兼爱。平等的爱，平等主义，有违爱有差等的原则。二是利他主义。利他精神本来可贵，错在将利他本位化主义化。三是反对礼乐，过度节俭。墨学一切问题都根源于反儒，这是墨学最大的问题。至于尊禹亲士尚贤彊本节用等，与儒家相通。

注意，通不是同。例如，两家都尊禹，然所尊角度和宗旨又有所不同，墨子忽略了大禹政治道德和民本原则的整体，一味强调其俭朴和苦行，且以夏禹否定周礼，割裂了大禹和西周的中道共同性。

韩非说“孔子、墨子俱道尧舜而取舍不同，皆自谓真尧舜”，确是事实。不过接着一句就不一样，“尧舜不复生，将谁使定儒墨之诚乎？”(《韩非子·显学》) 尧舜不复生，但尧舜政治制度、道德文章，在六经中无不留存，判定谁是真尧舜或者谁更尧舜，六经是最好的依据。

非攻思想与儒家最为接近。墨子在《非攻》中深入地批判了攻伐之战的残酷性、欺骗性和掠夺性，反对侵略战争。非攻，特指反对当时“大攻小，强侮弱，众贼寡，诈欺愚，贵傲贱，富骄贫”的掠夺性战争，主张开展防御战。

墨子同时把战争严格区分为“诛”（诛无道）和“攻”（攻无罪）两类，支持顺天应人、吊民伐罪的“攻”，支持禹征有苗、汤伐桀、武王伐纣等正义战争。在《非攻》中说：“彼非所谓攻，谓诛也！若以此三圣王者观之，则非所谓攻也，所谓诛也！”

非攻思想与儒家一脉相承。孔子说：“天下有道，则礼乐征伐自天子出；天下无道，则礼乐征伐自诸侯出。”（《论语·季氏》）制度建设和征伐战争之大事，由诸侯或大夫自作主张，就乱套了，就是天下无道。凡是诸侯发动的战争，都属于不义之战。

孟子说：“征者，上伐下也，敌国不相征也。”征是上讨伐下，即天子讨伐诸侯有罪者，同级的国家之间是不能够相互讨伐的。所以孟子指出“春秋无义战”，但接着又说“彼善于此，则有之矣”。（《孟子·尽心》）比如齐桓晋文的“攘夷”之战，虽非自天子出，虽由诸侯发动，也有一定的正义性。于此可见儒家义理的圆满。

《吕氏春秋》云：“今之世，学者多非乎攻伐。非攻伐而取救守，取救守则乡之所谓长有道而息无道、赏有义而罚不义之术不行矣。”可见到了战国后期，墨子非攻思想已经出现重大流弊，被普遍视为“非攻伐而取救守”，流于反对一切进攻性战争了。

诸子百家中或直接，或间接，或正面，或侧面皆出于六经，多多少少与儒家有相同相通和近似之处，多多少少有一定的道理。道家不用说了，杨墨在根源处也与儒家有关，如二程所说：

杨墨皆学仁义而流者也。墨子似子张，杨子似子夏。

杨子为我亦是义，墨子兼爱则是仁。惟差之毫厘，谬以千里，直至无父无君，如此之甚。

厚则渐至于兼爱，不及则便至于为我，其过不及同出于儒者，其末遂至杨、墨。杨子拔一毛不为，墨子又摩顶放踵为之，此皆是不得中。（《河南程氏遗书》）

墨学虽偏离中道，墨家虽强烈反儒，但有一定的正义性，与后来直接明目张胆地反人伦、反道德的邪说以及伪利他主义相比，优秀得不可以道理计，墨派极端利他、严于律己和大公无私的真诚，特别值得肯定和敬佩。《吕氏春秋·去私》中记载了这么一个故事：

墨者有钜子腹䵍（tūn），居秦，其子杀人。秦惠王曰：“先生之年长矣，非有它子也。寡人已令吏勿诛矣。先生之以此听寡人也。”腹䵍对曰：“墨者之法曰：杀人者死，伤人者刑。此所以禁杀伤人也。夫禁杀伤人者，天下之大义也。王虽为之赐而令吏弗诛，腹䵍不可不行墨者之法。”不许惠王，而遂杀之。子，人之所私也，忍所私以行大义，钜子可谓公矣。

无私到这种程度，令人肃然起敬。只是这个墨家首领家教，只怕不怎么样。

墨学作为良性外道，其中的良性因子于对治现代各种歪理邪说不无裨益，值得好好吸取。世易时移，若有心人能够对之做一些现代性阐释，适当转变其反孔反儒立场，墨学是可以纳入中华文化大家庭的。

新墨家没有反孔反儒的必要了。为了“兴天下之利，除天下之害”，不仅不应反儒，而且应该尊孔拥儒才是。墨子出自儒家，两家毕竟不少相通点。经过两千多年的历史性实践，儒家中华文化主统的地位和中华文明主要缔造者的身份，已经不可撼动。至于儒墨两家之异，辩之可，存之可。

（五）

传墨子死后，墨家分裂为六派，有相里氏之墨、相夫氏之墨、邓陵氏之墨、宋钘之墨、许行之墨、腹䵍之墨。当时兵法家有“孙吴之才、墨翟之守”之说，腹氏之墨是继承墨子兵法的一家，当时影响颇大，今本《墨子》中的兵法，就是秦国墨家所著。

腹䵍之墨于秦孝公晚年下招贤令时入秦，得到秦惠王重用，但从未宣传和实践墨子的非攻思想。因为腹䵍墨入秦，又得秦惠王尊崇，但秦国反而加快了征战和统一的步伐。腹䵍墨既然严格遵守墨者“杀人者死，伤人者刑”之法，何以不遵守墨子非攻的教导？难以索解，姑且存疑。

墨学有十条五类纲领，即《墨子·鲁问》所云：“凡入国，必择务而从事焉。国家昏乱，则语之尚贤、尚同；国家贫，则语之节用、节葬；国家熹音湛湎，则语之非乐、非命；国家淫僻无礼，则语之尊天、事鬼；国家务夺侵凌，即语之兼爱、非攻。”兼爱和非攻是墨学的核心。当时秦国务夺侵凌，腹䵍作为墨者而且是首领，必须尽到“语之兼爱非攻”之责。即使无用，也不应无所作为。

或说：“假设腹䵍是助攻，违背了墨学非攻的原则，是称墨毁行，无毁于墨。”非也。一般墨者如果违反墨学基本原则，可以说无毁于墨，但腹䵍是巨子即墨派首领，他如果违背了非攻原则，就不能仅仅视为个人的责任了。假设孔孟犯了原则错误，儒学能不蒙羞乎？没有史料证明腹氏曾经助攻，但得到虎狼之秦的重用，没有宣传和执行非攻原则是可以肯定的。

《亲士》解评

本篇的主题为亲士尚贤。原则与儒家相同。亲士尚贤，原是王道德治题中应有之义。不同在于，儒家亲亲与亲贤尊贤选贤，范畴虽异，一体同仁。

入国而不存其士，则亡国矣。见贤而不急，则缓其君矣。非贤无急，非士无与虑国。缓贤忘士，而能以其国存者，未曾有也。

入国的入，应为“乂”字之误，乂国即治国。能否亲士用贤，确实关系着国家的兴衰存亡。

昔者文公出走而正天下；桓公去国而霸诸侯；越王勾践遇吴王之丑而尚摄中国之贤君。三子之能达名成功于天下也，皆于其国抑而大丑也。太上无败，其次败而有以成。此之谓用民。

“太上无败，其次败而有以成”，此言极是。尧舜禹汤文武周公诸圣王，王道政治，就是太上无败的最好说明；春秋五霸如齐桓公、晋文公、越王勾践等贤君，则是“败而有以成”的典型代表。齐桓晋文都是亲贤用贤的君主，各有贤士，虽然历经艰难，终于取得成功，这是从正面说明贤士的重要性。

吾闻之曰：“非无安居也，我无安心也；非无足财也，我无足心也。是故君子自难而易彼，众人自易而难彼。君子进不败其志，内究其情，虽杂庸民，终无怨心，彼有自信者也。是故为其所难者，必得其所欲焉；未闻为其所欲，而免其所恶者也。”

说得好极了。安于自心，淡于物欲，“君子自难而易彼”，严于律己宽于责人，“虽杂庸民，终无怨心”，高度自信，这些也都是儒家君子的风范。

“是故为其所难者，必得其所欲焉”，这倒未必。君子做事，尽心尽力，尽其所能，只问应不应该做，不问做不做得成，成败利钝，付诸天命。尽人事听天命，此之谓也。

是故逼臣伤君，谄下伤上。君必有弗弗之臣，上必有詻詻（luò）之下。分议者延延，而支苟者詻詻，焉可以长生保国。臣下重其爵位而不言，近臣则喑，远臣则吟，怨结于民心，谄谀在侧，善议障塞，则国危矣。桀纣不以其无天下之士邪？杀其身而丧天下，故曰：“归国宝，不若献贤而进士。”

这里举桀、纣目无天下之士而国灭身亡为反面例子，说明亲贤用贤的重要。

今有五锥，此其铦（xiān），铦者必先挫；有五刀，此其错，错者必先靡。是以甘井近竭，招木近伐，灵龟近灼，神蛇近暴。是故比干之殪（yì），其抗也；孟贲之杀，其勇也；西施之沈，其美也；吴起之裂，其事也。故彼人者，寡不死其所长，故曰："太盛难守也。"

墨子认为，比干、孟贲、西施、吴起这些人，都是死于他们的所长。不尽然也。其中比干死谏，是死得其所；孟贲吴起死于非命，是因为他们的德行出了问题，归根结底是死于缺德。只要以德为本，长处越多越好，才能越高越好；只要以德为本，盛又何妨，盛也能守。三代王道，治何其盛，守何其久。

故虽有贤君，不爱无功之臣；虽有慈父，不爱无益之子。是故不胜其任而处其位，非此位之人也；不胜其爵而处其禄，非此禄之主也。良弓难张，然可以及高入深；良马难乘，然可以任重致远；良才难令，然可以致君见尊。是故江河不恶小谷之满已也，故能大。圣人者，事无辞也，物无违也，故能为天下器。是故江河之水，非一源之水也；千镒之裘，非一狐之白也。夫恶有同方，取不取同而已者乎？盖非兼王之道也！是故天地不昭昭，大水不潦潦，大火不燎燎，王德不尧尧者，乃千人之长也。

"故虽有贤君，不爱无功之臣；虽有慈父，不爱无益之子。"前一句或可成立，后一句却非人情。父子是天伦，慈父爱儿子，人之常情。"不爱无益之子"，以利益来决定爱不爱，非慈父也，物人耳。

其直如矢，其平如砥，不足以覆万物。是故溪陕者速涸，逝浅者速竭，墝者其地不育。王者淳泽，不出宫中，则不能流国矣。

“不足以覆万物”是因为直平的程度不够，不是大直大平，大中至正。《诗经·小雅·大东》说：“周道如砥，其直如矢。”《尚书·洪范》说：“无党无偏，王道平平；无反无侧，王道正直。”周道何尝不直，王道何尝不平？

王道政治，亲亲仁民爱物；真正的王者，岂有“淳泽不出宫中”之理？当然泽被天下，“克明俊德，以亲九族。九族既睦，平章百姓。百姓昭明，协和万邦。黎民于变时雍。”（《尚书·尧典》）

《所染》解评

本篇以染丝为喻，说明天子、诸侯、大夫、士正确选择亲信朋友是多么重要，说明习染的好坏关系着事业的成败和国家的兴亡。

岂但亲信朋友而已？各种环境，包括文化道德环境和家庭、社会、政治、制度环境等等，都会对人产生重大的影响，就像颜料染丝一样，让人养成各种各样的习惯、习气，进而形成习性，所谓习与性成。

“习与性成”语出伊尹。太甲继位后不遵汤规，“颠复汤之刑”（《孟子·万章》）。伊尹再三劝谏不听，于是放太甲于成汤墓葬之地桐宫，令其悔过。伊尹表示：

> 兹乃不义，习与性成。予弗狎于弗顺，营于桐宫，密迩先王其训，无俾世迷。王徂桐宫居忧，克终允德。（《尚书·太甲》）

大意是说：嗣王这样就是不义。习惯成性，我不能轻视这种不顺义理的行为。要在桐营造宫室，使嗣王亲近先王遗训，莫使终身迷误。嗣王去桐宫，处在忧伤的环境，将能成就诚信的美德。

“习与性成”作为一种人性论，影响深远。人性分为本性和习性，人的习惯养成就成为习性。所谓习惯成自然，习性往往根深蒂固，与自然本性相似。孔子“性相近也，习相远也”的命题就与伊尹之说相惬。

子墨子言见染丝者而叹，曰："染于苍则苍，染于黄则黄。所入者变，其色亦变；五入必而已则为五色矣。故染不可不慎也！"

妙喻。

非独染丝然也，国亦有染。舜染于许由、伯阳，禹染于皋陶、伯益，汤染于伊尹、仲虺，武王染于太公、周公。此四王者所染当，故王天下，立为天下，功名蔽天地。举天下之仁义显人，必称此四王者。夏桀染于干辛、推哆，殷纣染于崇侯、恶来，厉王染于厉公长父、荣夷终，幽王染于傅公夷、蔡公穀。此四王者所染不当，故国残身死，为天下僇。举天下不义辱人，必称此四王者。

"非独染丝然也，国亦有染。"此言承上启下，大是巧妙，将一件普通之事上升到了哲学高度。以下列举十九组例证，通过大量历史事实说明，国君所染"当不当"，会给国家造成多么严重的影响。

其实，君臣之间的"染"是相互的，相互吸引、感染和影响。圣贤在位，必然形成圣贤君子集团，如大舜、大禹、商汤、文武四大集团；盗贼在位，也会形成盗贼小人集团，如夏桀、殷纣、厉王、幽王四大集团。

齐桓染于管仲、鲍叔，晋文染于舅犯、高偃，楚庄染于孙叔、沈尹，吴阖闾染于伍员、文义，越勾践染于范蠡、大夫种。此五君者所染当，故霸诸侯，功名传于后世。范吉射染于长柳朔、王胜，中行寅染于藉秦、高强，吴夫差染于王孙雒、太宰嚭，智伯摇染于智国、张武，中山尚染于魏义、偃长，宋康染于唐鞅、佃不礼。此六君者所染不当，故国家残亡，身为刑戮，宗庙破灭，绝无后类，君臣离散，民人流亡。举天下之贪暴苛扰者，必称此六君也。凡君之所以安者何也？以其行理也。行理性于染当。故善为君者，劳于论人而佚于治官。不能为君者，伤形费神，愁心劳意；然国逾危，身逾辱。此六君者，非不重其国、爱其身也，以不知要故也。不知要者，所染不当也。

齐桓、晋文、楚庄、吴阖闾、越勾践五君，是春秋五霸，逊于四王，但也各有可取、可赞者，各有义士智者襄助，所染颇当，所以能称霸诸侯，功名传于后世。范吉射、中行寅、吴夫差、智伯摇、中山尚、宋康则是“所染不当”的负面典型，所以国破家亡，身受刑戮，宗庙毁灭，子孙灭绝，君臣离散，百姓逃亡。

非独国有染也，士亦有染。其友皆好仁义，淳谨畏令，则家日益，身日安，名日荣，处官得其理矣，则段干木、禽子、傅说之徒是也。其友皆好矜奋，创作比周，则家日损，身日危，名日辱，处官失其理矣，则子西、易牙、竖刀之徒是也。诗曰：“必择所堪”，必谨所堪者，此之谓也。

本段再推进一层，指出“非独国有染也，士亦有染”。所交朋友如何，会对士人的家道、身体、名声和居官产生很大影响。

《兼爱》解评

兼爱是墨子思想的核心。兼爱思想与儒家的爱有差等说并不矛盾，只是不中肯，违反人之常情，很难付诸实践，真的实践起来，大有后患。

子墨子言曰：“仁人之所以为事者，必兴天下之利，除去天下之害，以此为事者也。然则天下之利何也？天下之害何也？”子墨子言曰：“今若国之与国之相攻，家之与家之相篡，人之与人之相贼，君臣不惠忠，父子不慈孝，兄弟不和调，此则天下之害也。”

说的很对。“兴天下之利，除去天下之害”，这也是儒家的事业和处理事务的原则。国与国之间相互攻伐，家与家之间相互掠夺，人与人之间相互残害，君不惠，臣不忠，父不慈，子不孝，兄弟之间不协和，都是天下之害。

然则崇此害亦何用生哉？以不相爱生邪？子墨子言：“以不相爱生。今诸侯独知爱其国，不爱人之国，是以不惮举其国，以攻人之国。今家主独知爱其家，而不爱人之家，是以不惮举其家，以篡人之家。今人独知爱其身，不爱人之身，是以不惮举其身，以贼人之身。是故诸侯不相爱，则必野战；家主不相爱，则必相篡；人与人不相爱，则必相贼；君臣不相爱，则不惠忠；父子不相爱，则不慈孝；兄弟不相爱，则不和调。天下之人皆不相爱，强必执弱，富必侮贫，贵必敖贱，诈必欺愚。凡天下祸篡怨恨，其所以起者，以不相爱生也。是以行者非之。”

天下之害源于不相爱。这也没错。不相爱的原因是什么？怎样才能让天下之人相爱？这才是更加根本的问题。追问下去，儒墨两家的分歧就逐渐暴露出来了。姑且往下看。

既以非之，何以易之？子墨子言曰：“以兼相爱、交相利之法易之。”然则兼相爱、交相利之法将奈何哉？子墨子言：“视人之国，若视其国；视人之家，若视其家；视人之身，若视其身。是故诸侯相爱，则不野战；家主相爱，则不相篡；人与人相爱，则不相贼；君臣相爱，则惠忠；父子相爱，则慈孝；兄弟相爱，则和调。天下之人皆相爱，强不执弱，众不劫寡，富不侮贫，贵不敖贱，诈不欺愚。凡天下祸篡怨恨，可使毋起者，以相爱生也。是以仁者誉之。”

墨子提出“兼相爱、交相利之法”：

然而今天下之士君子曰：“然！乃若兼则善矣；虽然，天下之难物于故也。”子墨子言曰：“天下之士君子，特不识其利、辩其故也。今若夫攻城野战，杀身为名，此天下百姓之所皆难也。若君说之，则士众能为之。况于兼相爱交相利，则与此异！夫爱人者，人必从而爱之；利人者，人必从而利之；恶人者，人必从而恶之；害人者，人必从而害之。此何难之有？特上弗以为政、士不以为行故也。”昔者晋文公好士之恶衣，故文公之臣，皆牂（zhāng）羊之裘，韦以带剑，练帛之冠，入以见于君，出以践于朝。是其故何也？君说之，故臣为之也。昔者楚灵王好士细腰，故灵王之臣，皆以一饭为节，胁息然后带，扶墙然后起。比期年，朝有黧（lí）黑之色。是其故何也？君说之，故臣能之也。昔越王句践好士之勇，教驯其臣，和合之，焚舟失火，试其士曰：“越国之宝尽在此！”越王亲自鼓其士而进之，士闻鼓音，破碎乱行，蹈火而死者，左右百人有余，越王击金而退之。是故子墨子言曰：“乃若夫少食、恶衣、杀人而为名，此天下百姓之所皆难也。若苟君说之，则众能为之；况兼相爱、交相利，与此异矣！夫爱人者，人亦从而爱之；利人者，人亦从而利之；恶人者，人亦从而恶之；害人者，人亦从而害之。此何难之有焉？特上不以为政而士不以为行故也。”

墨子从利益的角度，分析了“兼相爱”的好处，认为只要君主以兼爱思想指导政治、士大夫以兼爱思想指导行为，就能将“兼相爱之法”普及开来。

然而今天下之士君子曰：“然！乃若兼则善矣；虽然，不可行之物也。譬若挈太山越河、济也。”子墨子言：“是非其譬也。夫挈太山而越河、济，可谓毕劫有力矣。自古及今，未有能行之者也；况乎兼相爱、交相利，则与此异，古者圣王行之。何以知其然？古者禹治天下，西为西河渔窦，以泄渠孙皇之水；北为防原泒，注后之邸，嘑池之窦，洒为底柱，凿为龙门，以利燕代胡貉与西河之民；东方漏之陆，防孟诸之泽，洒为九浍，以楗东土之水，以利冀州之民；南为江汉淮汝，东流之注五湖之处，以利荆楚干越与南夷之民。此言禹之事，吾今行兼矣。昔者文王之治西土，若日若月，乍光于四方，于西土，不为大国侮小国，不为众庶侮鳏寡，不为暴势夺穑人黍稷狗彘。天屑临文王慈，是以老而无子者，有所得终其寿；连独无兄弟者，有所杂于生人之间；少失其父母者，有所放依而长。此文王之事，则吾今行兼矣。昔者武王将事泰山，隧传曰：泰山有道，曾孙周王有事。大事既获，仁人尚作，以祗商夏，蛮夷丑貉。虽有周亲，不若仁人。万方有罪，维予一人。此言武王之事，吾今行兼矣。”

墨子认为古者圣王如大禹、文王、武王都是“行兼”即实践兼爱思想而成就丰功伟业的。

其实这是墨子想当然。尧舜禹汤文武实践的都是中道，“惟精惟一，允执厥中”。中道大爱无疆，却有差等，有次序，有秩序。《尚书·尧典》开宗明义：“克明俊德，以亲九族。九族既睦，平章百姓。百姓昭明，协和万邦。黎民于变时雍。”这就是爱有差等的表现。

是故子墨子言曰：“今天下之君子，忠实欲天下之富，而恶其贫；欲天下之治，而恶其乱，当兼相爱、交相利。此圣王之法，天下之治道也，不可不务为也。”

历代圣人相传的中道才是真正的“圣王之法，天下之治道”。只有实践中道，才能平治天下。也只有儒家中道学说，才能让越来越多人明白“万物一体、天下一家”和“利己利他、一体同仁”之理，明白人类是个命运共同体。如此，“爱人”才会成为越来越多人的自觉追求，而不至于沦为空谈和欺骗。政治家和文化人在建设“爱人”的政治制度、从事“爱人”的各种工作时，才会具有雄厚的内在力量。

关于“爱有差等”，王阳明与其弟子有一段对话如下：

问：“大人与物同体，如何《大学》又说个厚薄？”先生曰：“惟是道理自有厚薄。比如身是一体，把手足捍头目，岂是偏要薄手足？其道理合如此。禽兽与草木同是爱的，把草木去养禽兽，又忍得？人与禽兽同是爱的，宰禽兽以养亲与供祭师、燕宾客，心又忍得？至亲与路人同是爱的，如箪食豆羹，得则生，不得则死，不能两全，宁救至亲，不救路人，心又忍得？这是道理合该如此。乃至吾身与至亲，更不得分别彼此厚薄。盖以仁民爱物皆从此出，此处可忍，更无所不忍矣。《大学》所谓厚薄，是良知上自然的条理，不可逾越，此便谓之义；顺这个条理，便谓之礼；知此条理，便谓之智；终始是这条理，便谓之信。”（《传习录》）

《非儒》解评

《非儒》共上中下三篇，上中皆佚，唯剩此下篇。本篇对儒家及孔子进行了系统批判，都是胡批。墨子反对儒家婚丧之礼，实则是反对爱有差等；又指责礼乐无益于政事和生产，又通过晏婴等之口讽刺孔子与君与民都是口头仁义，实际鼓励叛乱、惑乱人民。下面逐一回驳。

儒者曰：“亲亲有术，尊贤有等。”言亲疏尊卑之异也。其《礼》曰：“丧，父母三年，妻、后子三年，伯父叔父弟兄庶子其；戚族人五月。若以亲疏为岁月之数，则亲者多而疏者少矣，是妻、后子与父同也。若以尊卑为岁月数，则是尊其妻、子与父母同，而亲伯父宗兄而卑子也。逆孰大焉？其亲死，列尸弗敛，登堂窥井，挑鼠穴，探涤器，而求其人矣，以为实在，则赣愚甚矣；如其亡也必求焉，伪亦大矣！”

“亲亲有术，尊贤有等。”这个“术”字当为“差”字之误。爱有差等，尊贤有等，其实都是人之常情，世之常态。爱自己的父母胜于爱他人的父母，品德越高尚越受到尊重，难道不应该吗？

父母、妻子和长子等属于至亲，丧期长一些，其他亲人丧期短一点，很正常的事，怎么就大逆不道了呢？至于守灵守孝，祭祖祭神，无非尽自己的心意。“祭神如神在”，是否真在，儒家置而不论。招魂之事，古代风俗，或有儒者参与，实非儒家之事，不能作为批判儒家的借口。

取妻身迎，祗褍为仆，秉辔授绥，如仰严亲；昏礼威仪，如承祭祀。颠覆上下，悖逆父母，下则妻子，妻子上侵事亲。若此，可谓孝乎？儒者曰：“迎妻，妻之奉祭祀；子将守宗庙。故重之。”应之曰：“此诬言也！其宗兄守其先宗庙数十年，死，丧之其；兄弟之妻奉其先之祭祀，弗散；则丧妻子三年，必非以守奉祭祀也。”夫忧妻子以大负累，有曰：“所以重亲也。”为欲厚所至私，轻所至重，岂非大奸也哉！

孝亲有孝亲之礼，娶妻有娶妻之礼，各本其心，各行其是。娶妻之礼隆重，怎么就“悖逆父母”了呢？厚待妻子和长子，怎么就大奸了呢？强词夺理，一派胡言。

有强执有命以说议曰：“寿夭贫富，安危治乱，固有天命，不可损益。穷达、赏罚幸否有极，人之知力，不能为焉！”群吏信之，则怠于分职；庶人信之，则怠于从事。吏不治则乱，农事缓则贫，贫且乱，政之本，而儒者以为道教，是贼天下之人者也。

“有命”说认为，长寿或夭折、贫穷或宝贵，安定或治理乱政，都是天命规定，不能减少增加。穷达赏罚、幸运倒霉都有定数。人的智慧和力量无能为力。这不是儒家思想。儒者以儒家经典为“道教”，但四书五经和历代圣贤大人都没有这种说法。

相反，儒家特别强调道德的决定性力量，强调自强不息，允执厥中，同时自立立人、自达达人。张载“为天地立心，为生民立命，为往圣继绝学，为万世开太平”的“四为说”，与孔子精神一脉相承。

且夫繁饰礼乐以淫人，久丧伪哀以谩亲，立命缓贫而高浩居，倍本弃事而安怠傲，贪于饮食，惰于作务，陷于饥寒，危于冻馁，无以违之。是若𪕬鼠藏人气，而羝羊视，贲彘（zhì）起。君子笑之，怒曰：“散人焉知良儒！”夫夏乞麦禾，五谷既收，大丧是随，子姓皆从，得厌饮食。毕治数丧，足以至矣。因人之家以为翠，恃人之野以为尊，富人有丧，乃大说喜，曰：“此衣食之端也！”

儒家于礼，要求繁简适度，原则上并不“繁饰礼乐”。墨家以为繁，与他们农民和手工业者的眼光和标准有关。“伪哀谩亲”云云，纯属小人之心度人。孔子说过：“礼，与其奢也，宁俭；丧，与其易也，宁戚。”

本段皆妄猜乱测，造言诬蔑。当时或有这种以为人治丧，谋取衣食之资的职业而称为儒的，但孔子之儒、儒家之儒截然不同。说到儒家的道德文化、思想行为，必须以儒家经典和孔子儒家为准。

儒者曰：“君子必服古言然后仁。”应之曰：“所谓古之言服者，皆尝新矣，而古人言之服之，则非君子也？然则必服非君子之服，言非君子之言，而后仁乎？”

“君子必服古言然后仁”，意谓君子必须说古话、穿古衣才能成仁。这个观点似是而非，不是儒家的。关于儒者的服装，孔子就表示：君子的学问要广博，衣服要随俗，不知道什么是儒服。事见《礼记·儒行》：

鲁哀公问于孔子曰："夫子之服，其儒服与？"孔子对曰："丘少居鲁，衣逢掖之衣；长居宋，冠章甫之冠。丘闻之也，君子之学也博，其服也乡，丘不知儒服。"

关于"言"，如果指言语。子所雅言，诗书执礼，皆雅言也。古西周人语称雅。孔子生长于鲁，平时不能不说鲁语，惟诵诗书执礼三者，必正言其音，说雅言，发正音。这个"言"如果指思想，儒家思想有变易和不易之别：礼仪制度，因时而异；中道原则，万古不易。

又曰："君子循而不作。"应之曰："古者羿作弓，伃作甲，奚仲作车，巧垂作舟；然则今之鲍、函、车、匠，皆君子也，而羿、伃、奚仲、巧垂，皆小人邪？且其所循，人必或作之；然则其所循，皆小人道也。"

所谓循而不作，或是述而不作。子曰："述而不作，信而好古，窃比于我老彭。"

这个"作"如果理解为制礼作乐的具体制度建设，孔子有德无位，确不曾"作"；如果理解为撇开历代圣王相传的中道自创新说，孔子也确不曾"作"。孔子自称述而不作，是实事求是。如果把这个"作"理解为一般性创作、创新和推陈出新，那么，孔子赞《易》作《春秋》，就有颇"作"的成分。自称述而不作，就应视为孔子的谦辞。

至于"羿作弓，伃作甲，奚仲作车，巧垂作舟"，都属于技术发明创新，是儒家开物成务、利用厚生、观象制器题中应有之义，儒家支持鼓励都来不及，何尝反对？《易经·系辞》介绍，古人观象制器，都是从《离》《益》《涣》《随》《小过》《睽》《大壮》《夬》诸卦的卦象中获得启示的，包牺氏、神农氏等圣王，也是科学发明和物质利用的大师。

又曰："君子胜不逐奔，掩函弗射，施则助之胥车。"应之曰："若皆仁人也，则无说而相与；仁人以其取舍、是非之理相告，无故从有故也，弗知从有知也，无辞必服，见善必迁，何故相？若两暴交争，其胜者欲不逐奔，掩函弗射，施则助之胥车，虽尽能，犹且不得为君子也，意暴残之国也。圣将为世除害，兴师诛罚，胜将因用儒术令士卒曰：'毋逐奔，掩函勿射，施则助之胥车。'暴乱之人也得活，天下害不除，是为群残父母而深贱世也，不义莫大矣！"

"君子胜不逐奔，掩函弗射，施则助之胥车。"意谓君子打胜仗不追逃兵，不射击已经躲藏起来的人，用坚固的车子救助受伤的人。这句话不见于儒家经典，但也没什么错。

胜不逐奔，即穷寇莫追；掩函弗射，是克敌制胜之后适可而止，不为已甚；施则助之胥车，是救死扶伤。这与"为世除害，兴师诛罚"没有矛盾。汤武革命为天下除害，诛除首恶而已，并不赶尽杀绝。除害时何妨金刚怒目，成功后自当菩萨低眉。

穷寇莫追，是古代兵法，商鞅也赞同。他在《战法》中说："见敌如溃，溃而不止，则免。"故兵法"大战胜，逐北无过十里。小战胜，逐北无过五里"。难道墨子认为商鞅也太仁慈了？

又曰："君子若钟，击之则鸣，弗击不鸣。"应之曰："夫仁人，事上竭忠，事亲得孝，务善则美，有过则谏，此为人臣之道也。今击之则鸣，弗击不鸣，隐知豫力，恬漠待问而后对，虽有君亲之大利，弗问不言；若将有大寇乱，盗贼将作，若机辟将发也，他人不知，己独知之，虽其君亲皆在，不问不言，是夫大乱之贼也。以是为人臣不忠，为子不孝，事兄不弟，交遇人不贞良。夫执后不言，之朝，物见利使己，虽恐后言；君若言而未有利焉，则高拱下视，会噎为深，曰：'唯其未之学也。'用谁急，遗行远矣。"

"君子若钟，击之则鸣，弗击不鸣。"这句话应是指《礼记·学记》中“善待问者，如撞钟，扣之以小则小鸣，扣之以大者则大鸣，待其从容，然后尽其声；不善答问者反此。此皆进学之道也”的简化，这里明明讲的是教学之道，并非事上事亲为人臣之道。墨子如此批判，文不对题，指东画西，殊为可厌。

另外，孔子说：“吾有知乎哉，无知也，有鄙夫问于我，空空如也，我叩其两端而竭焉。”（《论语·子罕》）也是以钟形容自己。

夫一道术学业仁义者，皆大以治人，小以任官，远施周偏，近以修身，不义不处，非理不行，务兴天下之利，曲直周旋，利则止，此君子之道也。以所闻孔某之行，则本与此相反谬也！

不知天高地厚地批判孔子，恰恰进一步暴露了墨子的肤浅偏颇。先借用子贡之言斥之：“无以为也。仲尼不可毁也。他人之贤者，丘陵也，犹可逾也；仲尼，日月也，无得而逾焉。人虽欲自绝，其何伤于日月乎？多见其不知量也。”（《论语·子张》）

齐景公问晏子曰：“孔子为人何如？”晏子不对。公又复问，不对。景公曰：“以孔某语寡人者众矣，俱以贤人也，今寡人问之，而子不对，何也？”晏子对曰：“婴不肖，不足以知贤人。虽然，婴闻所谓贤人者，入人之国，必务合其君臣之亲，而弭其上下之怨。孔某之荆，知白公之谋，而奉之以石乞，君身几灭，而白公僇。婴闻贤人得上不虚，得下不危，言听于君必利人，教行下必于上，是以言明而易知也，行明而易从也。行义可明乎民，谋虑可通乎君臣。今孔某深虑同谋以奉贼，劳思尽知以行邪，劝下乱上，教臣杀君，非贤人之行也。入人之国，而与人之贼，非义之类也。知人不忠，趣之为乱，非仁义之也。逃人而后谋，避人而后言，行义不可明于民，谋虑不可通于君臣，婴不知孔某之有异于白公也，是以不对。”景公曰：“呜乎！贶（kuàng）寡人者众矣，非夫子，则吾终身不知孔某之与白公同也。”

这一段是无中生有的伪造和诬蔑。因为楚国白公石乞之乱，发生于鲁哀公十六年，而孔子恰恰是这一年去世的，怎么可能“知白公之谋，而奉之以石乞”呢？所以墨子借晏子之口，滔滔不绝地喷一大堆，全成了无源之水。

孔某之齐见景公，景公说，欲封之以尼溪，以告晏子。晏子曰：“不可！夫儒，浩居而自顺者也，不可以教下；好乐而淫人，不可使亲治；立命而怠事，不可使守职；宗丧循哀，不可使慈民；机服勉容，不可使导众。孔某盛容修饰以蛊世，弦歌鼓舞以聚徒，繁登降之礼以示仪，务趋翔之节以观众；博学不可使议世，劳思不可以补民；累寿不能尽其学，当年不能行其礼，积财不能赡其乐。繁饰邪术，以营世君；盛为声乐，以淫遇民。其道不可以期世，其学不可以导众。今君封之，以利齐俗，非所以导国先众。”公曰：“善。”于是厚其礼，留其封，敬见而不问其道。孔某乃恚，怒于景公与晏子，乃树鸱夷子皮于田常之门，告南郭惠子以所欲为。归于鲁，有顷，间齐将伐鲁，告子贡曰：“赐乎！举大事于今之时矣！”乃遣子贡之齐，因南郭惠子以见田常，劝之伐吴，以教高国鲍晏，使毋得害田常之乱。劝越伐吴，三年之内，齐、吴破国之难，伏尸以言术数，孔某之诛也。

晏婴反感孔子，倒是事实。孔子在齐国时，一度得到齐景公信任，传景公还想把尼溪这个地方封给孔子，但晏婴称孔子“非贤人之行”，使景公改变了对孔子的看法，孔子于是去齐回鲁。

关于齐欲伐鲁而子贡出马之事，倒是事实。《史记》记载，齐国田常想向鲁国用兵，孔子担心家乡遭到荼毒，责成众弟子阻挠齐国，解决此事。子路、子石、子张先后请命，都被孔子拒绝了，子贡请缨得到孔子同意。

子贡不辱使命，奔忙于齐、鲁、吴、越、晋之间，凭三寸不烂之舌，将高超的演说技巧和外交能力发挥得淋漓尽致，比起后来的张仪苏秦等纵横家更为厉害。《史记》赞美说："故子贡一出，存鲁乱齐破吴强晋而霸越。子贡一使，使势相破，十年之中，五国各有变。"

意思是说，子贡这一出动，保全了鲁国，扰乱了齐国，灭掉了吴国，强大了晋国，并使越国称霸。子贡一次出使，使各国形势发生了相应变化，十年当中，齐鲁吴晋越五国的形势各有变化。太史公以为子贡之大功，墨子却认为是孔子之大罪，说："三年之内，齐吴破国之难，伏尸以言术数，孔某之诛也。"（意谓三年之内，齐吴两国都遭灭国之灾，死了大约上亿人，是孔某人杀的。）何其夸张而颠倒乃尔。

孔某为鲁司寇，舍公家而奉季孙，季孙相鲁君而走，季孙与邑人争门关，决植。孔某穷于蔡、陈之间，藜（lí）羹不糂（shēn）。十日，子路为享豚，孔某不问肉之所由来而食；号人衣以酤酒，孔某不问酒之所由来而饮。哀公迎孔子，席不端弗坐，割不正弗食。子路进请曰："何其与陈、蔡反也？"孔某曰："来，吾语女：曩（nǎng）与女为苟生，今与女为苟义。"夫饥约则不辞妄取以活身；赢鲍则伪行以自饰。污邪诈伪，孰大于此？

底层眼光淳朴而狭隘，见孔子与季孙有来往，就以为孔子放弃公家利益而侍奉季孙氏了；见孔子帮助季孙氏逃亡，就以为孔子帮助坏蛋了；见孔子困于陈蔡时饮食随意，在鲁哀公酒席上则礼仪周到，就以为孔子污邪诈伪了。

孔某与其门弟子闲坐，曰："夫舜见瞽叟，就然，此时天下圾乎？周公旦非其人也邪？何为舍其家室而托寓也？"孔某所行，心术所至也。其徒属弟子皆效孔某：子贡季路，辅孔悝乱乎卫，阳货乱乎齐，佛肸以中牟叛，漆雕刑残，莫大焉！夫为弟子后生，其师必修其言，法其行，力不足知弗及而后已。今孔某之行如此，儒士则可以疑矣！

“孔某与其门弟子闲坐”这段谈话，在其他先秦典籍中都无佐证，或为墨子伪造，不值得评。

蒯聩、蒯辄父子皆非正人，都不值得辅助。孔悝被蒯聩挟持，子路为之而死，确实死的不值，却谈不上作乱。佛肸是晋国权臣赵简子的家臣，佛肸以中牟畔，是叛权臣，不是叛君。佛肸也不是孔子弟子。漆雕开身残志不残，是儒门的光荣。孔子门下弟子三千大贤七十二，堪称古今第一圣贤君子集团。

《耕柱》解评

本篇为语录体，故内容比较驳杂，并不连贯，也无固定核心。本篇以谈论“义”的言论最多，墨子认为义是天下的良宝，实行义，可以安国、利民，所以他孜孜不倦地坚持行义，主张大家一起行义，从而实现义。这方面与儒家不谋而合，不同在于，两家对“义”的解悟和定义有所不同。

子墨子怒耕柱子。耕柱子曰：“我毋俞于人乎？”子墨子曰：“我将上大行，驾骥与羊，子将谁驱？”耕柱子曰：“将驱骥也。”子墨子曰：“何故驱骥也？”耕柱子曰：“骥足以责。”子墨子曰：“我亦以子为足以责。”

墨子对耕柱子这个弟子期望很高。耕柱子自以为具有某些胜过他人的优点。墨子认为还不够，希望他能够担负重任，就像良马能够担负起驾车上山的责任一样。

巫马子谓子墨子曰：“鬼神孰与圣人明智？”子墨子曰：“鬼神之明智于圣人，犹聪耳明目之与聋瞽也。昔者夏后开使蜚廉折金于山川，而陶铸之于昆吾；是使翁难雉乙卜于白若之龟，曰：‘鼎成三足而方，不炊而自烹，不举而自臧，不迁而自行。以祭于昆吾之虚，上乡！’乙又言兆之由曰：‘飨矣！逢逢白云，一南一北，一西一东，九鼎既成，迁于三国。’夏后氏失之，殷人受之；殷人失之，周人受之。夏后殷周之相受也，数百岁矣。使圣人聚其良臣，与其桀相而谋，岂能智数百岁之后哉？而鬼神智之。是故曰，鬼神之明智于圣人也，犹聪耳明目之与聋瞽也。”

本段介绍了一个卜卦故事：从前夏启派蜚廉采金于山川，在昆吾铸了鼎，于是使卜人翁难乙，用百灵的龟占卜，卜辞是：鼎铸成了，三足而方，不用生火它自己会烹，不用举物它自己会藏，不用搬移它自己会走。用它在昆吾之墟祭祀。尚飨。翁难乙又解释卦兆说：“飨矣！蓬蓬的白云，一簇南，一簇北，一簇西，一簇东。九鼎铸成后，将流传三个国家。”后来夏人失掉它，殷人得到了；殷人失掉它，周人得到了。夏殷周三代互相传受九鼎，几百年了。

墨子说，假使一位圣人聚集他的贤臣，与他杰出的国相共同谋算，怎能预测几百年以后的事呢？但鬼神能够知道。所以说，鬼神比圣人明智，就好像耳聪目明的人比聋盲明智一样。

其实，古人卜卦而准，也是人类智慧的特殊开发和作用，何与于鬼神哉。或者说，这个神，并非外在于人，她就是人类的良知本性。西哲潜意识之说，就是对此本性的捕风捉影；佛教阿赖耶识，依稀仿佛；真如佛性，庶几近之。

对于鬼神问题，儒家置而不论，不认同“鬼神之明智于圣人也，犹聪耳明目之与聋瞽也”的观点。

治徒娱、县子硕问于子墨子曰：“为义孰为大务？”子墨子曰：“譬若筑墙然，能筑者筑，能实壤者实壤，能欣者欣，然后墙成也。为义犹是也，能谈辩者谈辩，能说书者说书，能从事者从事，然后义事成也。”

为义孰为大务？即正义事业或道义之事以什么最重要？墨子的回答是，根据各自的情况和能力各尽其责，没必要强求一律。就像筑墙，能筑墙的筑墙，能填土的填土，能挖土的挖土，然后墙就可以筑成。同样，能演说辩论的演说辩论，能解说典籍的解说典籍，能做具体事务地做具体事务，这样就可以成就正义事业。八仙过海各显神通，此之谓也。

巫马子谓子墨子曰："子兼爱天下，未云利也；我不爱天下，未云贼也。功皆未至，子何独自是而非我哉？"子墨子曰："今有燎者于此，一人奉水将灌之，一人掺火将益之，功皆未至，子何贵于二人？"巫马子曰："我是彼奉水者之意，而非夫掺火者之意。"子墨子曰："吾亦是吾意，而非子之意也。"

奉水救火者和火上浇油者，尽管都还没有成功，但两人的功罪和后果截然不同是显然的。撇开利他主义的错误不论，墨子这段回答非常精彩。

利益有很多类型，有物质利益和精神利益，有潜在利益和表面利益，有长远利益和短期或近期利益等。文化、道德、真理是天下大利，具有潜在性、长远性或滞后性，很难表面、短期或近期能够见到。

子墨子游荆耕柱子于楚。二三子过之。食之三升，客之不厚。二三子复于子墨子曰："耕柱子处楚无益矣！二三子过之，食之三升，客之不厚。"子墨子曰："未可知也。"毋几何而遗十金于子墨子，曰："后生不敢死，有十金于此，愿夫子之用也。"子墨子曰："果未可知也。"

世人普遍短视和浅视，以一言一行一事和一时的表现论断他人。墨家二三子也难免俗。《资治通鉴》中有一个故事可以共参：

庐江毛义，行义称于乡里。南洋张奉慕义名，往候之。坐定而府檄适至，以义守安阳令。义捧檄而入，喜动颜色。奉心贱之，辞去。后义母死，徵辟皆不至，奉叹曰："贤者固不可测，往日之喜，乃为亲屈也。"

毛义是东汉庐江人，以孝行著称。他捧檄而喜，并非贪图权位，而是为了更好地尽孝，让老母亲有生之年生活过得好一些，是为了母亲不惜委屈自己，所谓"家贫亲老，不择官而仕"。母亲去世，毛义葬母后即隐居山野，不再接受朝廷和官府的征召。故古人有"以张奉之贤，仍不测毛义捧檄之喜"的感叹。

墨家二三子因为耕柱子招待不周而论断耕柱子"处楚无益"，张奉因为毛义"捧檄之喜"而瞧他不起，都是眼光出了问题。

巫马子谓子墨子曰："子之为义也，人不见而助，鬼不见而富，而子为之，有狂疾。"子墨子曰："今使子有二臣于此，其一人者见子从事，不见子则不从事；其一人者见子亦从事，不见子亦从事，子谁贵于此二人？"巫马子曰："我贵其见我亦从事，不见我亦从事者。"子墨子曰："然则是子亦贵有狂疾也。"

在利益主义、利己主义看来，无利可图的事情是不值得做的。自古以来，在世俗眼里，仁人义士仿佛有疯病。1906 年 7 月，章太炎出狱到日本，在东京留学生举行的欢迎会上发表演讲说：

大凡非常的议论，不是神经病的人断不能想。就是能想，亦不敢说。遇着艰难困苦的时候，不是神经病的人，断不能百折不回，孤行己意，所以古来有大学问、成大事业的，必得有神经病，才能做到……为这缘故，兄弟承认自己有神经病，也愿诸位同志，人人个个，都有一两分的神经病。

子夏之徒问于子墨子曰："君子有斗乎？"子墨子曰："君子无

斗。”子夏之徒曰：“狗豨（xī）犹有斗，恶有士而无斗矣？”子墨子曰：“伤矣哉！言则称于汤文，行则譬于狗豨，伤矣哉！”

墨子的回答非常机趣巧妙，但观点并不中正。君子无所争，但不能无斗。复仇革命维护正义都离不开各种形式的斗争，包括武斗。《礼记·檀弓》记载：

子夏问于孔子曰：“居父母之仇，如之何？”夫子曰：“寝苫枕干，不仕，弗与共天下也，遇诸市朝，不反兵而斗。”曰：“请问居从父兄弟之仇，如之何？”曰：“仕，弗与共国。衔君命而使，虽遇之不斗。”曰：“请问居昆弟之仇，如之何？”曰：“不为魁，主人能，则执兵而陪其后。”

巫马子谓子墨子曰：“舍今之人而誉先王，是誉槁骨也。譬若匠人然，知槁木也，而不知生木。”子墨子曰：“天下之所以生者，以先王之道教也。今誉先王，是誉天下之所以生也。可誉而不誉，非仁也。”

誉先王，是誉天下之道，中道也，道心也。这是人之所以为人、天下之所以为天下的东西。誉先王，就是誉仁，就是赞誉人之良知和良知之人。

子墨子曰：“和氏之璧、隋侯之珠、三棘六异，此诸侯之所谓良宝也。可以富国家，众人民，治刑政，安社稷乎？”曰：“不可。所谓贵良宝者，为其可以利也。而和氏之璧、隋侯之珠、三棘六异，不可以利人，是非天下之良宝也。今用义为政于国家，人民必众，刑政必治，社稷必安。所为贵良宝者，可以利民也，而义可以利人，故曰：‘义，天下之良宝也。’”

撇开“义”的内容定义不谈，儒墨两家对“义”的推崇完全一致。

义是儒家五常道之一，而且是高居第二位。仁和义相辅相成，大仁必义，大义必仁。儒家为政以德，就是为政以仁义。

叶公子高问政于仲尼曰："善为政者若之何？"仲尼对曰："善为政者，远者近之，而旧者新之。"子墨子闻之曰："叶公子高未得其问也，仲尼亦未得其所以对也。叶公子高岂不知善为政者之远者近也，而旧者新是哉？问所以为之若之何也。不以人之所不知告人，以所知告之，故叶公子高未得其问也，仲尼亦未得其所以对也。"

"善为政者，远者近之，而旧者新之。"正是儒家政治思想。远者近之，就是"远来"。《论语》记载：叶公问政，子曰："近者说，远者来。"《尚书·舜典》："柔远能迩，惇德允元。"《诗·大雅·民劳》："柔远能迩，以定我王。"

旧者新之，就是"新民"。《尚书·康诰》："亦惟助王宅天命，作新民。"孔传："居顺天命，为民日新之教。"朱熹将《大学》三纲领之"亲民"的"亲"解为"新"。

子墨子谓鲁阳文君曰："大国之攻小国，譬犹童子之为马也。童子之为马，足用而劳。今大国之攻小国也，攻者，农夫不得耕，妇人不得织，以守为事；攻人者，亦农夫不得耕，妇人不得织，以攻为事。故大国之攻小国也，譬犹童子之为马也。"

墨子认为大国攻打小国，就像小孩趴在地上做马，无利有弊。这个比喻并不恰当。大国打小国，吊民伐罪姑不论，即使是侵略吞并的不义之战，也未必没有眼前一时之利。

子墨子曰："言足以复行者，常之；不足以举行者，勿常。不足以举行而常之，是荡口也。"

荡口，指无法实行和实践的言论，即空话，空头理论，口头禅。

子墨子使管黔敖游高石子于卫，卫君致禄甚厚，设之于卿。高石子三朝必尽言，而言无行者。去而之齐，见子墨子曰："卫君以夫子之故，致禄甚厚，设我于卿。石三朝必尽言，而言无行，是以去之也。卫君无乃以石为狂乎？"子墨子曰："去之苟道，受狂何伤！古者周公旦非关叔，辞三公，东处于商盖，人皆谓之狂，后世称其德，扬其名，至今不息。且翟闻之：'为义非避毁就誉。'去之苟道，受狂何伤！"高石子曰："石去之，焉敢不道也！昔者夫子有言曰：'天下无道，仁士不处厚焉。'今卫君无道，而贪其禄爵，则是我为苟陷人长也。"子墨子说，而召子禽子曰："姑听此乎！夫倍义而乡禄者，我常闻之矣；倍禄而乡义者，于高石子焉见之也。"

管黔敖和高石子都是墨子的弟子。

墨子让管黔敖到卫国称扬高石子。卫国国君给高石子的俸禄很优厚，安排他为卿。高石子三次朝见卫君，都竭尽其言，却得不到采纳。于是高石子离开卫国到齐国，见墨子说："卫国国君因为老师的缘故，给我俸禄很优厚，安排我以卿位。我三次朝见卫君，都竭尽其言，却得不到采纳，因此离开了卫国。卫君恐怕会以为我发狂了吧？"墨子说："离开如果符合道义，受到发狂的指责有什么关系！古时候周公旦受到管叔诋毁，辞去三公职位，到东方商奄生活，人都说他发狂。后世称誉他的德行，颂扬他的美名，至今不停。况且我听说：行义不是为了回避诋毁而追求称誉。离开假如符合道义，受到发狂的指责有什么关系！"高石子说："我离开卫国，何敢不遵循道义！以前老师说过：天下无道，仁义之士不应处在俸禄丰厚的位置上。现在卫君无道，如果贪图他的俸禄爵位，那么就是我只图吃人家的米粮了。"墨子很高兴，就把禽滑釐召来说："姑且听听高石子的这话吧！违背道义追逐俸禄的事，我常常听到；拒绝俸禄而追求道义，从高石子这里我见到了。"

“倍禄而乡义”，君子风范也。

公孟子曰：“君子不作，术而已。”子墨子曰：“不然。人之其不君子者，古之善者不诛，今也善者不作。其次不君子者，古之善者不遂，己有善则作之，欲善之自己出也。今诛而不作，是无所异于不好遂而作者矣。吾以为古之善者则诛之，今之善者则作之，欲善之益多也。”

巫马子谓子墨子曰：“我与子异，我不能兼爱。我爱邹人于越人，爱鲁人于邹人，爱我乡人于鲁人，爱我家人于乡人，爱我亲于我家人，爱我身于吾亲，以为近我也。击我则疾，击彼则不疾于我，我何故疾者之不拂，而不疾者之拂？故有我有杀彼以我，无杀我以利。”子墨子曰：“子之义将匿邪，意将以告人乎？”巫马子曰：“我何故匿我义？吾将以告人。”子墨子曰：“然则一人说子，一人欲杀子以利己；十人说子，十人欲杀子以利己；天下说子，天下欲杀子以利己。一人不说子，一人欲杀子，以子为施不祥言者也；十人不说子，十人欲杀子，以子为施不祥言者也；天下不说子，天下欲杀子，以子为施不祥言者也。说子亦欲杀子，不说子亦欲杀子，是所谓经者口也，杀常之身者也。”子墨子曰：“子之言恶利也？若无所利而不言，是荡口也。”

或认为巫马子这段话有儒家味，大错。巫马子的观点虽然与墨子针锋相对，其实并不是儒家之言。巫马子说：“我与你不同，我不能兼爱。我爱邹人比爱越人深，爱鲁人比爱邹人深，爱我家乡的人比爱鲁人深，爱我的家人比爱我家乡的人深，爱我的双亲比爱我的家人深。”到此为止没有错，但接着一句“爱我自己胜过爱我双亲”就错了。

对此，王阳明与其弟子有一段话可供参考。其弟子问：“大人与物同体，如何《大学》又说个厚薄？”王阳明回答：

“惟是道理自有厚薄。比如身是一体，把手足捍头目，岂是偏要薄手足？其道理合如此。禽兽与草木同是爱的，把草木去养禽兽，又忍得？人与禽兽同是爱的，宰禽兽以养亲与供祭师、燕宾客，心又忍得？至亲与路人同是爱的，如箪食豆羹，得则生，不得则死，不能两全，宁救至亲，不救路人，心又忍得？这是道理合该如此。乃至吾身与至亲，更不得分别彼此厚薄。盖以仁民爱物皆从此出，此处可忍，更无所不忍矣。”（《传习录》）

巫马子接着又说：“打我，我会疼痛，打别人，不会痛在我身上，我为什么不去解除自己的疼痛，却去解除不关自己的疼痛呢？所以我只会杀他人以利于我，而不会杀自己以利于他人。”这就更加大错特错了，这种说法与儒家的理念背道而驰，完全昧于民胞物与之理，完全昧于“中国一人、天下一家”和“天地万物一体之仁”的生命真相和宇宙真相。

子墨子谓骆滑氂（máo）曰：“吾闻子好勇。”骆滑氂曰：“然。我闻其乡有勇士焉，吾必从而杀之。”子墨子曰：“天下莫不欲与其所好，度其所恶。今子闻其乡有勇士焉，必从而杀之，是非好勇也，是恶勇也。”

勇是儒家三达德之一，好勇是好事。但是，勇德必须有仁智的配套，接受仁智的节制，而仁德智慧，有赖于文化的培养和开发。故孔子说：“好勇不好学，其蔽也乱；好刚不好学，其蔽也狂。”（《论语·阳虎》）好勇好刚而好学，容易犯上作乱或狂妄自大。

孔子又说：“好勇疾贫，乱也。”好勇而厌恶贫穷，会作乱。孔子曾评子路说：“由也好勇过我，无所取材。”意谓子路勇敢可嘉，可惜不知取舍，就像一块没经过裁剪的原木。孟子说：“好勇斗很（狠），以危父母，五不孝也。”（《孟子·离娄》）以好勇斗狠为五不孝之一。

这个骆滑氂就更荒唐了。他听说哪个乡里有勇士，就一定要去杀他。所以墨子说这不是好勇，而是恶武，憎恶勇武的人。

《贵义》解评

本篇为语录体，记述了墨子的一些言论，中心思想为“贵义”。墨子认为，悠悠万事唯义为大，人们的一切言论行动都要符合于义和从事于义。

子墨子曰：“万事莫贵于义。今谓人曰：‘予子冠履，而断子之手足，子为之乎？必不为。何故？则冠履不若手足之贵也。’又曰：‘予子天下，而杀子之身，子为之乎？必不为。何故？则天下不若身之贵也。’争一言以相杀，是贵义于其身也。故曰：‘万事莫贵于义也。’”

墨子说：“万事没有比义更珍贵的了。现在对别人说：‘给你帽子和鞋，但要砍断你的手脚，你愿意干吗？一定不干。为什么呢？因为帽鞋不如手脚珍贵。’又说：‘给你天下，但要杀死你，你愿意干吗？一定不干。为什么呢？因为天下不如自身珍贵。’因争辩一句话而互开杀戒，是因为把义看得比自身珍贵。所以说：‘万事没有比义更珍贵的了。’”

其实，“争一言以相杀”，本身就大不义。即使争的是真理，为此而杀人，也非义。理论问题言论解决，才符合道义原则。故儒家绝不会为思想言论而杀人。

子墨子自鲁即齐，过故人，谓子墨子曰：“今天下莫为义，子独自苦而为义，子不若已。”子墨子曰：“今有人于此，有子十人，一人耕而九人处，则耕者不可以不益急矣。何故？则食者众而耕者寡也。今天下莫为义，则子如劝我者也，何故止我？”

天下莫为义，更要力行义，儒墨两家都有这种“先天下之忧而忧”的精神。孔子说：“天下有道，丘不与易也。”假若天下有道，我就不与你们去改革了。正为天下无道，故周流在外，以求有以变革、改良它。

子墨子南游于楚，献书惠王，惠王以老辞，使穆贺见子墨子。子墨子说穆贺，穆贺大说，谓子墨子曰：“子之言，则成善矣！而君王，天下之大王也，毋乃曰贱人之所为，而不用乎？”子墨子曰：“唯其可行。譬若药然，草之本，天子食之，以顺其疾，岂曰一草之本而不食哉？今农夫入其税于大人，大人为酒醴粢盛，以祭上帝鬼神，岂曰贱人之所为，而不享哉？故虽贱人也，上比之农，下比之药，曾不若一草之本乎？且主君亦尝闻汤之说乎？昔者汤将往见伊尹，令彭氏之子御，彭氏之子半道而问曰：‘君将何之？’汤曰：‘将往见伊尹。’彭氏之子曰：‘伊尹，天下之贱人也。若君欲见之，亦令召问焉，彼受赐矣。’汤曰：‘非女所知也。今有药此，食之则耳加聪，目加明，则吾必说而强食之。今夫伊尹之于我国也，譬之良医善药也。而子不欲我见伊尹，是子不欲吾善也。因下彭氏之子，不使御。彼苟然，然后可也。吾言足用矣，舍言革思者，是犹舍获而攈粟也。以其言非吾言者，是犹以卵投石也，尽天下之卵，其石犹是也，不可毁也。’”

“吾言足用矣，舍言革思者，是犹舍获而攈（méi）粟也。以其言非吾言者，是犹以卵投石也，尽天下之卵，其石犹是也，不可毁也。”墨子说，我的言论足够用了！舍弃我的学说而选择另外的思想，就像放弃收割而去拾谷穗一样。用别人的言论否定我的理论，就像用鸡蛋去碰石头。用尽天下的鸡蛋，石头还是这样子，不会毁坏的。

这段话表现了墨子对自家学说的极端自信，其实是自负，因为墨学有失中道，并非真的牢不可破，实践起来，更会问题重重。这段话若由儒家圣贤来说，就恰恰好。

子墨子曰："凡言凡动，利于天鬼百姓者为之；凡言凡动，害于天鬼百姓者舍之。凡言凡动，合于三代圣王尧舜禹汤文武者为之；凡言凡动，合于三代暴王桀纣幽厉者舍之。"

儒家强调顺天应人，敬天保民，但"天视自我民视，天听自我民听"，民意近乎天意，良知即是天性，应人保民即是顺天敬天。凡言凡动，于政治，利于百姓者为之，于个人，利于良知者为之。

子墨子曰："默则思，言则诲，动则事，使三者代御，必为圣人。"

说得没错，但不全面。默则思，思而不学则殆；言则诲，但不宜失言，"不可与言而与之言，失言。"不可好为人师。别人没兴趣不愿意，不要主动去充当老师，更不要送上门去施教。礼闻来学，不闻往教，此之谓也。

必去六辟。必去喜，去怒，去乐，去悲，去爱，而用仁义。手足口鼻耳，从事于义，必为圣人。

"喜怒哀乐之未发谓之中，发而皆中节谓之和。"喜怒乐悲爱，发而中节就好，何必去又岂能去掉？没有了喜怒乐悲爱，就不是人了。

子墨子谓二三子曰："为义而不能，必无排其道，譬若匠人之斫而不能，无排其绳。"

不能实践道义，绝不可归罪于道，就像木匠没有劈好木材，不可归罪于墨线一样。

清朝高度尊儒，但实践方面做得不好，五四运动以来的知识群体，便将清朝的一切问题归罪于儒家，"必排其道"，导致各种政治社会变本加厉，导致国破山河破，直到天下沦亡！

子墨子曰：“世之君子，使之为一犬一彘之宰，不能则辞之；使为一国之相，不能而为之。岂不悖哉！”

关键是利益作祟。“为一犬一彘之宰”，纵有利益，微不足道，干不了当然推辞；为一国之宰相，利益何其巨大，干不了照样去作。一点也不荒谬。

子墨子曰：“世之君子欲其义之成，而助之修身则愠，是犹欲其墙之成，而人助之筑则愠也。岂不悖哉！”

墨子说：“当世君子想成就他的道义，而帮助他修身却怨恨，这就像要筑墙成功，别人帮助他却怨恨一样，难道不悖谬吗？”确实悖谬，这种人也非君子。墨子称之为“世之君子”，不当。

子墨子曰：“古之圣王，欲传其道于后世，是故书之竹帛，镂之金石，传遗后世子孙，欲后世子孙法之也。今闻先王之遗而不为，是废先王之传也。”

先王之道，最重行为实践。孔子“学而时习”，子路“闻斯行诸”，习即实践，行即行为。“闻先王之遗而不为”，闻之何益。

需要说明的是，先王之道，即尧舜禹汤文武周公之道，传遗后世子孙，多在儒家六经。墨子崇尚尧舜之道却反儒，是理解出了偏差，也是偏离了“先王之传”。

子墨子曰：“商人之四方，市贾倍徙，虽有关梁之难，盗贼之危，必为之。今士坐而言义，无关梁之难，盗贼之危，此为倍徙，不可胜计，然而不为，则士之计利，不若商人之察也。”

春秋战国，礼崩乐坏，然言论自由度颇高，“士坐而言义，无关梁之难，盗贼之危”，也算一乐。

《鲁问》解评

篇名鲁问，本是先秦书取首篇二字为名的惯例。不过本篇一多半内容为墨子与鲁君和鲁阳文君的问答，也颇切题。篇中墨子提出游说诸侯“必择务而从事”的原则；文中多处申明兼爱、非攻的主张；也有几处专门申说“义”的重要性。

鲁君谓子墨子曰：“吾恐齐之攻我也，可救乎？”子墨子曰：“可。昔者，三代之圣王禹汤文武，百里之诸侯也，说忠行义，取天下；三代之暴王桀纣幽厉，雠怨行暴，失天下。吾愿主君之上者尊天事鬼，下者爱利百姓，厚为皮币，卑辞令，亟遍礼四邻诸侯，驱国而以事齐，患可救也。非此，顾无可为者。”

面对齐国的军事威胁，墨子为鲁君指点迷津，提供自救之道，有一定道理，又不一定有效，问题有二：一是学习禹汤文武，敬天保民，必须落实到具体政治实践中去，包括礼制的恢复建设，而墨学非中道，有失禹汤文武之正；二是临时抱佛脚，未必来得及。

齐将伐鲁，子墨子谓项子牛曰：“伐鲁，齐之大过也。昔者，吴王东伐越，栖诸会稽；西伐楚，葆昭王于随；北伐齐，取国子以归于吴。诸侯报其雠（chóu），百姓苦其劳，而弗为用。是以国为虚戾，身为刑戮也。昔者智伯伐范氏与中行氏，兼三晋之地。诸侯报其雠，百姓苦其劳，而弗为用。是以国为虚戾，身为刑戮，用是也。故大国之攻小国也，是交相贼也，过必反于国。”

然哉。面对秦国这样逐渐强大、野心勃勃的虎狼之国，各国相互攻伐，互相贼害，属于自杀行为。齐国伐鲁，纵然成功，利少弊多，自贻后患。“伐鲁，齐之大过也。”然哉。

鹬蚌相争，渔翁得利，诸国相争，秦国得利。不过，秦国攻伐消灭各国之后，灾祸同样反过来殃及自身。“大国之攻小国也，是交相贼也，过必反于国。”然哉。杜牧说得好：“灭六国者，六国也，非秦也；族秦者，秦也，非天下也。”六国相互攻伐，无异自取灭亡；秦灭六国而施暴天下，无异自我族灭。

子墨子见齐大王曰：“今有刀于此，试之人头，倅然断之，可谓利乎？”大王曰：“利。”子墨子曰：“多试之人头，倅然断之，可谓利乎？”大王曰：“利。”子墨子曰：“刀则利矣，孰将受其不祥？”大王曰：“刀受其利，试者受其不祥。”子墨子曰：“并国覆军，贼杀百姓，孰将受其不祥？”大王俯仰而思之，曰：“我受其不祥。”

以刀断人头，操刀者受其不祥；并国覆军贼杀百姓，操刀者和刀都受其不祥。如秦始皇灭六国，秦始皇本人、秦氏集团（文武大臣和功臣）、所有将士和嬴氏家族，统统大不祥大不幸。

鲁阳文君将攻郑，子墨子闻而止之，谓阳文君曰：“今使鲁四境之内，大都攻其小都，大家伐其小家，杀其人民，取其牛马、狗豕、布帛、米粟、货财，则何若？”鲁阳文君曰：“鲁四境之内，皆寡人之臣也。今大都攻其小都，大家伐其小家，夺之货财，则寡人必将厚罚之。”子墨子曰：“夫天之兼有天下也，亦犹君之有四境之内也。今举兵将以攻郑，天诛其不至乎？”鲁阳文君曰：“先生何止我攻郑也？我攻郑，顺于天之志。郑人三世杀其父，天加诛焉，使三年不全，我将助天诛也。”子墨子曰：“郑人三世杀其父，而天加诛焉，使三年不全，天诛足矣。今又举兵，将以攻郑，曰吾攻郑也，顺于天之志。譬有人于此，其子强梁不材，故其父笞之，其邻家之父，举木而击之，曰：'吾击之也，顺于其父之志。'则岂不悖哉！"

"郑人三世杀其父"中的"父"为"君"字之误，当指郑哀公、郑幽公、郑繻公三君被杀之事。鲁阳文君说因为郑国人数代杀害他们的君主，天谴郑国，以致"三年不全"（三年气候异常），想以替天行道（"助天诛"）的名义攻伐郑国。

墨子说，既然上天已经给了惩罚，使它三年气候异常。再举兵攻郑，好比这里有一个人，他的儿子凶暴强横不成器，他父亲鞭打他，邻居家的父亲也举起木棒击打他，说我打他是顺应了他父亲的意志。这难道还不荒谬吗！

比喻总是有限的。墨子的比喻非常巧妙，其实有强词夺理之嫌。按照这种说法，汤武革命也变成荒谬了。因为桀纣残暴，同样天有异象，气候反常，等于已经遭到天谴，汤武不应该再来多事。当然了，阳文君伐国是出于私心，"助天诛"仅仅是借口，与汤武伐桀纣不可同日而语。

子墨子谓鲁阳文君曰："攻其邻国，杀其民人，取其牛马、粟米、货财，则书之于竹帛，镂之于金石，以为铭于钟鼎，传遗后世子孙，曰：'莫若我多！'今贱人也，亦攻其邻家，杀其人民，取其狗豕、食粮、衣裘，亦书之竹帛，以为铭于席豆，以遗后世子孙，曰：'莫若我多！'其可乎？"鲁阳文君曰："然。吾以子之言观之，则天下之所谓可者，未必然也。"

"攻其邻家，杀其人民"是犯罪行为，"攻其邻国，杀其民人"的侵略战争，更是反人类罪。

"天下之所谓可者未必然也"，从来如此，很多世人认为正确的事情，其实大谬不然。例如，秦始皇的统一战争，其实是犯罪，大罪。统一是好事，但应该统一于仁义，而不允许通过武力达致。

子墨子为鲁阳文君曰："世俗之君子，皆知小物，而不知大物。今有人于此，窃一犬一彘，则谓之不仁，窃一国一都，则以为义。譬犹小视白谓之白，大视白则谓之黑。是故世俗之君子，知小物而不知大物者，此若言之谓也。"

窃一犬一彘，是小不义；窃一国一都，是大不义。对小不义恨之入骨，对大不义歌功颂德，说明世人何其颠倒。老子说："窃钩者诛，窃国者侯，诸侯之门而仁义存焉。"千古同慨。

鲁阳文君语子墨子曰："楚之南，有啖人之国者桥，其国之长子生，则鲜而食之，谓之宜弟，美则以遗其君，君喜则赏其父。岂不恶俗哉？"子墨子曰："虽中国之俗，亦犹是也。杀其父而赏其子，何以异食其子而赏其父者哉？苟不用仁义，何以非夷人食其子也？"

"不用仁义"很可怕，反仁义就更可怕了，势必迅速沦为"啖人之国"，人不人，人吃人，欺师灭祖，"大义灭亲"，子弑其父，父杀其子。

鲁君之嬖人死，鲁君为之诔，鲁人因说而用之。子墨子闻之曰："诔者，道死人之志也。今因说而用之，是犹以来首从服也。"

"鲁君为之诔，鲁人因说而用之。"应为："鲁人为之诔，鲁君因说而用之（苏时学说）。"墨子听到这件事说，诔文是用来表明死者心志的。现在因为喜欢而采用，就像用牦牛的头来做衣服一样。这个批评有点不着调。或许正是鲁人诔文做得好，能够"道死人之志"，鲁君才“说而用之”呢。

鲁阳文君谓子墨子曰：“有语我以忠臣者，令之俯则俯，令之仰则仰，处则静，呼则应，可谓忠臣乎？”子墨子曰：“令之俯则俯，令之仰则仰，是似景也；处则静，呼则应，是似响也。君将何得于景与响哉？若以翟之所谓忠臣者，上有过，则微之以谏；己有善，则访之上，而无敢以告。外匡其邪，而入其善。尚同而无下比，是以美善在上，而怨雠在下；安乐在上，而忧戚在臣。此翟之所谓忠臣者也。”

叫他低头就低头，叫他抬头就抬头，日常静静不出声，呼他立刻就答应。墨子认为，这不是忠臣，这好像影子和回声。忠臣应该是：领导有过错，则伺察机会加以劝谏；自己有高见，则上告领导而不告诉别人。匡正领导的过失将他纳入正道，与领导保持一致而不在下面结党营私。美誉归于领导，怨仇归于臣下；安乐归于领导，忧戚归于臣下。这才是忠臣。

这个忠臣标准，儒家可以基本认同，唯对忠臣“尚同”和对墨子“尚同”观略有异议。

尚同即上同，人们的思想统一于君上并最终统一于天。这是墨子针对当时国家混乱而提出的政治纲领。墨子认为，天下混乱是由于没有符合天意的好领导，因此主张选择仁人、贤者，担任各级和最高领导。儒家认为，政治上应该导之以德，齐之以礼，思想上应该和而不同，求同存异，道并行而不悖，没必要强求统一。另外儒家仁人贤者的标准与墨家亦有异。

鲁君谓子墨子曰：“我有二子，一人者好学，一人者好分人财，孰以为太子而可？”子墨子曰：“未可知也。或所为赏与为是也。钓者之恭，非为鱼赐也；饵鼠以虫，非爱之也。吾愿主君之合其志功而观焉。”

鲁国国君有两个儿子，一个爱好学习，一个喜欢将财物分给人家。谁为太子更好，墨子认为不好说，他们也许是为着赏赐和名誉而这样做的，故需要结合他们的动机和效果进行观察。

鲁人有因于墨子而学其子者，其子战而死，其父让子墨子。子墨子曰："子欲学子之子，今学成矣，战而死，而子愠，而犹欲粜籴，雠则愠也。岂不费哉！"

这个父亲虽让儿子学墨，但肯定不了解墨家，所以儿子战死就去责备墨子，但这也是人之常情。墨子反过来指责这个父亲荒谬，暴露了墨学之不合常情。

鲁之南鄙人有吴虑者，冬陶夏耕，自比于舜。子墨子闻而见之。吴虑谓子墨子："义耳义耳，焉用言之哉？"子墨子曰："子之所谓义者，亦有力以劳人，有财以分人乎？"吴虑曰："有。"子墨子曰："翟尝计之矣。翟虑耕而食天下之人矣。盛，然后当一农之耕，分诸天下，不能人得一升粟。籍而以为得一升粟，其不能饱天下之饥者，既可睹矣。翟虑织而衣天下之人矣，盛，然后当一妇人之织，分诸天下，不能人得尺布。籍而以为得尺布，其不能暖天下之寒者，既可睹矣。翟虑被坚执锐，救诸侯之患，盛，然后当一夫之战，一夫之战，其不御三军，既可睹矣。翟以为不若诵先王之道，而求其说，通圣人之言，而察其辞，上说王公大人，次匹夫徒步之士。王公大人用吾言，国必治；匹夫徒步之士用吾言，行必修。故翟以为虽不耕而食饥，不织而衣寒，功贤于耕而食之、织而衣之者也。故翟以为虽不耕织乎，而功贤于耕织也。"

吴虑谓子墨子曰："义耳义耳，焉用言之哉？"子墨子曰："籍设而天下不知耕，教人耕，与不教人耕而独耕者，其功孰多？"吴虑曰："教人耕者，其功多。"子墨子曰："籍设而攻不义之国，鼓而使众进战，与不鼓而使众进战而独进战者，其功孰多？"吴虑曰：

“鼓而进众者，其功多。”子墨子曰：“天下匹夫徒步之士少知义，而教天下以义者，功亦多，何故弗言也？若得鼓而进于义，则吾义岂不益进哉！”

吴虑“义耳义耳，焉用言之哉”这个观点颇有点道家味道。道家对语言文字也颇轻蔑，老子说：“知者不言，言者不知。”关此，儒家赞同墨子的说法：“天下匹夫徒步之士少知义，而教天下以义者，功亦多，何故弗言也？”传道授业解惑，诲人不倦，文化启蒙，道德教化，立人达人，何尝离得开文字语言？

东海有言：道德也是说出来的。道德这个“东西”，是理论和实践的统一，可言可行。就理论而言，道德有知识性和学问性，可教可学可以言传，需要启蒙和教育。例如，道德的奥义和真相是什么，有哪些规范和标准，有哪些修养方式和法门，次第如何，道德与政治的关系怎样，诸如此类都是道德教育题中应有之义。

因此，道德不能空说，也不能不说。从某种意义上讲，道德也是说出来的。孔子、释尊一生诲人不倦说个不休；老子不爱多说，也留下了五千言。他们既是道德家，也是道德学家。三家历代圣贤，对于道德都有相当的体悟，都能深入地解说。信解行证，解为其一，理解和解说都很重要。解不对说不对，何谈信行证哉。

子墨子游公尚过于越。公尚过说越王，越王大说，谓公尚过曰：“先生苟能使子墨子于越而教寡人，请裂故吴之地，方五百里，以封子墨子。”公尚过许诺。遂为公尚过束车五十乘，以迎子墨子于鲁。曰：“吾以夫子之道说越王，越王大说，谓过曰：‘苟能使子墨子至于越而教寡人，请裂故吴之地，方五百里，以封子。’”子墨子谓公尚过曰：“子观越王之志何若？意越王将听吾言，用吾道，则翟将往，量腹而食，度身而衣，自比于群臣，奚能以封为哉！抑越不听吾言，不用吾道，而吾往焉，则是我以义粜也。钧之粜，亦于中国耳，何必于越哉！”

假如越王听我之言，用我之道，我就前去；如果越王不听我言，不用我道，我去了，等于是我把义出卖了。如果我愿意卖义求荣，在中原国家也可以，何必跑去越国呢。

墨子这个表态，颇有儒家风范，不愧儒门出身。

子墨子游，魏越曰："既得见四方之君，子则将先语？"子墨子曰："凡入国，必择务而从事焉。国家昏乱，则语之尚贤、尚同；国家贫，则语之节用、节葬；国家憙音湛湎，则语之非乐、非命；国家淫僻无礼，则语之尊天事鬼；国家务夺侵凌，即语之兼爱、非攻。故曰：择务而从事焉。"

本段提出了墨学五类十条纲领。

子墨子出曹公子而于宋。三年而反，睹子墨子曰："始吾游于子之门，短褐之衣，藜藿之羹，朝得之，则夕弗得祭祀鬼神。今而以夫子之教，家厚于始也。有家厚，谨祭祀鬼神。然而人徒多死，六畜不蕃，身湛于病，吾未知夫子之道之可用也。"子墨子曰："不然。夫鬼神之所欲于人者多：欲人之处高爵禄，则以让贤也；多财，则以分贫也。夫鬼神，岂唯擢季拑肺之为欲哉？今子处高爵禄而不以让贤，一不祥也；多财而不以分贫，二不祥也。今子事鬼神，唯祭而已矣，而曰'病何自至哉'，是犹百门而闭一门焉，曰'盗何从入'。若是而求福于有怪之鬼，岂可哉？"

曹公子学习了墨学，根据墨子的安排到宋国做了三年官，家富有了，有条件好好地谨慎祭祀鬼神了。可是，家人多死亡，六畜不繁盛，自身困于病患，所以怀疑墨学没有用。

墨子告诉他，鬼神希望人的东西很多，不仅仅是想取食祭品，更希望人处高官厚禄时可以让贤，财物多了可以分给穷人。曹公子高官厚禄却不让贤，这是一不祥；财物多不肯施舍，这是二不祥。

所谓侍奉鬼神，只是祭祀而已，各种灾难降临，都是咎由自取，就像百门只闭了一门，盗贼进来很容易。

这段话体现墨子颇有见识，看问题不局限于表层，同时又暴露了墨子的不足，知鬼神而不明天理。

鲁祝以一豚祭，而求百福于鬼神。子墨子闻之曰：“是不可。今施人薄而望人厚，则人唯恐其有赐于己也。今以一豚祭，而求百福于鬼神，唯恐其以牛羊祀也。古者圣王事鬼神，祭而已矣。今以豚祭而求百福，则其富不如其贫也。”

用一头小猪祭祀而向鬼神求百福，当然荒谬；倒过来，如果用百头小猪祭祀而向鬼神求一福，同样非礼。“古者圣王事鬼神，祭而已矣。”祭祀，只是尽己之心，并非求己之福。

彭轻生子曰：“往者可知，来者不可知。”子墨子曰：“籍设而亲在百里之外，则遇难焉，期以一日也，及之则生，不及则死。今有固车良马于此，又有奴马四隅之轮于此，使子择焉，子将何乘？”对曰：“乘良马固车，可以速至。”子墨子曰：“焉在矣来！”

未来的事是否可以预知，有的不难预知，有的不能预知，不可一概而论。墨子举的事例是不难预知的，但也不必然，因为彭轻生子选择固车良马，不能保证途中绝对不出意外。墨子以此为例认为未来的事可以预知，未免粗糙蛮撞。孔子善卜，自称“百卜而七十中”，一百次要七十命中，还有百分之三十测不准。

孟山誉王子闾曰：“昔白公之祸，执王子闾，斧钺钩要，直兵当心，谓之曰：‘为王则生，不为王则死！’王子闾曰：‘何其侮我也！杀我亲，而喜我以楚国。我得天下而不义，不为也，又况于楚国乎？’遂而不为。王子闾岂不仁哉？”子墨子曰：“难则难矣，然而未仁也。若以王为无道，则何故不受而治也？若以白公为不义，何故不受王，诛白公然而反王？故曰：'难则难矣，然而未仁也。'"

从前白公在楚国作乱，抓住王子闾，斧钺勾着他的腰，直兵器对准他的心窝，对他说："做楚王就活，不做楚王就死。"王子闾回答道："这是何等地侮辱我啊！杀害我的亲人，却给以楚国让我开心。不义而得天下我都不干，又何况一个楚国呢？"于是坚决不从。

墨子认为，王子闾守节不屈，难能可贵，但还没有达到仁的境界。如果认为楚王无道，那么为什么不接受王位治理国家呢？如果认为白公不义，为什么不接受王位，诛杀白公，再把王位交还楚惠王呢？所以说难能可贵，但还没有达到仁的境界。

墨子说的很有道理。

子墨子使胜绰事项子牛。项子牛三侵鲁地，而胜绰三从。子墨子闻之，使高孙子请而退之，曰："我使绰也，将以济骄而正嬖也。今绰也禄厚而谲夫子，夫子三侵鲁而绰三从，是鼓鞭于马靳也。翟闻之，言义而弗行，是犯明也。绰非弗之知也，禄胜义也。"

墨子让弟子胜绰跟随项子牛。项子牛三次入侵鲁国领土，胜绰三次都跟从了。墨子听到了这件事，派高孙子请项子牛辞退胜绰，表示："我推荐胜绰，是希望他阻止骄气纠正邪僻。现在胜绰得了厚禄却欺骗您。您三次入侵鲁国，胜绰三次跟从，真是鞭打马的前胸赶马呀。我听说：口称仁义却不实行，这是明知故犯。胜绰不是不知道这个道理，他把俸禄看得比仁义更重了。"

"言义而弗行"，言行不一，仁义就成了口头禅。不能战胜贪欲和利益，身为物役，身为禄役，道德内力不足故。

昔者楚人与越人舟战于江，楚人顺流而进，迎流而退，见利而进，见不利则其退难。越人迎流而进，顺流而退，见利而进，见不利则其退速。越人因此若势，亟败楚人。公输子自鲁南游楚，焉始为舟战之器，作为钩强之备，退者钩之，进者强之，量其钩强之长，而制为之兵。楚之兵节，越之兵不节，楚人因此若势，亟败越人。公输子善其巧，以语子墨子曰："我舟战有钩强，不知子之义亦有钩强乎？"

子墨子曰："我义之钩强，贤于子舟战之钩强。我钩强我，钩之以爱，揣之以恭。弗钩以爱则不亲，弗揣以恭则速狎，狎而不亲则速离。故交相爱，交相恭，犹若相利也。今子钩而止人，人亦钩而止子，子强而距人，人亦强而距子，交相钩，交相强，犹若相害也。故我义之钩强，贤子舟战之钩强。"

墨子这段话说得不错："我仁义的钩镶，比你船战的钩镶强得多。我仁义的钩镶，以爱为钩，以恭敬推让。不用爱钩就不会亲，不用恭敬推让就会轻慢，轻慢而不亲近，就会离心离德。所以互相爱护，互相恭敬，就像互相利益对方。"

公输子削竹木以为鹊，成而飞之，三日不下。公输子自以为至巧。子墨子谓公输子曰："子之为鹊也，不如匠之为车辖，须臾刘三寸之木，而任五十石之重。故所为功，利于人谓之巧，不利于人谓之拙。"

本段暴露了墨子眼光的狭隘浅薄。"利于人谓之巧，不利于人谓之拙"，原则上没错，但什么利于人，什么不利于人，却不能以实用主义为标准。

公输子谓子墨子曰："吾未得见之时，我欲得宋。自我得见之后，予我宋而不义，我不为。"子墨子曰："翟之未得见之时也，子欲得宋，自翟得见子之后，予子宋而不义，子弗为，是我予子宋也。子务为义，翟又将予子天下。”

本段体现了墨学强烈的正义感。

第四章　关于韩非

前　言

韩非推崇商鞅和申不害，同时指出，他们的学术有“未尽”处，“申子未尽于术，商君未尽于法”。(《韩非子・定法》)他把商鞅的法、申不害的术和慎到的势融为一体，成为法家的集大成者。韩非虽死，他的思想却在秦始皇、李斯手上得到了大规模的实践。

实践的结果众所周知。

儒法两家的优劣正邪和胜败，其实没有争论的必要，盖历史已为此作出了最好的证明，以铁一般的事实，明明白白地证伪了商韩派对法家学说治国功能的夸耀。

秦始皇统一天下之后，采纳韩非老同学李斯的建议：“于是废先王之道，焚百家之言，以愚黔首；隳名城，杀豪杰；收天下之兵，聚之咸阳，销锋镝，铸以为金人十二，以弱天下之民……始皇之心，自以为关中之固，金城千里，子孙帝王万世之业也。”(《过秦论》)结果如何？戍卒叫，函谷举，楚人一炬，可怜焦土！

《大戴礼记》将天下比喻为一种“器”，与各种器物一样，放在安稳处，它就安稳，放在危险处，它就危险。汤武和秦始皇因为放置天下的地方大不同，所以导致结果大不同：

汤武置天下于仁义礼乐而德泽洽，禽兽草木广育，被蛮貊四夷，累子孙十余世，历年久五六百岁，此天下之所共闻也。秦王置天下于法令刑罚，德泽无一有，而怨毒盈世，民憎恶如仇雠，祸几及身，子孙诛绝，此天下之所共见也。夫用仁义礼乐为天下者，行五六百岁犹存；用法令为天下者，十余年即亡。是非明敩（xiào）大验乎？（《大戴礼记·礼察》）

热衷于宣传法家优秀或者为法家鸣冤叫屈者，看完这段话，不知有什么感想？

关于法家，荀子评论说：

尚法而无法，下修而好作，上则取听于上，下则取从于俗，终日言成文典，及紃（xún）察之，则倜然无所归宿，不可以经国定分；然而其持之有故，其言之成理，足以欺惑愚众。是慎到、田骈也。（《荀子·非十二子》）

推崇法治但没有法度，卑视贤才而喜欢另搞一套，上则听从君主，下则依从世俗，整天谈论制定礼义法典，但反复考察这些典制，就会发现它们迂远得没有一个最终的着落点，不可以用来治理国家、确定名分；但是他们立论有根有据，解说论有条有理，足够用来欺骗蒙蔽愚昧的民众。慎到、田骈就是这种人。

荀子这段话用来评判慎到、田骈，或许中肯。若用在他的学生韩非、李斯身上，未免轻描淡写了。或许荀子起初难以想象，韩非、李斯会弃正入邪，邪得那么违仁背义，不可收拾。

要特别指出一点，韩非喜欢思想栽赃，将商鞅“刑弃灰于地者”的恶法说为殷朝之法就是典型。他喜欢假托名人伪造故事。诸子百家多好寓言，韩非寓言特别多。《韩非子·外储说右上》就有这样一个寓言：

太公望东封于齐，齐东海上有居士曰狂矞、华士，昆弟二人者立议曰：“吾不臣天子，不友诸侯，耕作而食之，掘井而饮之，吾无求于人也。无上之名，无君之禄，不事仕而事力。”太公望至于营丘，使吏执杀之以为首诛。

周公旦听到这桩命案很吃惊，质问道：“夫二子，贤者也。今日飨国而杀贤者，何也？”太公望回答说：

彼不臣天子者，是望不得而臣也。不友诸侯者，是望不得而使也。耕作而食之，掘井而饮之，无求于人者，是望不得以赏罚劝禁也。且无上名，虽知，不为望用；不仰君禄，虽贤，不为望功。不仕则不治，不任则不忠。且先王之所以使其臣民者，非爵禄则刑罚也。今四者不足以使之，则望当谁为君乎？

这套说法百分百属于法家，表现了君本位立场和极端实用主义的态度，在儒家民本王道的政治义理中，这个理由完全不能成立，太公望作为儒家圣贤，绝对不会这么做。韩非可谓以奸贼之心，度圣贤之腹。

在这个故事中，狂矞、华士只想做一个自食其力、自行其是的逸民，“不臣天子，不友诸侯，耕作而食之，掘井而饮之。”完全不犯周礼和儒家政治之忌。而且，逸民可以受到高度尊重或选与推举。《论语·尧曰》说：“兴灭国，继绝世，举逸民，天下之民归心焉。”《论语·微子》列举和赞美了伯夷、叔齐、虞仲、夷逸、朱张、柳下惠、少连等等逸民。

另外，这个故事不见于先秦任何史籍和经典，为《韩非子》首讲。

关于法家，《太史公自序》评论说：

法家不别亲疏，不殊贵贱，一断于法，则亲亲尊尊之恩绝矣。可以行一时之计，而不可长用也，故曰严而少恩。若尊主卑臣，明分职不得相逾越，虽百家弗能改也。

法家不别亲疏，不分尊卑，一律依据法令来决断，那么亲亲属、尊长上的恩爱关系就断绝了。这些可作为一时之计来施行，却不可长用，所以说法家严酷而刻薄寡恩。至于说到法家使君主尊贵，使臣下卑下，使上下名分、职分明确，不得相互逾越的主张，即使百家之说也是不能更改的。

这个评判完全不靠谱。法家倡导的是“君本位”的恶性等级制，君为贵、社稷次之、民为轻。君臣等级地位悬殊，极端的“尊主卑臣”，恰恰是法家致命的死穴。司马谈却说什么“虽百家弗能改也”，完全颠倒了。

“不别亲疏，不殊贵贱，一断于法”，体现了法律的严肃性和公平性，恰恰是法家最大的几乎是唯一的优点。这么做绝不会导致“亲亲尊尊之恩绝矣”的后果。儒家齐家治国，是齐之以礼、治之以礼，礼的要求比法律规范高得多，家人和政治人非礼都不行，何况犯法？

儒家规定：“门内之治恩揜义，门外之治义断恩。”（《礼记·丧服四制》）孔颖达疏：“既仕公朝，当以公义断绝私恩。”意思就是说，出了家门，公事公办。例如，舜的弟弟象，大不义，但仅仅表现在私域，损害的仅仅是舜个人的利益，属于“门内之治”，故应以亲情为重；管蔡之恶表现在公域，损害的是国家人民的利益，就属于“门外之治”，周公并不包庇，而是依法诛之。可见，儒家政治自有法律的严肃性和公正性，但与法家“严而少恩”不同，可谓严而多恩、多恩而严。

韩非子和法家，思想不行，智慧也不行。盖德智不二，缺了德，所谓的智慧，只能是邪智伪智和小聪明。

读《韩非子》，貌似很有智慧的样子，其实秦政的昙花一现和个人被老同学所害，从事实上证明了韩非智慧的双重缺乏：根据其思想指导出来的政治没有前途，个人也缺乏必要的知人之明和保身之哲——这也是所有法家大腕的通病。商鞅、李斯、胡亥、赵高无不小聪大愚，死于非命，良有以也。

《五蠹》解评

《五蠹》是韩非代表作之一。全文共十七小节七千余言。所谓的五蠹，指当时学者（儒家）、言谈者（纵横家）、带剑者（游侠）、患御者（国君左右近臣）、商工之民等五种人。

五种人中，儒家对法家的威胁最大，因为儒家坚决反对反仁义、反人性、反常道的恶法，坚决反对大不义的侵略战争。法家要推行残民以逞的恶法和攻城略地的"恶战"，要贯彻君本主义的政治宗旨和农战主义的施政方针，确非反儒灭儒不可。

上古之世，人民少而禽兽众，人民不胜禽兽虫蛇。有圣人作，构木为巢以避群害，而民悦之，使王天下，号曰有巢氏。民食果蓏蚌蛤，腥臊恶臭而伤害腹胃，民多疾病。有圣人作，钻燧取火以化腥臊，而民说之，使王天下，号之曰燧人氏。中古之世，天下大水，而鲧禹决渎。近古之世，桀纣暴乱，而汤武征伐。今有构木钻燧于夏后氏之世者，必为鲧禹笑矣；有决渎于殷周之世者，必为汤武笑矣。然则今有美尧舜汤武禹之道于当今之世者，必为新圣笑矣。是以圣人不期修古，不法常可，论世之事，因为之备。宋有人耕田者，田中有株，兔走触株，折颈而死，因释其耒而守株，冀复得兔，兔不可复得，而身为宋国笑。今欲以先王之政，治当世之民，皆守株之类也。

有巢氏"构木为巢以避群害"，燧人氏"钻燧取火以化腥臊"，致力于原始的物质利用和科技开发；鲧禹决渎，致力于自然灾害的消除；汤武征伐，致力于政治灾难的化解……《尚书》曰："正德利用厚生惟和。"这些古圣人利物之用、厚民之生的方式法门各不相同，但"正德"则同。

"尧舜汤武禹之道"，中道也，王道也，具体政治、制度形式不同，本质和原则则万古不易。韩非子说：“今有美尧舜汤武禹之道于当今之世者，必为新圣笑矣。”不是故意装傻就是无知混淆，只见他们表现形式有异，不见他们本质和精神一致。后人赞美和学习尧舜汤武禹，当然不是守株待兔式地在形式层面亦步亦趋。

古者丈夫不耕，草木之实足食也；妇人不织，禽兽之皮足衣也。不事力而养足，人民少而财有余，故民不争。是以厚赏不行，重罚不用，而民自治。今人有五子不为多，子又有五子，大父未死而有二十五孙。是以人民众而货财寡，事力劳而供养薄，故民争，虽倍赏累罚而不免于乱。

“丈夫不耕，草木之实足食也；妇人不织，禽兽之皮足衣也。不事力而养足，人民少而财有余，故民不争。”这未免将“古者”美化过度了，禽兽之皮也不是那么容易得到吧。完全不符合史实。

《尚书大传》说“周人可比屋而封”，陆贾说：“尧舜之民可比屋而封，桀纣之民可比屋而诛。”（《新语·无为》）“成康之际，天下安宁，刑错四十余年不用。”（《史记·周本纪》）尧舜、桀纣和西周，人民之多少和货财之众寡，不至于相差太多。为什么人民品质善恶截然不同呢？

儒家强调“正君心”和“君子之德”，认为文化、政治群体特别是领导人的文化道德优劣，整体上决定着社会文明及国民品格的高低。

“舜耕历山，历山之人皆让畔。”（《史记·五帝本纪》）“西伯阴行善，诸侯皆来决平。于是虞、芮之人有狱不能决，乃如周。入界，耕者皆让畔，民俗皆让长。虞、芮之人未见西伯，皆惭，相谓曰：吾所争，周人所耻，何往为，只取辱耳。遂还，俱让而去。”（《史记·周本纪》）这都是德化的影响。

又，商朝成汤、太甲、盘庚、武丁在位的时候，一切就蒸蒸日上。但同样的商，由于纣王酗酒丧德，政治就无道，先王所遗的民本原则、德政法度就被架空或破坏，一切都不可收拾，上行下效，上梁不正下梁歪，上上下下全都被败坏。小民在“相为敌雠”的同时，亦“好草窃奸宄”。官民的道德水平和国民的幸福度都严重降低。

尧之王天下也，茅茨不翦，采椽不斫；粝粢之食，藜藿之羹；冬日麑裘，夏日葛衣；虽监门之服养，不亏于此矣。禹之王天下也，身执耒臿以为民先，股无胈，胫不生毛，虽臣虏之劳，不苦于此矣。以是言之，夫古之让天子者，是去监门之养，而离臣虏之劳也，古传天下而不足多也。今之县令，一日身死，子孙累世絜驾，故人重之。是以人之于让也，轻辞古之天子，难去今之县令者，薄厚之实异也。夫山居而谷汲者，腊而相遗以水；泽居苦水者，买庸而决窦。故饥岁之春，幼弟不饷；穰岁之秋，疏客必食。非疏骨肉爱过客也，多少之实异也。是以古之易财，非仁也，财多也；今之争夺，非鄙也，财寡也。轻辞天子，非高也，势薄也；争士橐，非下也，权重也。故圣人议多少、论薄厚为之政。故罚薄不为慈，诛严不为戾，称俗而行也。故事因于世，而备适于事。

这是典型的物眼看史，物眼看事。与所谓的唯物史观不谋而合，将物资的丰富程度视为历史所有事件发生的根本原因。尧为天子，“虽监门之服养，不亏于此矣”；禹为天子，“虽臣虏之劳，不苦于此矣”。难道他们不是主动为之吗？

尧舜禹辞天子、传天下，无疑有深刻的道德内因在。尧禅位于舜、舜禅位于禹的时候，各说过一段非常重要的话。据《论语·尧曰》记载：

尧曰：“咨！尔舜，天之历数在尔躬，允执其中。四海困穷，天禄永终。”舜亦以命禹。曰：“予小子履敢用玄牡，敢昭告于皇皇后帝：有罪不敢赦。帝臣不蔽，简在帝心。朕躬有罪，无以万方；万方有罪，罪在朕躬。”

古者文王处丰镐之间，地方百里，行仁义而怀西戎，遂王天下。徐偃王处汉东，地方五百里，行仁义，割地而朝者三十有六国。荆文王恐其害己也，举兵伐徐，遂灭之。故文王行仁义而王天下，偃王行仁义而丧其国，是仁义用于古不用于今也。故曰：“世异则事异。”

当舜之时，有苗不服，禹将伐之。舜曰：“不可，上德不厚而行武，非道也。”乃修教三年，执干戚舞，有苗乃服。共工之战，铁铦矩者及乎敌，铠甲不坚者伤乎体。是干戚用于古不用于今也。故曰：“事异则备变。”

上古竞于道德，中世逐于智谋，当今争于气力。

齐将攻鲁，鲁使子贡说之。齐人曰：“子言非不辩也，吾所欲者土地也，非斯言所谓也。”遂举兵伐鲁，去门十里以为界。故偃王仁义而徐亡，子贡辩智而鲁削。以是言之，夫仁义辩智，非所以持国也。去偃王之仁，息子贡之智，循徐鲁之力，使敌万乘，则齐荆之欲不得行于二国矣。

仁、智、勇三达德，密切相关，俱荣俱损。仁者必有智，必然有勇有谋，智慧高超。周文王身边逐渐形成圣贤集团，故能行仁义而怀西戎。然复须知，他“三分天下有其二”的时候，依然臣服殷商；周穆王时的徐偃王，虽然也行仁义，但不识时务和时机，严重缺智。

要知道，周穆王也是施善政于天下的。他继位后，为了恢复周王朝的威望，新设太仆一职，作为太御众仆之长，以加强王朝的中枢管理。他制定刑律，减轻刑罚，并西征犬戎，南摄夷人，很有一番作为的。徐偃王居然在这个时候率徐夷诸部反叛，并南讨楚国，大会诸侯于涂山，这不是找死吗。

其次，《尚书·舜典》记载：舜之时，“流共工于幽州，放驩兜于崇山，窜三苗于三危，殛鲧于羽山，四罪而天下咸服。”或主动投降，或武力降服，因人制宜，都很正常。

无论是逐于智谋还是争于气力，都必须道德挂帅。“世异则事异，事异则备变。”没错，但这是具体事务和应对方法的变化，不能因此就抛弃道德原则。

说“子贡辩智而鲁削”，有恶意抹黑之嫌。《史记》说：“故子贡一出，存鲁、乱齐、破吴、强晋而霸越。子贡一使，使势相破，十年之中，五国各有变。”

夫古今异俗，新故异备。如欲以宽缓之政，治急世之民，犹无辔策而御马，此不知之患也。今儒墨皆称先王兼爱天下，则视民如父母。何以明其然也？曰：“司寇行刑，君为之不举乐；闻死刑之报，君为流涕。”此所举先王也。夫以君臣为如父子则必治，推是言之，是无乱父子也。人之情性莫先于父母，皆见爱而未必治也，虽厚爱矣，奚遽不乱？今先王之爱民，不过父母之爱子，子未必不乱也，则民奚遽治哉？且夫以法行刑，而君为之流涕，此以效仁，非以为治也。夫垂泣不欲刑者，仁也；然而不可不刑者，法也。先王胜其法，不听其泣，则仁之不可以为治亦明矣。

古今异俗，新故异备，不错，故儒家政治，该宽则宽，该严则严，宽严结合，并非一味宽缓，如义刑义杀义战，就很严厉。但是，道统不能变，仁义原则不能变，父母之心不能变。

“今儒墨皆称先王兼爱天下，则视民如父母。”此言不对。儒家从来不讲“视民如父母”，而是强调“为民之父母”，两种态度大不同。

《诗经》云：“乐只君子，民之父母”（《小雅·南山有台》）；又云“恺悌君子，民之父母”（《大雅·泂酌》）。这两句话被儒家圣贤和典籍频繁应用和申论。

《大学》引“乐只君子，民之父母”句，解释说“民之所好好之，民之所恶恶之，此之谓民之父母”，要求统治者要同于民之好恶。

孟子借用“民之父母”理论，对当政者“以政杀人”，“率兽食人”“使老稚转乎沟壑”的恶行予以严厉批判。

梁惠王曰："寡人愿安承教。"孟子对曰："杀人以梃与刃，有以异乎？"曰："无以异也。""以刃与政，有以异乎？"曰："无以异也。"曰："庖有肥肉，厩有肥马，民有饥色，野有饿莩，此率兽而食人也。兽相食，且人恶之；为民父母，行政，不免于率兽而食人，恶在其为民父母也？仲尼曰：'始作俑者，其无后乎！'为其象人而用之也。如之何其使斯民饥而死也？"（《孟子·梁惠王》）

滕文公问为国。孟子曰："民事不可缓也。《诗》云：'昼尔于茅，宵尔索绹；亟其乘屋，其始播百穀。'民之为道也，有恒产者有恒心，无恒产者无恒心。苟无恒心，放辟邪侈，无不为已。及陷乎罪，然后从而刑之，是罔民也。焉有仁人在位罔民而可为也？是故贤君必恭俭礼下，取于民有制。……为民父母，使民盻盻然，将终岁勤动，不得以养其父母，又称贷而益之，使老稚转乎沟壑，恶在其为民父母也？"（《孟子·滕文公》）

孟子还根据"民之父母"义理，提出应该以国人的意见作为评判、决断国事的根本依据：国君进贤，如不得已，将使卑逾尊、疏输戚，可不俱与？左右皆曰贤，未可也；诸大夫皆曰贤，未可也；国人皆曰贤，然后察之，见贤焉，然后用之。左右皆曰不可，勿听；诸大夫皆曰不可，勿听；国人皆曰不可，然后察之，见不可焉，然后去之。左右皆曰可杀，勿听；诸大夫皆曰可杀，勿听；国人皆曰可杀，然后察之，见可杀焉，然后杀之，故曰国人杀之也。如此，然后可以为民父母。（《孟子·梁惠王》）

"民之父母"的思想还成了儒家"革命"理论的组成部分。荀子指出，当最高统治者堕落为"民之怨贼"时，其他符合"民之父母"标准的领袖就可以取而代之，甚至不惜诉诸武力。他说："天下归之之谓王，天下去之之谓亡。故桀纣无天下，汤武不弑君，由此效之也。汤武者，民之父母也；桀纣者，民之怨贼也。今世俗之为说者，以桀纣为君，而以汤武为弑，然则是诛民之父母，而师民之怨贼也，不祥莫大焉。"（《荀子·正论》）

且民者固服于势，寡能怀于义。仲尼，天下圣人也，修行明道以游海内，海内说其仁、美其义而为服役者七十人。盖贵仁者寡，能义者难也。故以天下之大，而为服役者七十人，而仁义者一人。鲁哀公，下主也，南面君国，境内之民莫敢不臣。民者固服于势，诚易以服人，故仲尼反为臣而哀公顾为君。仲尼非怀其义，服其势也。故以义则仲尼不服于哀公，乘势则哀公臣仲尼。今学者之说人主也，不乘必胜之势，而务行仁义则可以王，是求人主之必及仲尼，而以世之凡民皆如列徒，此必不得之数也。

三代之时，“大德必得其位”“大德者必受命”。三代之后，有德无位、有道无势的现象越来越严重，德位不易相称，如孔子有圣人之德，而无圣人之位。然复须知，仁义和权势也并非水火不容。统治者如果能够遵循仁义之道，正确使用权势，利民利国，也有利于权势的持久。

鲁哀公之所以“下主也”，不就是因为仁义匮乏、恩威皆缺吗？他“南面君国，境内之民莫敢不臣”。但是，臣民们并不怀于其义，鲁哀公也无义可怀。所以，鲁哀公的势也持而不坚更不久。仁者必有智，得道者多助，别说尧舜禹汤文武周公孔子或者伊尹傅说召公姜尚这些圣贤，假设鲁哀公有齐桓晋文的德行，何至于在位 27 年而大权一直旁落，何至于被三桓而逃亡？

今有不才之子，父母怒之弗为改，乡人谯之弗为动，师长教之弗为变。夫以父母之爱、乡人之行、师长之智，三美加焉，而终不动，其胫毛不改。州部之吏，操官兵，推公法，而求索奸人，然后恐惧，变其节，易其行矣。故父母之爱不足以教子，必待州部之严刑者，民固骄于爱、听于威矣。故十仞之城，楼季弗能逾者，峭也；千仞之山，跛牂易牧者，夷也。故明王峭其法而严其刑也。布帛寻常，庸人不释；铄金百溢，盗跖不掇。不必害，则不释寻常；必害手，则不掇百溢。故明主必其诛也。是以赏莫如厚而信，使民利之；罚莫如重而必，使民畏之；法莫如一而固，使民知之。故主施赏不迁，行诛无赦，誉辅其赏，毁随其罚，则贤不肖俱尽其力矣。

儒家仁政与“父母之爱”同中有异，同的是心，父母之心；异的是表现形式，政治有政治的特点和特殊规范要求。儒家仁政，礼法齐备，赏罚分明。只不过，儒家慎乎刑法，反对轻罪重罚和不教而诛，与法家的法术挂帅、严刑峻法和草菅人命性质不同。

今则不然。其有功也爵之，而卑其士官也；以其耕作也赏之，而少其家业也；以其不收也外之，而高其轻世也；以其犯禁罪之，而多其有勇也。毁誉、赏罚之所加者，相与悖缪也，故法禁坏而民愈乱。今兄弟被侵，必攻者，廉也；知友被辱，随仇者，贞也。廉贞之行成，而君上之法犯矣。人主尊贞廉之行，而忘犯禁之罪，故民程于勇，而吏不能胜也。不事力而衣食，谓之能；不战功而尊，则谓之贤。贤能之行成，而兵弱而地荒矣。人主说贤能之行，而忘兵弱地荒之祸，则私行立而公利灭矣。

“今兄弟被侵，必攻者，廉也；知友被辱，随仇者，贞也。廉贞之行成，而君上之法犯矣。”儒家明辨是非正邪，反对非礼非法，不会以犯法为荣；对于兄弟被侵、知友被辱的情况，会采取适当方式尽孝友之责，不会不分青红皂白地“必攻”和“随仇”。

“不事力而衣食，谓之能；不战功而尊，则谓之贤。贤能之行成，而兵弱而地荒矣。”士农工商兵，分工各不相同，各有其宜，各尽其责，不能互相否定。若能选贤与能，只有更加兵强国富。“贤能之行成，而兵弱而地荒矣”的结论完全不能成立。法家唯农为能，唯战为贤，贤能之行灭，兵强地垦矣，天下亡矣。

韩非这里所举的种种政治现象，有正常有非正常，但多少都比法家政治好。法家政治是典型的暴政，完全的反常。

儒以文乱法，侠以武犯禁，而人主兼礼之，此所以乱也。夫离法者罪，而诸先王以文学取；犯禁者诛，而群侠以私剑养。故法之所非，君之所取；吏之所诛，上之所养也。法、趣、上、下，四相反也，而无所定，虽有十黄帝不能治也。故行仁义者非所誉，誉之则害功；文学者非所用，用之则乱法。楚之有直躬，其父窃羊，而谒之吏。令尹曰："杀之！"以为直于君而曲于父，报而罪之。以是观之，夫君之直臣，父子暴子也。鲁人从君战，三战三北。仲尼问其故，对曰："吾有老父，身死莫之养也。"仲尼以为孝，举而上之。以是观之，夫父之孝子，君之背臣也。故令尹诛而楚奸不上闻，仲尼赏而鲁民易降北。上下之利，若是其异也，而人主兼举匹夫之行，而求致社稷之福，必不几矣。

"法之所非，君之所取；吏之所诛，上之所养。"当然不行，但这不是儒家的问题，而是法律或君主出了问题。"儒以文乱法"这个判断纯属恶意栽赃。礼法，儒家礼制，包括法律。建设良制良法，正是复礼（恢复礼乐精神）的要旨。儒家反对批判的是反仁义、反人性、反常道的恶法。

"楚之有直躬，其父窃羊，而谒之吏。令尹曰：'杀之！'以为直于君而曲于父，报而罪之。"不教而诛谓之虐，这是典型的虐政。"其父攘羊而子证之"，当然不对，孔子说："父为子隐，子为父隐，直在其中矣。"但是，官府一杀了之，就更错误了，批评教育足矣。关于"父为子隐，子为父隐"问题，可详见东海《论语点睛》中的阐说。

"鲁人从君战，三战三北。仲尼问其故，对曰：'吾有老父，身死莫之养也。'仲尼以为孝，举而上之。"这个孔子荐逃兵的故事，仅见于《韩非子》，应是韩非的假托，余东海《大良知学》一书中有《儒家不会尊重和举荐逃兵》一文详析，兹不赘。

古者苍颉之作书也，自环者谓之私，背私谓之公，公私之相背也，乃苍颉固以知之矣。今以为同利者，不察之患也，然则为匹夫计者，莫如修行义而习文学。行义修则见信，见信则受事；文学习则为明师，为明师则显荣：此匹夫之美也。然则无功而受事，无爵而显荣，为有政如此，则国必乱，主必危矣。故不相容之事，不两立也。斩敌者受赏，而高慈惠之行；拔城者受爵禄，而信廉爱之说；坚甲厉兵以备难，而美荐绅之饰；富国以农，距敌恃卒，而贵文学之士；废敬上畏法之民，而养游侠私剑之属。举行如此，治强不可得也。国平养儒侠，难至用介士，所利非所用，所用非所利。是故服事者简其业，而于游学者日众，是世之所以乱也。

公私相背，又可以相辅相成。儒家政治系统中，国民利益、国家利益、君主利益有一致性。儒家强调政治公道、社会公平和法律公正，尊重维护国民正当的私利，正是政治之公的重要体现。

且世之所谓贤者，贞信之行也；所谓智者，微妙之言也。微妙之言，上智之所难知也。今为众人法，而以上智之所难知，则民无从识之矣。故糟糠不饱者不务梁肉，短褐不完者不待文绣。夫治世之事，急者不得，则缓者非所务也。今所治之政，民间之事，夫妇所明知者不用，而慕上知之论，则其于治反矣。故微妙之言，非民务也。若夫贤良贞信之行者，必将贵不欺之士；不欺之士者，亦无不欺之术也。布衣相与交，无富厚以相利，无威势以相惧也，故求不欺之士。今人主处制人之势，有一国之厚，重赏严诛，得操其柄，以修明术之所烛，虽有田常、子罕之臣，不敢欺也，奚待于不欺之士？今贞信之士不盈于十，而境内之官以百数，必任贞信之士，则人不足官。人不足官，则治者寡而乱者众矣。故明主之道，一法而不求智，固术而不慕信，故法不败，而群官无奸诈矣。

“所谓智者，微妙之言也。微妙之言，上智之所难知也。今为众人法，而以上智之所难知，则民无从识之矣。”这是歪曲。儒家君子之道“至广大而尽精微，极高明而道中庸”，始于匹夫匹妇之能知能行，并非一味“微妙”。普通民众只要遵循礼乐制度而行既可，不必强求领会其妙，“民可使由之，不可使知之”，此之谓也。

“若夫贤良贞信之行者，必将贵不欺之士；不欺之士者，亦无不欺之术也。”这句话将商韩法家强调诈术的丑恶暴露无遗。其实儒家固然贤良贞信，厌恶欺诈，但却自有智慧之光和“不欺之术”。

《史记·滑稽列传》载褚少孙补记：“子产治郑，民不能欺；子贱治单父，民不忍欺；西门豹治邺，民不敢欺。”子产为郑国相，仁且明，人们不能欺骗他；宓子贱为单父县宰，民人大化，得民爱戴，人们不忍欺骗他；西门豹做邺县令，威严，人们不敢欺骗他。自古“三合一”的儒之大者很多，让人不能欺、不忍欺也不敢欺。

法家“固术而不慕信”，热衷于权术诈术，往往成于权诈也死于权诈。韩非子死于老同学李斯之诈，李斯死于老同事赵高之诈，都是自作自受。法家集团对国民、对他人、对自己人都喜欢使用诈力，集团内部也充满暴力、欺骗和背叛。这是其学术本质决定的。

今人主之于言也，说其辩而不求其当焉；其用于行也，美其声而不责其功。是以天下之众，其谈言者务为辨而不周于用，故举先王言仁义者盈廷，而政不免于乱；行身者竞于为高而不合于功。故智士退处岩穴，归禄不受，而兵不免于弱，政不免于乱。此其故何也？民之所誉，上之所礼，乱国之术也。今境内之民皆言治，藏商管之法者家有之，而国贫，言耕者众，执耒者寡也；境内皆言兵，藏孙吴之书者家有之，而兵愈弱，言战者多，被甲者少也。故明主用其力，不听其言；赏其功，伐禁无用。故民尽死力以从其上。夫耕之用力也劳，而民为之者，曰可得以富也。战之事也危，而民为之者，曰可得以贵也。今修文学，习言谈，则无耕之劳而有富之实，无战之危而有贵之尊，则人孰不为也？是以百人事智而一人用力。事智者众则法败，用力者寡则国贫，此世之所以乱也。

“故举先王言仁义者盈廷，而政不免于乱；行身者竞于为高而不合于功”，之所以如此，原因很多，概乎言之有二：

一是“举先王言仁义者盈廷”而君主不能听不能用，这就怪不得儒者；二是某些儒者或小或伪，虽然“举先王言仁义”，其实并无真功夫。如秦孝公时与商鞅辩论的甘龙、杜挚两位，被视为代表儒家的势力，言论并不儒家，辩术更远逊商鞅，难怪失败。他们的立场虽然与商鞅政治立场相反，同样似是而非。

“事智者众则法败”，加一个字，此言就能成立：事智者众则恶法败。仁者必有智，能识破法家的邪恶；仁者必有勇，勇于反对恶法、暴政和不义之战。法家反儒，势所必然，迫不得已。

故明主之国，无书简之文，以法为教；无先王之语，以吏为师；无私剑之捍，以斩首为勇。是境内之民，其言谈者必轨于法，动作者归之于功，为勇者尽之于军。是故无事则国富，有事则兵强，此之谓王资。既畜王资而承敌国之儨，超五帝侔三王者，必此法也。

“无书简之文，以法为教；无先王之语，以吏为师；无私剑之捍，以斩首为勇。”这是法家政治的特色。

礼教之下，国民何尝不守法律，但不许以法为教；先王之道，官吏何尝不受尊重，但不是以吏为师；王道政治不废私剑（民众可以拥有武器），但必须接受法律制约；对于正义之战，同样“斩首为勇”。

今则不然，士民纵恣于内，言谈者为势于外，外内称恶，以待强敌，不亦殆乎！故群臣之言外事者，非有分于从衡之党，则有仇雠之忠，而借力于国也。从者，合众强以攻一弱也；而衡者，事一强以攻众弱也，皆非所以持国也。今人臣之言衡者，皆曰：“不事大，则遇敌受祸矣。”事大未必有实，则举图而委，效玺而请兵矣。献图则地削，效玺则名卑，地削则国削，名卑则政乱矣。事大为衡，未见其利也，而亡地乱政矣。人臣之言从者，皆曰："不救小而伐大，则失天下，失天下则国危，国危而主卑。"救小未必有实，则起兵而敌大矣。救小未必能存，而交大未必不有疏，有疏则为强国制矣。出兵则军败，退守则城拔。救小为从，未见其利，而亡地败军矣。是故事强，则以外权士官于内；求小，则以内重求利于外。国利未立，封土厚禄至矣；主上虽卑，人臣尊矣；国地虽削，私家富矣。事成，则以权长重；事败，则以富退处。人主之于其听说也于其臣，事未成则爵禄已尊矣；事败而弗诛，则游说之士孰不为用缴之说而侥幸其后？故破国亡主以听言谈者之浮说。此其故何也？是人君不明乎公私之利，不察当否之言，而诛罚不必其后也。皆曰："外事，大可以王，小可以安。"夫王者，能攻人者也；而安，则不可攻也。强，则能攻人者也；治，则不可攻也。治强不可责于外，内政之有也。今不行法术于内，而事智于外，则不至于治强矣。

"士民纵恣于内，言谈者为势于外"，浮说谬论泛滥，正是礼崩乐坏的结果，韩非子倒果为因，以之为灭儒兴法的理由，居心险恶之至。

鄙谚曰："长袖善舞，多钱善贾。"此言多资之易为工也。故治强易为谋，弱乱难为计。故用于秦者，十变而谋希失；用于燕者，一变而计希得。非用于秦者必智，用于燕者必愚也，盖治乱之资异也。故周去秦为从，期年而举；卫离魏为衡，半岁而亡。是周灭于从，卫亡于衡也。使周、卫缓其从衡之计，而严其境内之治，明其法禁，必其赏罚，尽其地力以多其积，致其民死以坚其城守，天下得其地则其利少，攻其国则其伤大，万乘之国莫敢自顿于坚城之下，而使强敌裁其弊也，此必不亡之术也。舍必不亡之术而道必灭之事，治国者之过也。智困于内而政乱于外，则亡不可振也。

国家安定强盛，谋事容易成功；国家衰弱混乱，计策难以实现。

宗周背弃秦国参与合纵，只一年工夫就被吞灭；卫国背离魏国参与连横，仅半年工夫就被消灭。这两个弱小之极的国度，无论合纵连横，皆非合适的选择。韩非子认为它们不应该急于听从合纵连横的计谋，而应该加强自身建设："严其境内之治，明其法禁，必其赏罚，尽其地力以多其积，致其民死以坚其城守。"这些话何尝没有道理？这些政治举措也是儒家份所当为。韩非子错在指导思想和政治原则上。

民之政计，皆就安利如辟危穷。今为之攻战，进则死于敌，退则死于诛，则危矣。弃私家之事而必汗马之劳，家困而上弗论，则穷矣。穷危之所在也，民安得勿避？故事私门而完解舍，解舍完则远战，远战则安。行货赂而袭当涂者则求得，求得则私安，私安则利之所在，安得勿就？是以公民少而私人众矣。

夫明王治国之政，使其商工游食之民少而名卑，以寡趣本务而趋末作。今世近习之请行，则官爵可买；官爵可买，则商工不卑也矣。奸财货贾得用于市，则商人不少矣。聚敛倍农而致尊过耕战之士，则耿介之士寡而高价之民多矣。

适当限制工商业者，阻绝投机取巧非法获利的活动和"近习请行"的流行风气，国家尊重和鼓励力于农耕、勇于战斗的有功之士，都是应该的，但这些举措不需要通过反儒而展开。足食足兵，教民以战，也是儒家政治题中之义。鼓励农战，理所当然。

是故乱国之俗：其学者，则称先王之道以籍仁义，盛容服而饰辩说，以疑当世之法而贰人主之心。其言古者，为设诈称，借于外力以成其私，而遗社稷之利。其带剑者，聚徒属，立节操，以显其名，而犯五官之禁。其患御者，积于私门，尽货赂，而用重人之谒，退汗马之劳。其商工之民，修治苦之器，聚弗靡之财，蓄积待时，而侔农夫之利。此五者，邦之蠹也。人主不除此五蠹之民，不养耿介之士，则海内虽有破亡之国，削灭之朝，亦勿怪矣。

扰乱国家正常法令，制造谎言招摇撞骗，借助于国外势力来达到私人目的，聚集党徒以犯禁令为荣，行贿权臣逃避兵役，粗制滥造器具而非法牟取暴利，上述种种行为如果是真的，在礼制社会同样要受到礼的限制和法的惩治。问题是商韩法家的标准和判断本身是错误颠倒的，本身才是极邪极恶的家国天下之蠹。

法家灭人、灭国、灭族、亡天下之学，付诸于政治实践，必然从灭人之国、灭人之族始，以灭己之国、灭己之族终。秦王朝和嬴政家族结局，包括韩非子本人在内的所有法家大腕的下场，还有秦王朝众多功臣的遭遇，就是最好的证明。

《显学》解评

世之显学，儒墨也。儒之所至，孔丘也。墨之所至，墨翟也。自孔子之死也，有子张之儒，有子思之儒，有颜氏之儒，有孟氏之儒，有漆雕氏之儒，有仲良氏之儒，有孙氏之儒，有乐正乐之儒。自墨子之死也，有相里氏之墨，有相夫氏之墨，有邓陵氏之墨。故孔墨之后，儒分为八，墨离为三，取舍相反不同，而皆自谓真孔墨，孔墨不可复生，将谁使定世之学乎？孔子墨子俱道尧舜，而取舍不同，皆自谓真尧舜，尧舜不复生，将谁使定儒墨之诚乎？殷周七百余岁，虞夏二千余岁，而不能定儒墨之真；今乃欲审尧舜之道于三千岁之前，意者其不可必乎！无参验而必之者，愚也；弗能必而据之者，诬也。故明据先王，必定尧舜者，非愚则诬也。愚诬之学，杂反之行，明主弗受也。

“故孔墨之后，儒分为八，墨离为三，取舍相反不同，而皆自谓真孔墨，孔墨不可复生，将谁使定世之学乎？”孔子是儒家集大成者，集的是尧舜禹汤文武周公道德和政治之大成，成果就是六经和

《论语》。这就是判断儒家、真孔的最高标准。孔子不可复生，孔学万古永生。

“孔子墨子俱道尧舜，而取舍不同，皆自谓真尧舜，尧舜不复生，将谁使定儒墨之诚乎？”尧舜不复生，尧舜政治、思想和精神在《尚书》之《虞夏书》中有所保存，尧传舜、舜传禹的中道原则，历汤文武周公孔孟和程朱阳明一直流传下来，早已成为中华道统，成为中华文化的第一信仰和中华文明的最高依据。

借用韩非的话说，毁斥先王、否定尧舜者：“非愚则诬也。愚诬之学，杂反之行，明主弗受也。”

墨者之葬也，冬日冬服，夏日夏服，桐棺三寸，服丧三月，世以为俭而礼之。儒者破家而葬，服丧三年，大毁扶杖，世主以为孝而礼之。夫是墨子之俭，将非孔子之侈也；是孔子之孝，将非墨子之戾也。今孝、戾、侈、俭俱在儒、墨，而上兼礼之。漆雕之议，不色挠，不目逃，行曲则违于臧获，行直则怒于诸侯，世主以为廉而礼之。宋荣子之议，设不斗争，取不随仇，不羞囹圄，见侮不辱，世主以为宽而礼之。夫是漆雕之廉，将非宋荣之恕也；是宋荣之宽，将非漆雕之暴也。今宽、廉、恕、暴俱在二子，人主兼而礼之。自愚诬之学、杂反之辞争，而人主俱听之，故海内之士，言无定术，行无常议。夫冰炭不同器而久，寒暑不兼时而至，杂反之学不两立而治。今兼听杂学缪行同异之辞，安得无乱乎？听行如此，其于治人又必然矣。

韩非认为，丧礼，儒侈墨俭，两家势不两同。其实墨家确实过俭，儒家唯求适当。“儒者破家而葬，服丧三年，大毁扶杖，世主以为孝而礼之。”这不是儒者所为。丧礼奢侈过度和哀毁过度，都不为儒家认可。

《论语》记载：林放问礼之本。子曰：“大哉问！礼，与其奢也，宁俭；丧，与其易也，宁戚。”（《论语·八佾》）易，本义是把土地整治得平坦，这里指周全地治办丧葬仪式。孔子认为，礼，与其奢侈，宁可节俭；丧礼，与其过于讲究仪式，宁可真心哀戚。礼，当然包括丧礼。

其实奢易与俭戚，都不得礼之中。奢是“敬不足而礼有余”，易是“哀不足而礼有余”，俭戚则是“礼不足”。只是相对而言，俭戚比奢易好。所以，与其奢易，宁可俭戚。

《礼记》中有两则子思丧母的记述，其一是：子思之母死于卫，柳若谓子思曰：“子，圣人之后也。四方于子乎观礼，子盍慎诸。”子思曰：“吾何慎哉！吾闻之，有其礼，无其财，君子弗行也；有其礼，有其财，无其时，君子弗行也。吾何慎哉！”

子思认为，礼、财、时这三样，少了哪样都不能举行丧礼。《礼记·檀弓》有一段曾子、有子关于“晏子知礼”的讨论：

> 曾子曰：“晏子可谓知礼也已，恭敬之有焉。”有若曰：“晏子一狐裘三十年，遣车一乘，及墓而反。国君七个，遣车七乘，大夫五个，遣车五乘，晏子焉知礼？”曾子曰：“国无道，君子耻盈礼焉。国奢则示之以俭，国俭则示之以礼。”

曾子认为，礼最为重要的是内在的存心，而具体的礼仪形式则可以因时制宜，晏子行礼时心存恭敬，所以他是知礼的。曾子“国无道，君子耻盈礼焉”的观点是对的。晏子在其他方面时有“不知礼”，但这件事没错。

总之，儒家认为，丧礼的简奢和哀戚的程度，只以适度为宜。儒家虽不赞同墨子唯简（一味地简），却又不反对简。

漆雕氏“行曲则违于臧获，行直则怒于诸侯”（自己做错了，对奴仆也避让；做得对，对诸侯也抗争）的风范，正是儒家的；宋荣子“以德报怨”，属于《礼记》所说的“宽身之民”。

儒与墨，漆雕氏与宋荣子，当然道不同，但在儒家政治的大框架下，完全可以并行不悖，和而不同，百家争鸣，百花齐放。只有极权主义，才会对不同思想观点赶尽杀绝。

今世之学士语治者，多曰："与贫穷地以实无资。"今夫与人相若也，无丰年旁入之利而独以完给者，非力则俭也。与人相若也，无饥馑、疾疚、祸罪之殃独以贫穷者，非侈则堕也。侈而堕者贫，而力而俭者富。今上征敛于富人以布施于贫家，是夺力俭而与侈堕也，而欲索民之疾作而节用，不可得也。

"征敛于富人以布施于贫家"与"夺力俭而与侈堕"（夺取勤俭节约者的财物送给奢侈懒惰者），两者不能画等号。社会保障制度，某种意义上就是"征敛于富人以布施于贫家"的政府行为。"保障"过度、福利太好也确实会产生鼓励懒惰的弊端。这个问题关键是要有个度。

今有人于此，义不入危城，不处军旅，不以天下大利易其胫一毛，世主必从而礼之，贵其智而高其行，以为轻物重生之士也。夫上所以陈良田大宅，设爵禄，所以易民死命也。今上尊贵轻物重生之士，而索民之出死而重殉上事，不可得也。藏书策，习谈论，聚徒役，服文学而议说，世主必从而礼之，曰："敬贤士，先王之道也。"夫吏之所税，耕者也；而上之所养，学士也。耕者则重税，学士则多赏，而索民之疾作而少言谈，不可得也。立节参明，执操不侵，怨言过于耳，必随之以剑，世主必从而礼之，以为自好之士。夫斩首之劳不赏，而家斗之勇尊显，而索民之疾战距敌而无私斗，不可得也。国平则养儒侠，难至则用介士。所养者非所用，所用者非所养，此所以乱也。且夫人主于听学也，若是其言，宜布之官而用其身；若非其言，宜去其身而息其端。今以为是也，而弗布于官；以为非也，而不息其端。是而不用，非而不息，乱亡之道也。

"不以天下大利易其胫一毛"是杨朱之学，儒家同样持严厉的批判态度；“怨言过于耳，必随之以剑”这种“家斗之勇”，也非真勇，不为儒家认可。杨墨之学应该批判，“家斗之勇”必须限制，但法家则是更应该批判限制。

君主应该敬重贤士，也应该鼓励耕者。赏学士和税耕者都要合乎其宜。韩非将两者对立起来，弄成非此即彼、势不两立的关系，是为了给推行法术、打击儒家制造理论武器。

澹台子羽，君子之容也，仲尼几而取之，与处久而行不称其貌。宰予之辞，雅而文也，仲尼几而取之，与处久而智不充其辩。故孔子曰：“以容取人乎，失之子羽；以言取人乎，失之宰予。”故以仲尼之智而有失实之声。今之新辩滥乎宰予，而世主之听眩乎仲尼，为悦其言，因任其身，则焉得无失乎？是以魏任孟卯之辩，而有华下之患；赵任马服之辩，而有长平之祸。此二者，任辩之失也。夫视锻锡而察青黄，区冶不能以必剑；水击鹄雁，陆断驹马，则臧获不疑钝利。发齿吻形容，伯乐不能以必马；授车就驾，而观其末涂，则臧获不疑驽良。观容服，听辞言，仲尼不能以必士；试之官职，课其功伐，则庸人不疑于愚智。故明主之吏，宰相必起于州部，猛将必发于卒伍。夫有功者必赏，则爵禄厚而愈劝；迁官袭级，则官职大而愈治。夫爵禄大而官职治，王之道也。

孔子弟子澹台灭明为人公正，但状貌甚陋，孔子曾以为他才薄。后来澹台灭明受业修行，名闻于世。故孔子叹说：“吾以貌取人，失之子羽。”韩非却说什么“澹台子羽，君子之容也，仲尼几而取之，与处久而行不称其貌。”完全搞反了。《论语》记载：子游为武城宰。子曰：“女得人焉耳乎？”曰：“有澹台灭明者，行不由径，非公事，未尝至于偃之室也。”有捷径不抄，没公事从不进领导家门，两件小事足以看出一个人的刚方廉正。

孔子对宰予确实有过严厉批评。《论语》记载：宰予昼寝。子曰：“朽木不可雕也，粪土之墙不可圬也。于予与何诛？”子曰：“始吾于人也，听其言而信其行；今吾于人也，听其言而观其行。于予与改是。”

然复须知，宰我预于孔门之四科，与子贡齐称，亦孔门高第。值得一提的是，尽管挨老师讥笑批评，宰予始终敬重夫子不改，在《孟子·公孙丑》中宰予赞夫子说：“以予观于夫子，贤于尧舜远矣！”

宰予挨批，原因仅是昼寝，不是什么原则性的道德问题。对澹台灭明和宰予细节性的走眼，无碍于孔子的知人之明。而且，有感于宰予之事，孔子提出了“听其言而观其行”的察人之法。这就万无一失了。

磐石千里，不可谓富；象人百万，不可谓强。石非不大，数非不众也，而不可谓富强者，磐不生粟，象人不可使距敌也。今商官技艺之士亦不垦而食，是地不垦，与磐石一贯也。儒侠毋军劳，显而荣者，则民不使，与象人同事也。夫知祸磐石象人，而不知祸商官儒侠为不垦之地、不使之民，不知事类者也。

农战主义标准之下，非农战之民包括商官技艺之士和儒侠，都是奸民蠹民，必除之而后快。

故敌国之君王虽说吾义，吾弗入贡而臣；关内之侯虽非吾行，吾必使执禽而朝。是故力多则人朝，力寡则朝于人，故明君务力。夫严家无悍虏，而慈母有败子。吾以此知威势之可以禁暴，而德厚之不足以止乱也。

“力多则人朝，力寡则朝于人”只是暂时性现象。古今暴政暴君，也都能强大“力多”一时，但总是很快就由强转弱、力量流失。秦始皇自己和它之前的桀纣之后的隋炀，都没有跳出“王道政治亲戚畔之”这个政治定理和“其兴也勃其亡也忽”的历史规律。

“严家无悍虏，慈母有败子”这话也是似是而非的。严家何尝无悍虏？古来严酷的家主国主，死于亲信部属者多乎哉太多了；慈母或有败子，恶母更多败子。威势可以禁暴更容易引暴。民不畏威则大威至，此之谓也。

夫圣人之治国，不恃人之为吾善也，而用其不得为非也。恃人之为吾善也，境内不什数；用人不得为非，一国可使齐。为治者用众而舍寡，故不务德而务法。夫必恃自直之箭，百世无矢；恃自圜之木，千世无轮矣。自直之箭，自圜之木，百世无有一，然而世皆乘车射禽者何也？隐栝之道用也。虽有不恃隐栝而有自直之箭、自圜之术，良工弗贵也。何则？乘者非一人，射者非一发也。不恃赏罚而恃自善之民，明主弗贵也。何则？国法不可失，而所治非一人也。故有术之君，不随适然之善，而行必然之道。

夫圣人之治国，以礼引导国民趋善，同时以法使其不得为非，既务法，更务德。导之以德，齐之以礼，限之以法，这就全面了。

今或谓人曰：“使子必智而寿，则世必以为狂。”夫智，性也；寿，命也。性命者，非所学于人也，而以人之所不能为说人，此世之所以谓之为狂也。谓之不能然，则是谕也，夫谕性也。以仁义教人，是以智与寿说也，有度之主弗受也。故善毛啬西施之美，无益吾面；用脂泽粉黛，则倍其初。言先王之仁义，无益于治；明吾法度，必吾赏罚者，亦国之脂泽粉黛也。故明主急其助而缓其颂，故不道仁义。

儒家学说可以开智，知时、知人、知言、知礼、知本、知权、知中、知因、知几、知常、知易、知命等等，都属于儒家智慧的范畴；可以增寿，所谓“仁者寿”。去掉“必”字，“使子智而寿”并非狂言。

“夫智，性也；寿，命也。”没错，但是，天命之谓性，这个天命本性，即天理良知，是可信可解可行可证的，所谓存天理致良知，所谓尽心知性知天知命；命不是一成不变的宿命论，归根结底，命运掌握在每个人自己手里。

“言先王之仁义，无益于治；明吾法度，必吾赏罚者，亦国之脂泽粉黛也。”将仁义与法度割裂开来，将本质健康和脂泽粉黛对立起来，我不知其可。

今巫祝之祝人曰：“使若千秋万岁。”千秋万岁之声括耳，而一日之寿无征于人，此人所以简巫祝也。今世儒者之说人主，不善今之所以为治，而语已治之功；不审官法之事，不察奸邪之情，而皆道上古之传誉、先王之成功。儒者饰辞曰：“听吾言，则可以霸王。”此说者之巫祝，有度之主不受也。故明主举实事，去无用，不道仁义者故，不听学者之言。

巫祝祝人千秋万岁，从来没有人千秋万岁；王道可以长治久安，却有历代圣王政治实践为证。两者毫无可比性。孔孟周游列国，“道上古之传誉、先王之成功”，就是为了返本开新，“善今之所以为治”，即重新建设健全礼法。可惜世无“道仁义之故，听学者之言”之明主也。

今不知治者必曰：“得民之心。”欲得民之心而可以为治，则是伊尹管仲无所用也，将听民而已矣。民智之不可用，犹婴儿之心也。夫婴儿不剔首则腹痛，不揊痤则寖益。剔首揊痤，必一人抱之，慈母治之，然犹啼呼不止，婴儿子不知犯其所小苦致其所大利也。今上急耕田垦草以厚民产也，而以上为酷；修刑重罚以为禁邪也，而以上为严；征赋钱粟以实仓库，且以救饥馑、备军旅也，而以上为贪；境内必知介而无私解，并力疾斗，所以禽虏也，而以上为暴。此四者所以治安也，而民不知悦也。夫求圣通之士者，为民知之不足师用。昔禹决江浚河而民聚瓦石，子产开亩树桑郑人谤訾。禹利天下，子产存郑，皆以受谤，夫民智之不足用亦明矣。故举士而求贤智，为政而期适民，皆乱之端，未可与为治也。

"今不知治者必曰：'得民之心。'欲得民之心而可以为治，则是伊尹管仲无所用也，将听民而已矣。"这是将"得民心"与"唯民意"等同起来了。儒家强调为政以德、以民为本和得乎民心，却自有为师、为君之道，可不是"听民而已"，一切听从民意指挥。

韩非列举的大禹子产二位，都是为政自有主张，并不惟民是从。然复须知，前者是儒家圣王，后者不乏儒家风范，颇为孔子赞赏。这恰恰说明儒家反不得。

《忠孝》解评

天下皆以孝悌忠顺之道为是也，而莫知察孝悌忠顺之道而审行之，是以天下乱。皆以尧舜之道为是而法之，是以有弑君，有曲于父。尧舜汤武或反群臣之义，乱后世之教者也。尧为人君而君其臣，舜为人臣而臣其君，汤武为人臣而弑其主刑其尸，而天下誉之，此天下所以至今不治者也。夫所谓明君者，能畜其臣者也；所谓贤臣者，能明法辟、治官职以戴其君者也。今尧自以为明而不能以畜舜，舜自以为贤而不能以戴尧；汤武自以为义而弑其君长，此明君且常与而贤臣且常取也。故至今为人子者有取其父之家，为人臣者有取其君之国者矣。父而让子，君而让臣，此非所以定位一教之道也。

以尧舜之道为非，为"反群臣之义，乱后世之教者"，颠倒黑白，莫此为甚。然法家之眼，固当如是。因为法家是君本位，君主至上，一切都要围绕着君主的权力和利益转。在法家看来，尧舜禅让，无异以臣为君；舜禹接受禅让，又无异以君为臣，都是大逆不道的；汤武革命，以臣弑君，更是反了天了。他认为尧舜汤武给天下后世立下了很坏的榜样。韩非真是一个天生的奴才胚子，奴才中的奇才，难怪秦始皇一读其书，就拍案叫绝。

后世或有伪人借禅让之名而“取其君之国者”，或有恶势力借革命之名而“弑其君长”者，但尧舜汤武不能为其承担责任。至于“曲于父”“为人子者有取其父之家”的恶行，无论如何栽不到尧舜之道上去。

臣之所闻曰：“臣事君，子事父，妻事夫。三者顺则天下治，三者逆则天下乱，此天下之常道也。”明王贤臣而弗易也，则人主虽不肖，臣不敢侵也。今夫上贤任智无常，逆道也，而天下常以为治。是故田氏夺吕氏于齐，戴氏夺子氏于宋。此皆贤且智也，岂愚且不肖乎？是废常上贤则乱，舍法任智则危。故曰：“上法而不上贤。”

“臣事君，子事父，妻事夫。三者顺则天下治，三者逆则天下乱，此天下之常道也。”这是法家的“三纲”说，单方面讲臣、子、妻的责任。

儒家则强调君君臣臣父父子子，双方各尽其责，子固要孝，父也要慈；臣固要事君以忠，君也要使臣以礼。夫妻双方也要相敬相爱。三纲五常，三纲必须接受五常的指导和制约，五常才是更加根本的。

“废常上贤则乱，舍法任智则危。”这是伪问题。上贤任智，岂能废常舍法？上贤必然循常——遵循政治常道，否则所尊必非贤者；任智必然立法——建立良好的法度，否则所任必非智者。韩非试图将“废常舍法”之罪加诸儒家，其心险哉。

记曰：“舜见瞽瞍，其容造焉。”孔子曰：“当是时也，危哉，天下岌岌！有道者，父固不得而子，君固不得而臣也。”臣曰：“孔子本未知教悌忠顺之道也。然则有道者，进不为臣主，退不为父子耶？父之所以欲有贤子者，家贫则富之，父苦则乐之；君之所以欲有贤臣者，国乱则治之，主卑则尊之。今有贤子而不为父，则父之处家也苦；有贤臣而不为君，则君之处位也危。然则父有贤子，君有贤臣，适足以为害耳，岂得利焉哉？所谓忠臣，不危其君；孝子，不非其亲。今舜以贤取君之国，而汤、武以义放弑其君，此皆以贤而危主者也，而天下贤之。古之烈士，进不臣君，退不为家，是进则非其君，退则非其亲者也。且夫进不臣君，退不为家，乱世绝嗣之道也。是故贤尧、舜、汤、武而是烈士，天下之乱术也。瞽瞍为舜父而舜放之，象为舜弟而杀之。放父杀弟，不可谓仁；妻帝二女而取天下，不可谓义。仁义无有，不可谓明。”《诗》云：“普天之下，莫非王土；率土之滨，莫非王臣。”信若《诗》之言也，是舜出则臣其君，入则臣其父，妾其母，妻其主女也。故烈士内不为家，乱世绝嗣；而外矫于君，朽骨烂肉，施于土地，流于川谷，不避蹈水火。使天下从而效之，是天下遍死而愿夭也。此皆释世而不治是也。

韩非引用的这段话不见于先秦其他典籍，更非儒家典籍所载，唯见于《韩非子》，怀疑是韩非伪造的。儒家认为，君臣以义合，父子是天伦。“有道者，父固不得而子”这种背孝道而驰的观点，不可能为孔子所说，不可能为儒家所可。

“瞽瞍为舜父而舜放之，象为舜弟而杀之。放父杀弟，不可谓仁。”更是虚构造谣了。事实错误，所有批判就成了无的放矢。

世之所为烈士者，虽众独行，取异于人，为恬淡之学而理恍惚之言。臣以为恬淡，无用之教也；恍惚，无法之言也。言出于无法，数出于无用者，天下谓之察。臣以为人生必事君养亲，事君养亲不可以恬淡；治人必以言论忠信法术，言论忠信法术不可以恍惚。恍惚之言，恬淡之学，天下之惑术也。孝子之事父也，非竞取父之家也；忠臣之事君也，非竞取君之国也。夫为人子而常誉他人之亲曰：“某子之亲，夜寝早起，强力生财以养子孙臣妾。”是诽谤其亲者也。为人臣常誉先王之德厚而愿之，是诽谤其君者也。非其亲者知谓不孝，而非其君者天下皆贤之，此所以乱也。故人臣毋称尧舜之贤，毋誉汤武之伐，毋言烈士之高，尽力守法，专心于事主者为忠臣。

本段批判道家的“恍惚之言，恬淡之学”，称之为“天下之惑术”。

“臣以为人生必事君养亲，事君养亲不可以恬淡；治人必以言论忠信法术，言论忠信法术不可以恍惚。”这段话没有大错，唯“术”字不当。盖儒家权道智谋与法家权术诈术有本质性的区别。

“正君心”“致君尧舜上”，勉励引导君主成德成圣，是爱民忠君的表现。韩非却说：“为人臣常誉先王之德厚而愿之，是诽谤其君者也。”将之与“为人子而常誉他人之亲”相比，殊不知两者没有可比性也。

古者黔首悗密春惷愚，故可以虚名取也。今民儇诇智慧，欲自用，不听上。上必且劝之以赏，然后可进；又且畏之以罚，然后不敢退。而世皆曰：许由让天下，赏不足以劝；盗跖犯刑赴难，罚不足以禁。臣曰：未有天下而无以天下为者，许由是也；已有天下而无以天下为者，尧舜是也。毁廉求财，犯刑趋利，忘身之死者，盗跖是也。此二者，殆物也。治国用民之道也，不以此二者为量。治也者，治常者也；道也者，道常者也。殆物妙言，治之害也。天下太上之士，不可以赏劝也；天下太下之士，不可以刑禁也。然为太上士不设赏，为太下士不设刑，则治国用民之道失矣。

不设赏不设刑，当然“治国用民之道”。儒家礼乐刑政兼备，春秋战国之时，礼崩乐坏，法度荡然，此非儒家中道之过，逐渐偏离违反儒家所致也。

故世人多不言国法而言从横。诸侯言从者曰：“从成必霸。”而言横者曰：“横成必王。”山东之言从横未尝一日而止也，然而功名不成、霸王不立者，虚言非所以成治也。王者独行谓之王，是以三王不务离合而正，五霸不待从横而察，治内以裁外而已矣。

合纵连横，各有其理。为秦国计，以连横为上，即“事一强以攻众弱”。为六国计，为天下计，合纵为上，即“合众弱以攻一强”。然正如韩非所说：“虚言非所以成治也。”这需要更高、更好的指导思想，需要仁义之道的指导，各国内修其政，逐步统一于王道，以文化道德的良性一统战胜秦国恶性统一，换言之，从霸道逐步上升、回归王道。

“王者独行谓之王”，纯属法家邪说。正确的说法是，王者，王道通三，天下归往也。独行独裁，连霸道都不是，极权暴政耳。

第五章　关于商鞅

前　言

关于商鞅，司马迁的评语可谓盖棺定论：

> 商君，其天资刻薄人也。迹其欲干孝公以帝王术，挟持浮说，非其质矣。且所因由嬖臣，及得用，刑公子虔，欺魏将昂，不师赵良之言，亦足发明商君之少恩矣。余尝读商君《开塞》《耕战》书，与其人行事相类。卒受恶名于秦，有以也夫！（《史记·商君列传》）

天资刻薄，正是商鞅为人、为政一切问题的根源所在，也注定了其命之薄。东海曾经指出，每个人的命运，取决于每个人的自心。思想轻薄、品格卑薄、心地凉薄者，不配受到厚待和善待；思想邪恶、品格下劣、心地狠毒者，必然受到天厌和天谴。

历代儒家对商鞅都持反对批判的态度。最早集中批判商鞅的是《盐铁论·非鞅》。该篇记载了盐铁会议双方，即文学和大夫对商鞅及其变法的评价。大夫认为，秦之王天下由于商鞅变法；文学认为，秦之亡天下由于商鞅变法。双方立场相反，针锋相对。文学的反驳和批判颇为有力，其中直接提及商鞅的言论如下：

> 商鞅峭法长利，秦人不聊生，相与哭孝公。吴起长兵攻取，楚人搔动，相与泣悼王。其后楚日以危，秦日以弱。故利蓄而怨积，地广而祸构……

商鞅变法的效果，短期内是“秦日以强”，把眼光拉长一点，确实是“秦日以弱”，并且迅速灭亡。邪恶的东西，无论怎样得意强大一时，都是难以持久的。《易经》说“恶不积，不足以亡身”，反过来，恶积到一定程度就足以亡身了，个人如此，政权也如此。恶贯满盈，其亡无日。

善凿者建周而不拔，善基者致高而不蹶。伊尹以尧舜之道为殷国基，子孙绍位，百代不绝。商鞅以重刑峭法为秦国基，故二世而夺。刑既严峻矣，又作为相坐之法，造诽谤，增肉刑，百姓斋栗，不知所措手足也。赋敛既烦数矣，又外禁山泽之原，内设百倍之利，民无所开说容言。崇利而简义，高力而尚功，非不广壤进地也，然犹人之病水，益水而疾深。知其为秦开帝业，不知其为秦致亡道也。狐刺之凿，虽公输子不能善其枘。畚土之基，虽良匠不能成其高。譬若秋蓬被霜，遇风则零落，虽有十子产，如之何？故扁鹊不能肉白骨，微箕不能存亡国也。

大夫认为秦朝是毁在赵高这个邪臣手里，“及二世之时，邪臣擅断，公道不行，诸侯叛弛，宗庙隳亡”与商鞅无关。文学的驳斥非常到位。

秦朝二世而亡，根本原因是国家基础有大问题。以诈力立国，焉能长久？作为商韩派法家，赵高亡秦，追根溯源，何尝不是拜商鞅所赐。商鞅是“开帝业”的功臣，也是“致亡道”的罪人。当然，这是对秦朝来说的。对于中华民族，商鞅无一功而有万罪，罪恶滔天。

诽谤和肉刑，都是秦朝刑法之一。诽谤，批判朝廷会触犯诽谤罪；肉刑，切断肢体或割裂肌肤的刑法。《汉书・刑法志》介绍，商鞅增设肉刑，死刑有凿颠（击破脑袋）、抽胁（抽掉肋骨）、镬烹（用大锅烹煮）等。

商鞅之开塞，非不行也；蒙恬却胡千里，非无功也；威震天下，非不强也；诸侯随风西面，非不从也；然而皆秦之所以亡也。商鞅以权数亡秦国，蒙恬以得千里亡秦社稷。此二子者，知利而不知害，知进而不知退，故果身死而众败。此所谓恋朐之智而愚人之计也，夫何大道之有？故曰："小人先合而后忤，初虽乘马，卒必泣血。"此之谓也。

权数，权谋术数。恋朐，一作孪拘，或作拘孪，原指手脚弯曲，不能伸直，这里指智慧浅薄。先合而后忤，开始迎合后来背忤，《淮南子·人间》："故圣人先忤而后合，众人先合而后忤。"乘马表示得意，泣血表示失意。先合后忤，小人常态；开始高头大马，最后哭泣流血，则是小人的命运。《易经·屯卦》："上六，乘马班如，泣血涟如。"用来描述商鞅和法家大腕们的开端和下场，非常贴切而形象。

今商鞅弃道而用权，废德而任力，峭法盛刑，以虐戾为俗，欺旧交以为功，刑公族以立威，无恩于百姓，无信于诸侯，人与之为怨，家与之为仇，虽以获功见封，犹食毒肉偷饱而罹其咎也。

欺旧交以为功，指商鞅欺骗魏公子卬而打败魏军之事。商鞅在魏国时，曾与魏公子卬为友。商鞅入秦后，于秦孝公二十二年（公元前340年）东伐魏国，以欺骗手段俘虏了魏公子卬。刑公族以立威，指商鞅变法时，太子驷犯法，太子的老师公子虔和公孙贾分别被处以劓刑（割掉鼻子）和黥刑（在脸上刺字），事皆见《史记·商君列传》：

今秦怨毒商鞅之法，甚于私仇，故孝公卒之日，举国而攻之，东西南北莫可奔走，仰天而叹曰："嗟夫，为政之弊至于斯极也！"卒车裂族夷，为天下笑。斯人自杀，非人杀之也。

商鞅在逃亡途中投宿旅店遭到拒绝，因为秦法规定：谁让没有凭证的旅客住宿谁就要连坐。商鞅发出了深深的感叹：“嗟夫，为政之弊至于斯极也！”商鞅变法，始于殃民，继而害己灭族，终于祸国。他的死，与自杀无异。商鞅和后来所有法家文化政治大腕的下场，为“自作自受”“作法自毙”“玩火自焚”“请君入瓮”这些成语作了最生动的注脚。

《盐铁论》中还有一些关于商鞅的言论，《申韩》说：“今商鞅、吴起，反圣人之道。”《周秦》说：“商鞅、吴起以秦楚之法为轻而累之，上危其主，下没其身。”《国病》说：“昔者商鞅相秦，后礼让，先贪鄙，尚首功，务进取，无德序于民，而严刑罚于国，俗日坏而民滋怨，故惠王烹葅其身以谢天下。”

或问：“如果秦真是魔窟地狱，为什么大量人口会奔秦？”答：“绝大多数民众都是贪婪而短视的。秦法严峻，轻罪重罚，但有两点极有吸引力：一是军功封赏极重，赏罚一视同仁；二是鼓励荒地开垦，免除三代徭役赋税。同时禁止迁徙，又‘重刑而连其罪’，以连坐法将秦民捆绑在一起。秦国易入难出。”

商鞅在与甘龙、杜挚的辩论中说：“法者，所以爱民也；礼者，所以便事也。”又讲礼法，又讲爱民，与儒家爱民思想似乎无异。其实商鞅所立的秦法，根本违背礼制和仁义精神，强君强国而弱民。“法以爱民”这种话从商鞅口中说出来，纯属口头禅和辩论的需要。

“商君之法，弃灰于道者，黥。”（《汉书·五行志》）这就是恶法典型。还有“重刑而连其罪”，加重刑罚，实行连坐法，让国民互相监视，一人犯罪，连保人一起受罚；“使民无得擅徙，则诛愚”，剥夺国民的迁徙自由，让他们越来越愚昧无知；“废逆旅”，让民众无法外出。（《垦令》）

法家最大乃至唯一的优点是“不别亲疏，不殊贵贱，一断于法”，在一定程度上体现了法律的严肃性和公平性。商鞅说：

所谓壹刑者，刑无等级。自卿相将军以至大夫庶人，有不从王

令、犯国禁、乱上制者，罪死不赦。有功于前，有败于后，不为损刑；有善于前，有过于后，不为亏法。（《商君书·赏刑》）

统一刑罚，就是使刑罚没有等级，从卿相、将军一直到大夫和平民百姓，有不听从君主命令、违反国家法令和禁令，破坏君主制令的，处死罪，不赦免。从前立过战功，但触犯刑罚的，不因此而轻刑；从前做过好事，后来犯了错误的，不因此而破坏法令。

从商鞅的这段话中可见，“刑无等级”的对象包括了国君以外的全体臣民。尽管是恶法，除了君主贵贱，一视同仁，一方面相当公平，一方面可见法家的法律，毕竟是维护君王一己之私的工具。

《更法》解评

秦孝公登基时“周室微，诸侯力政，争相并。秦僻在雍州，不与中国诸侯之会盟，夷翟遇之。”（《史记·秦本纪》）秦孝公希望通过变法强国，强军也强君。

更，变更，更改，改革。更法即变法。《更法》是《商君书》第一篇，记叙了商鞅在秦孝公面前与甘龙、杜挚就变法问题展开的一场激烈辩论，集中反映了商鞅的变法思想，并被视为儒法斗争的史料之一——甘龙、杜挚被视为代表儒家的势力。其实两人虽然反对变法，但言论很不儒家，与商鞅政治立场相反，却同样似是而非，辩术则远逊商鞅，难怪失败。

在这个御前会议上，商鞅以高超的狡辩术，赢得了秦孝公的支持，让法家成为秦国指导思想。兹逐段予以评析疏解，以击其谬，以正视听。

孝公平画，公孙鞅、甘龙、杜挚三大夫御于君，虑世事之变，讨正法之本，求使民之道。

画，商讨，谋划。公孙鞅、甘龙、杜挚等三位大夫陪侍孝公，分析时代的变化，讨论修正法制的原则，寻求统治人民的方法。

君曰："代立不忘社稷，君之道也；错法务明主长，臣之行也。今吾欲变法以治，更礼以教百姓，恐天下之议我也。"

秦孝公不甘平庸，勇于变法图强，是个有为之君。但是从秦孝公"代立不忘社稷，君之道也；错法务明主长，臣之行也"这句话，足见他动机不正，出发点有误，虽然有求强之志，却不知政治之正，有失为君之道，被商鞅所惑，是必然之理。

"民为重，社稷次之，君为轻"。社稷虽重，不是第一，为君之道，重在民本；把"务明主长"（务必显示君主权威）视为"错法"（错，通措。错法：制订法度）的主要目的和为臣之道，更是本末颠倒。

公孙鞅曰："臣闻之：'疑行无成，疑事无功。'君亟定变法之虑，殆无顾天下之议之也。且夫有高人之行者，固见负于世；有独知之虑者，必见訾于民。语曰：'愚者闇于成事，知者见于未萌。民不可与虑始，而可与乐成。'郭偃之法曰：'论至德者，不和于俗；成大功者，不谋于众。'法者，所以爱民也；礼者，所以便事也。是以圣人苟可以强国，不法其故；苟可以利民，不循其礼。"孝公曰："善。"

泛泛而言，都有道理，有的还是至理名言。"法者，所以爱民也；礼者，所以便事也。"与儒家爱民、利民、富民思想一脉相承。"圣人苟可以强国，不法其故；苟可以利民，不循其礼。"与儒家"礼，时为大""礼以义起""与时偕宜""与时消息"的"时中原则"，亦可相通。

关键问题是，商鞅要实行的严刑恶法，根本违背礼之精神，强国而不利民，强君而弱民。强国也是强而不久，无源之水无本之木耳。"法以爱民"这种话从商鞅口中说出来，纯属口头禅和辩论的需要。至于“便事”，确实方便了君主，方便了极权——这一点无疑最对秦孝公胃口，他明明白白地要求“错法、务明、主长”嘛。

甘龙曰：“不然。臣闻之，圣人不易民而教，知者不变法而治。因民而教者，不劳而功成；据法而治者，吏习而民安。今若变法，不循秦国之故，更礼以教民，臣恐天下之议君，愿孰察之。”

甘龙的回驳毫无力度。是否改变民俗施行教化，改变法制来治理国家，圣人因时制宜。如果旧俗旧制不良，当然不妨改变。关键在于怎么变，往哪个方向改，是改良还是变恶？

当时秦国被各国诸侯轻蔑，“夷翟遇之”，被视为夷狄，故秦孝公急于变法强国。甘龙这种因袭守旧的迂腐之论，哪能得君心呢？另外，关于“天下之议君”的提醒，前面商鞅说过“有独知之虑者，必见訾于民”。秦孝公也说“善”，没有对症之药，何必老话重提。

公孙鞅曰：“子之所言，世俗之言也。夫常人安于故习，学者溺于所闻。此两者所以居官守法，非所与论于法之外也。三代不同礼而王，五霸不同法而霸，故知者作法，而愚者制焉；贤者更礼，而不肖者拘焉。拘礼之人，不足与言事；制法之人，不足与论变。君无疑矣。”

三代不同礼，但是同“道”，礼的形式有所损益，礼的精神一如既往；五霸不同法，但假借仁义、尊道重德、尊王攘夷则同。背离仁义原则，哪有智贤可言？商鞅变法，不是智者作法，而是恶者作法，不是更礼，而是灭礼，让礼崩乐坏的状况进一步恶化。

杜挚曰：“臣闻之，利不百，不变法；功不十，不易器。臣闻法古无过，循礼无邪。君其图之。”

变法易器，当然要追求大利大功，但必须十全十美才考虑变易，其实是取消了任何变易。“利不百，不变法；功不十，不易器。”是一种极端僵化保守的思想。

道德是文明的精神核心，礼乐是文明制度表现。“法古无过，循礼无邪。”话是没错，用得不当。法古，是要效仿古代圣王和道统，循礼应该遵循儒家礼制（当时是周礼）。当时中国诸侯并不法古循礼，但比起秦国还是略强。可见杜挚法古循礼之言纯属空谈。

公孙鞅曰：“前世不同教，何古之法？帝王不相复，何礼之循？伏羲神农教而不诛，黄帝尧舜诛而不怒，及至文武，各当时而立法，因事而制礼。礼法以时而定，制令各顺其宜，兵甲器备各便其用。臣故曰：‘治世不一道，便国不必法古。’汤武之王也，不循古而兴；殷夏之灭也，不易礼而亡。然则反古者未可必非，循礼者未足多是也。君无疑矣。”

商鞅所为，与汤武王道背道而驰，与桀纣暴政精神相通，却拿他们来为自己恶性变法作证，真够无耻的。

“汤武之王也，不循古而兴；殷夏之灭也，不易礼而亡。”此言典型的似是而非。汤武在礼法上不循古，商礼有别于夏礼，周礼又有别于商礼，但是，在道统上却是一以贯之的。桀纣不易礼，但不遵守礼制规范，无道缺德，所以灭亡。正确的说法是：“汤武之王也，循道而兴；殷夏之灭也，违礼而亡。”

孝公曰：“善。吾闻穷巷多怪，曲学多辨。愚者之笑，智者哀焉；狂夫之乐，贤者忧焉。拘世以议，寡人不之疑矣。”于是遂出垦草令。

秦孝公智慧不足，求强心切，又图“便事”，终于上了商鞅的当。这次会议，决定了秦国的指导思想和发展方向。秦民和儒家的灾难，中华的厄运，秦国统一的辉煌和灭族的下场，在这里都可以找到因源。

《垦令》解评

题记：本篇提出了二十条垦荒法令。这二十种督促人民耕垦土地的办法，让整个国家变成了一座大监狱，充分展示了法家政令、法律的严酷。

商鞅将秦国建设成了最极致的奴隶制，可谓贻害天下。

无宿治，则邪官不及为私利于民。而百官之情不相稽，则农有余日；邪官不及为私利于民，则农不败。农不败而有余日，则草必垦矣。

《论语·颜渊》："子路无宿诺。"意谓子路"急于践言不留其诺"（朱熹）。没有隔夜的诺言，没有拖延而不实现的许诺。无宿治，今天事今天决，不留到明天。这种工作效率和高执行力，似乎值得肯定。

訾粟而税，则上壹，而民平。上壹，则信；信，则臣不敢为邪。民平，则慎；慎，则难变。上信而官不敢为邪，民慎而难变，则下不非上，中不苦官。下不非上，中不苦官，则壮民疾农不变。壮民疾农不变，则少民学之不休。少民学之不休，则草必垦矣。

根据粮食产量来计算税赋，国家政策统一，在百姓中建立信誉；百姓负担公平，谨慎生活，勤奋务农，上对君主没有不满，中不担心官吏盘剥，表面上看都是好事。然复须知，商鞅这样做目的并非为民，而是为了让民众这个工具使用起来更加得心应手。

无以外权爵任与官，则民不贵学问，又不贱农。民不贵学则愚，愚则无外交，无外交则国安不殆。民不贱农，则勉农而不偷。国家不殆，勉农而不偷，则草必垦矣。

不要以务农之外的因素来衡量和给人封官进爵，如此“重农”，必然贱学。儒家是“学而优则仕”，法家则堪称“农而优则仕”。社会去文化、去道德化，国民物质主义化，是这种“重农”政策必然的结果。“民不贱农”很好，鼓励农民的生产积极性应该，但通过这种愚民政策来鼓励，则大错特错。

禄厚而税多，食口众者，败农者也。则以其食口之数，赋而重使之，则辟淫游惰之民无所于食。民无所于食则必农；农，则草必垦矣。

韩非子将学者、言谈者、带剑者、患御者、工商之民视为“五蠹”，这就是法家眼里的“辟淫游惰之民”。商鞅变法，要从重役使他们，让这五种人没处混饭吃，被迫都去务农。

带剑，相当于现代的民间持枪。法家主张剥夺国民的“持枪权”：

使商无得籴，农无得粜。农无得粜，则窳惰之农勉疾。商不得籴，则多岁不加乐。多岁不加乐，则饥岁无裕利。无裕利，则商怯；商怯，则欲农。窳惰之农勉疾，商欲农，则草必垦矣。

商人不准卖粮食，农业无论丰歉，商人都无利可图。农民不准买粮食，不从事生产就会饥馑。大家为了活命，都不得不去务农。

声服无通于百县，则民行作不顾，休居不听。休居不听，则气不淫。行作不顾，则意必壹。意壹而气不淫，则草必垦矣。

声服，音乐服饰也，代表各种文艺娱乐活动。各郡县禁止各种娱乐活动流行，让民众专心致志地把精神放在农业生产上。

无得取庸，则大夫家长不建缮，爱子不惰食，惰民不窳，而庸民无所于食，是必农。大夫家长不建缮，则农事不伤。爱子、惰民不窳，则故田不荒。农事不伤，农民益农，则草必垦矣。

不准雇用佣工，那么卿大夫、家主就没有办法建筑修缮自家府院的房屋，他们的儿女就无法不劳动吃闲饭，“惰民”不能偷懒，那些靠给人作佣工生活的人就无处谋生，这样他们就不得不去务农。

废逆旅，则奸伪、躁心、私交、疑农之民不行，逆旅之民无所于食，则必农。农，则草必垦矣。

废除旅馆，将所有外出的民众视为奸伪、躁心、私交、疑农之民，让他们无法外出，让开旅馆的人就没有办法生存。这样他们就一定会去务农。

壹山泽，则恶农、慢惰、倍欲之民无所于食。无所于食，则必农。农，则草必垦矣。

统一管理山林湖泽，将它们收归国有。

贵酒肉之价，重其租，令十倍其朴，然则商贾少，农不能喜酣奭，大臣不为荒饱。商贾少，则上不费粟。民不能喜酣奭，则农不慢。大臣不荒，则国事不稽，主无过举。上不费粟，民不慢农，则草必垦矣。

抬高酒肉的价格，重收其租税，让租税高出本钱十倍，这样，卖酒肉的商人就会减少，官民都不能饮酒作乐。

重刑而连其罪，则褊急之民不斗，很刚之民不讼，怠惰之民不游，费资之民不作，巧谀、恶心之民无变也。五民者不生于境内，则草必垦矣。

加重刑罚，同时按军事组织把全国吏民编制起来，五家为伍，十家为什。不准擅自迁居，实行连坐之法，让国民互相监视和检举。若不揭发，联保人一起连坐；一人犯罪，联保人一起受罚。秦时连坐的范围有亲属连坐，领伍连坐，职务连坐等等。《汉书·刑法志》记载："秦用商鞅，连相坐之法，造参夷之术。"韩非子深刻揭示了连坐制度的分化瓦解作用。他说：

是故夫治之国，善以止奸为务，是何也？其法通乎人情，关乎治理也，则使相窥奈何？曰："盖里相坐而已，禁尚有连于己者，理不得不相窥，唯恐不得免、有奸心者不令得志，窥者多矣。"如此，则慎已窥彼，发奸之密，告过者免罪受赏，失奸者必株连刑，如此则奸类发矣，奸不容细，私告任坐使然也。(《韩非子·制分》)

这样一来，褊急、刚之民、怠惰、费资、巧谀、恶心之民固然绝迹，社会的活力和人民的生趣也都没有了。

法家的重刑，一是轻罪重罚，二是非罪也罚，道德问题法律解决。两者都是道德恐怖主义的表现，也可以是一种政治性的道德洁癖——对他人和民众洁癖，把洁癖体现于法律规范之中，其实是最不道德、最反道德的，是恶法。以道德杀人，此之谓也。

《汉书·五行志》记载："商君之法，弃灰于道者，黥。"这就是恶法典型。

《韩非子》将"刑弃灰于街者"说成"殷之法"和为仲尼所赞成，是恶意栽赃。夏商周实行的都是儒家礼制的典型，不会那么做的。李斯上秦二世书中有言："故商君之法，刑弃灰于道者。夫弃灰，薄罪也，而被刑，重罚也。彼唯明主为能深督轻罪。夫罪轻且督深，而况有重罪乎？故民不敢犯也。”

使民无得擅徙，则诛愚。乱农之民无所于食，而必农。愚心、躁欲之民壹意，则农民必静。农静、诛愚，则草必垦矣。

剥夺国民的迁徙自由，让他们越来越愚昧迟钝，无知无欲，安心务农。

均出余子之使令，以世使之，又高其解舍，令有甬官食，概。不可以辟役，而大官未可必得也，则余子不游事人，则必农。农，则草必垦矣。

统一发布卿大夫、贵族嫡长子以外的子弟担负徭役、赋税的法令，让他们无法逃避徭役，难以谋取高位，不得不去务农。这一条倒颇为公平：嫡长子以外的贵族子弟与庶民一样，被驱逐到农业生产第一线去。

国之大臣诸大夫，博闻、辨慧、游居之事，皆无得为，无得居游于百县，则农民无所闻变见方。农民无所闻变见方则知农无从离其故事，而愚农不知，不好学问。愚农不知，不好学问，则务疾农。知农不离其故事，则草必垦矣。

博学多闻，言辩议论，游居外地之类的事，国家的大臣和诸大夫们都不准做。高官也毫无行动自由，不能到各地郡县旅游或暂住，以防不小心让农民“闻变见方”，听到国之大臣诸大夫的言谈议论，脱离愚昧状态。防范的真够严密的。

令军市无有女子。而命其商，令人自给甲兵，使视军兴。又使军市无得私输粮者。则奸谋无所于伏，盗输粮者不私稽，轻惰之民不游军市。盗粮者无所售，送粮者不私，轻惰之民不游军市，则农民不淫，国粟不劳，则草必垦矣。

命令军中市场上不准出现女人，还要命令军市商人给军队准备好铠甲兵器，让他们时刻关注军队军事行动开始时的战斗动员。还要让军市不能有私自运输粮食的人。这些规定对于军队而言，倒也不错。

百县之治一形，则迁徙者不饰，代者不敢更其制，过而废者不能匿其举。过举不匿，则官无邪人。迁者不饰，代者不更，则官属少而民不劳。官无邪，则民不敖；民不敖，则业不败。官属少，征不烦。民不劳，则农多日。农多日，征不烦，业不败，则草必垦矣。

各郡县的政令措施必须一致，那么到期的官吏就不能弄虚作假、粉饰自己，接任的官吏不能隐瞒错误。如此，官吏从属人员就会减少，农民负担就不会过重……这些当然是好事。

重关市之赋，则农恶商，商有疑惰之心。农恶商，商疑惰，则草必垦矣。

加重关口集市上商品的税收，让农民讨厌经商，商人也会对经商产生怀疑，甚至懒得干的思想，于是大家都去务农了。

以商之口数使商，令之厮、舆、徒、重者必当名，则农逸而商劳。农逸，则良田不荒；商劳，则去来赍送之礼无通于百县。则农民不饥，行不饰。农民不饥，行不饰，则公作必疾，而私作不荒，则农事必胜。农事必胜，则草必垦矣。

根据商人家的人口数量向他们摊派徭役，让他们家中砍柴的、驾车的、供人役使的、做僮仆的人都必须到官府登记注册，并且按名册服徭役，那么农民的负担就会轻，商人的负担就会重。

令送粮无取僦，无得反庸，车牛舆重设必当名。然则往速来疾，则业不败农。业不败农，则草必垦矣。

运送粮食的人不能花钱雇别人的车，更不准运粮车辆在返回时揽载私人货物。牛车在运粮时的载重量，服役时一定要与注册、登记时一致。如果这样的话，那么运粮车就会去得迅速回来得也快，运粮的事就不会危害农业生产。

无得为罪人请于吏而饷食之，则奸民无主。奸民无主，则为奸不勉。为奸不勉，则奸民无朴。奸民无朴，则农民不败。农民不败，则草必垦矣。

不允许为罪犯向官吏求情，并给他们送饭吃，那么奸民就没有了指望。奸民没有了指望，那么他们作奸犯科就不得鼓励。奸民就没有了根儿，农民就不会受到危害。这些话说的似乎不错，其实似是而非，言巧性恶。

《农战》解评

农战，即农业和军事。本篇从正反两个方面论述了法家的农战政策，并从九个方面论述了农战的重要性，提出要根据民众在农战中的功绩受官加爵，不参加农战的儒生、说客和商人不能受官加爵。

重视农业理所当然，在群雄争霸的时代重视军事，更有必要。重农足食，有兵能战，也是儒家为政之要。孔子说过：“以不教民战，是为弃也。”子贡问政，孔子强调三点：足食，足兵，民信之。三者之中，“民信”第一。“自古皆有死，民无信不立。”信者，诚信也，道德也。三者皆重，道德最重。

但是，重视农战和农战主义是两回事，就像重视经济和经济主义、重视国家和国家主义是两回事一样。商鞅违弃道德，贬学抑商，以农战为中心，将秦国打造成一辆巨大的战车。这是毁人、灭国、亡天下的“政治绝技”，不到车毁人亡不能止，必然以毁人始，以灭己终；以灭人之国始，以灭己之国终。

有些学者试图以“徙木立信”的故事说明商鞅也是讲信用的，殊不知“信用”也被商鞅工具化了，成了骗取国民信任的一种手段。商鞅计骗魏将公子卬而袭破其兵之一事，就充分说明商鞅是个无信无义的奸诈小人。法家法术势之术，就是政治诈术的集大成。

凡人主之所以劝民者，官爵也；国之所以兴者，农战也。今民求官爵，皆不以农战，而以巧言虚道，此谓劳民。劳民者，其国必无力；无力者，其国必削。

“民求官爵，皆不以农战”，固然不行，官爵唯农战，以农耕和作战的功绩为封官拜爵的唯一条件，将农战以外的言论和主张皆视为“巧言虚道”，更是邪道。

善为国者，其教民也，皆作壹而得官爵，是故不官无爵。国去言则民朴；民朴，则不淫。民见上利之从壹空出也，则作壹；作壹，则民不偷营；民不偷营，则多力；多力，则国强。今境内之民皆曰：“农战可避而官爵可得也。”是故豪杰皆可变业，务学诗书，随从外权，上可以得显，下可以求官爵；要靡事商贾，为技艺，皆以避农战。具备，国之危也。民以此为教者，其国必削。

法家特别强调“壹”，壹就是一致和统一，堪称“五统一”的肇端，即统一思想，统一政策，统一计划，统一指挥，统一行动，政治社会，一切军事化。将人民的思想行为都统一到农战上来，让人民都成为低级的劳动和作战的工具，让人民或愚或恶，又愚又恶。

通过这种手段取得的强大，必然代价沉重，后果严重。国力越强大，国民苦难越深，社会危害越巨，害民害国害天下。

善为国者，仓廪虽满，不偷于农；国大民众，不淫于言。则民朴壹。民朴壹，则官爵不可巧而取也。不可巧取，则奸不生。奸不生，则主不惑。今境内之民及处官爵者，见朝廷之可以巧言辩说取官爵也，故官爵不可得而常也。是故进则曲主，退则虑私，所以实其私，然则下卖权矣。夫曲主虑私，非国利也，而为之者，以其爵禄也；下卖权，非忠臣也，而为之者，以末货也。然则下官之冀迁者皆曰："多货，则上官可得而欲也。"曰："我不以货事上而求迁者，则如以狸饵鼠尔，必不冀矣；若以情事上而求迁者，则如引诸绝绳而求乘枉木也，愈不冀矣。二者不可以得迁，则我焉得无下动众取货以事上而以求迁乎？"百姓曰："我疾农，先实公仓，收余以食亲；为上忘生而战，以尊主安国也。仓虚，主卑，家贫。然则不如索官。"亲戚交游合，则更虑矣。豪杰务学诗书，随从外权；要靡事商贾，为技艺，皆以避农战。民以此为教，则粟焉得无少，而兵焉得无弱也？

士农工商兵，社会分工不同，各有其存在的价值和意义，各有其重要性。商鞅通过去士（诗书）、去工（技艺）、去商（商贾），让绝大部分国民成为农民和战士，不难获得一时性的强大。这种反文化、反文明、反社会、反人性的强大，非民之福，非国之福，亦非己之福也。

善为国者，官法明，故不任知虑。上作壹，故民不俭营，则国力抟。国力抟者强，国好言谈者削。故曰：农战之民千人，而有诗书辩慧者一人焉，千人者皆怠于农战矣。农战之民百人，而有技艺者一人焉，百人者皆怠于农战矣。国待农战而安，主待农战而尊。夫民之不农战也，上好言而官失常也。常官则国治，壹务则国富。国富而治，王之道也。故曰："王道非外，身作壹而已矣。"

将农战主义和赤裸裸的暴政称为"王之道"，完全颠倒，巧言娼言也。"农战之民千人，而有诗书辩慧者一人焉，千人者皆怠于农战矣。农战之民百人，而有技艺者一人焉，百人者皆怠于农战矣。"都是恶意栽赃。三代之时，诗书礼乐易诸教齐备，智者慧者善辩者众，百工技艺丰富，国家也重农，国民也能战，何尝怠于农战？国又何尝不安，主又何尝不尊？

今上论材能知慧而任之，则知慧之人希主好恶使官制物以适主心。是以官无常，国乱而不壹，辩说之人而无法也。如此，则民务焉得无多？而地焉得无荒？诗、书、礼、乐、善、修、仁、廉、辩、慧，国有十者，上无使守战。国以十者治，敌至必削，不至必贫。国去此十者敌不敢至，虽至必却；兴兵而伐，必取；按兵不伐，必富。国好力者以难攻，以难攻者必兴；好辩者以易攻，以易攻者必危。故圣人明君者，非能尽其万物也，知万物之要也。故其治国也，察要而已矣。

商鞅以"诗书礼乐善修仁廉辩慧"此"十者"为国之大患，强调去之，反儒反常至此，率兽食人、人将相食就是逻辑和历史的必然，如此"治国察要"，不亡天下不止，势必招致亡国灭族之祸。杜牧说："族秦者，秦也，非天下也。"

今为国者多无要。朝廷之言治也，纷纷焉务相易也。是以其君惽于说，其官乱于言，其民惰而不农。故其境内之民，皆化而好辩、乐学，事商贾，为技艺，避农战。如此，则不远矣。国有事，则学民恶法，商民善化，技艺之民不用，故其国易破也。夫农者寡而游食者众，故其国贫危。今夫螟、䖡、蚼蠋春生秋死，一出而民数年不食。今一人耕而百人食之，此其为螟、䖡、蚼蠋亦大矣。虽有诗书，乡一束，家一员，犹无益于治也，非所以反之之术也。故先王反之于农战。故曰：百人农、一人居者王，十人农、一人居者强，半农半居者危。故治国者欲民者之农也。国不农，则与诸侯争权不能自持也，则众力不足也。故诸侯挠其弱，乘其衰，土地侵削而不振，则无及已。

耕读传家久，诗书继世长。耕和读、诗书和农战毫无矛盾，而且相辅相成。商鞅将两者人为地对立起来，必去诗书仁义而后快，强词夺理，似是而非，居心险恶之至。缺乏择法之眼者，很容易被迷惑。

圣人知治国之要，故令民归心于农。归心于农，则民朴而可正也，纷纷则易使也，信可以守战也。壹则少诈而重居，壹则可以赏罚进也，壹则可以外用也。夫民之亲上死制也，以其旦暮从事于农。夫民之不可用也，见言谈游士事君之可以尊身也、商贾之可以富家也、技艺之足以糊口也。民见此三者之便且利也，则必避农。避农，则民轻其居，轻其居则必不为上守战也。凡治国者，患民之散而不可抟也，是以圣人作壹，抟之也。国作壹一岁者，十岁强；作壹十岁者，百岁强；作壹百岁者，千岁强；千岁强者王。君脩赏罚以辅壹教，是以其教有所常，而政有成也。

儒家忠君，却不愚忠。对于暴君来说，确实极不方便，极为麻烦。只有愚民，才会愚忠。故法家愚民政策最容易投合极权暴君的脾胃。商鞅所言，让秦孝公一下就听进；韩非子所言，让秦始皇一阅就痴迷。

“作壹”是壹于农战，就是将国民思想行为统一到农战上来。“壹教”之称谓可谓传神。商鞅搞的不就是农战教吗。这种做法有效也有限。“国作壹一岁者，十岁强”，完全可能；“作壹十岁者，百岁强”，或有可能，难乎其难；“作壹百岁者，千岁强”，绝无可能，法家也没有“作壹百岁”的机会。反人性、反人道的暴政，或许能坚，必不能久。坚而不久。贾谊探究秦朝败亡的远因时指出：

蹶六国，兼天下，求得矣，然不知反廉耻之节，仁义之厚，信并兼之法，遂进取之业，凡十三岁而社稷为墟，不知守成之数，得之之术也。悲夫！（《新书》）

王者得治民之至要，故不待赏赐而民亲上，不待爵禄而民从事，不待刑罚而民致死。国危主忧，说者成伍，无益于安危也。夫国危主忧也者，强敌大国也。人君不能服强敌、破大国也，则修守备，便地形，抟民力，以待外事，然后患可以去，而王可致也。是以明君修政作壹，去无用，止浮学事淫之民，壹之农，然后国家可富，而民力可抟也。

法家制造的“归心于农”“亲上死制”愚民，在一定时间内确实最适合暴君实用，是用起来得心应手的好工具。

今世主皆忧其国之危而兵之弱也，而强听说者。说者成伍，烦言饰辞，而无实用。主好其辩，不求其实。说者得意，道路曲辩，辈辈成群。民见其可以取王公大人也，而皆学之。夫人聚党与，说议于国，纷纷焉，小民乐之，大人说之。故其民农者寡而游食者众。众，则农者殆；农者殆，则土地荒。学者成俗，则民舍农从事于谈说，高言伪议。舍农游食而以言相高也，故民离上而不臣者成群。此贫国弱兵之教也。夫国庸民之言，则民不畜于农。故惟明君知好言之不可以强兵辟土也，惟圣人之治国作壹、抟之于农而已矣。

春秋战国的游说之士，良莠参差，很多意见和建议确实不值得听从，但不能不分青红皂白地将他们一棍子打倒。如商鞅的“作壹”

之术，如张仪“说六国以事秦”的主张，都是祸害天下的。而纵横家中，苏秦“合山东六国之力以抗秦”的主张则非常正确。只不过，苏秦和张仪一样，出发点都是为了个人富贵，如杨雄所说，都是诈人。

儒家并非不重视农战，而是反对农战主义，强调为政以德，以民为本，置农战于仁政礼制的框架中，以道统高于政统，以儒学指导农战。所谓“藏刑赏农战于仁义”。此言出于汪缙，意谓以仁义为原则，以之指导刑赏农战等政治工作。他说：

强于本者植，强于末者折。强于本者，开无尽之藏，塞无隙之窦，强于末者，尽其藏矣，隙其窦矣，此本末之效也。秦之强，本邪？末邪？刑赏农战，强之具也，道德仁义，强之本也，刚决刻急，强之末也。强之具藏之深则愈完，暴之急则速败，刚决刻急，所以暴之也。道德仁义，所以藏之也。古者藏刑赏农战于道德，道德威，藏刑赏农战于仁义，仁义张。秦孝公商鞅，知有强之具，不知有藏，以强立强，势已易竭。始皇李斯更从而暴之，暴之不已而具竭，竭之不已而具败矣，其卒尽于胡亥赵高也宜也。(《绳荀》)

仁义道德为本，刑赏农战为末。就是秦朝以末为本，政治“无本”，只能诉诸国民的贪婪之欲和恐惧之心，或可收一时之效，成一时之强，终究难免败亡也。

《去强》解评

强，指具有权衡决断能力，引申为不遵守法令；去强，意谓去除民众不肯遵守法令的倾向或能力。儒家也“去强”，与法家的不同在于，儒家是强民政策，“以强去强”；法家是弱民政策，“以弱去强”。商鞅以严刑峻法、农战主义和贬商去学为去强的办法和措施。

以强去强者，弱；以弱去强者，强。国为善，奸必多。国富而贫治，曰重富，重富者强；国贫而富治，曰重贫，重贫者弱。兵行敌所不敢行，强；事兴敌所羞为，利。主贵多变，国贵少变。国多物，削；主少物，强。千乘之国守千物者削。战事兵用曰强，战乱兵息而国削。

以强去强，强民政策也，指儒家以礼乐制度和道德教化，不断提升文化道德水平和权衡决断能力，让民众中越来越多的人具有君子品格，如知书达礼，孝悌善良，智勇双全。商鞅认为，这样做会让国家变得衰弱，说什么“国为善，奸必多”，法家的眼光就是如此颠倒；说什么“事兴敌所羞为，利”，认为勇于做敌人所耻于做的事是有利的，去除羞耻感，以恬不知耻为荣，法家的标准就是如此反常。

以弱去强，以弱民政策去除不肯遵守法令的强横之民。人民都沦为弱势群体，无能无力无知无智，丧失了任何抵抗力量，自然不能不服从暴君，不敢不拥护暴政。殊不知，弱民政策，让国民越来越弱小越来越弱智，国家纵然强大一时，迟早也会衰弱，这也是邪不胜正的要因。非常简单的道理：一群愚民弱民建设起来的国家，不可能维持长久的强盛。

农、商、官三者，国之常官也。三官者，生虱害者六：曰岁、曰食、曰美、曰好、曰志、曰行。六者有朴，必削。三官之朴三人，六官之朴一人。以治法者，强；以政治者，削；常官治者，迁官。治大，国小；治小，国大。强之，重削；弱之，重强。夫以强攻强者亡，以弱攻强者王。国强而不战，毒输于内，礼乐虱官生，必削；国遂战，毒输于敌，国无礼乐虱害，必强。举荣任功曰强，虱官生必削。农少、商多，贵人贫、商贫、农贫，三官贫，必削。

“以治法者，强”，将这句话单独拈出来讲，没有错。但要知道，法家的法，是君本主义政治之下的严刑峻法，与儒家礼制和西式民主制之下的法律，性质大不同。

“国强而不战，毒输于内，礼乐虱官生，必削；国遂战，毒输于敌，国无礼乐虱官，必强。”国强而不发动战争，毒素输于国内，就会产生礼乐虱害，导致国家削弱；国家发动战争，毒素输于国外，国内没有礼乐虱害，国家必强。这是军国主义和好战主义赤裸裸的宣言，商鞅之邪法家之恶，暴露无遗。以礼乐为虱害，以非礼背德为利益和荣耀，何其颠倒乃尔。

“农少商多，贵人贫、商贫、农贫”等，似是而非。农少商多，固然失常；农多商少，未必正常。如前三十年，农多兵多，商人绝迹，还不是大家都穷？农商比例如何合适，因时因地而异。

国有礼、有乐、有诗、有书、有善、有修、有孝、有弟、有廉、有辩。国有十者，上无使战，必削至亡；国无十者，上有使战，必兴至王。国以善民治奸民者，必乱至削；国以奸民治善民者，必治至强。国，用诗、书、礼、乐、孝、弟、善、修治者，敌至，必削国；不至，必贫国。不用八者治，敌不敢至；虽至，必却；兴兵而伐，必取；取，必能有之；按兵而不攻，必富。国好力，曰以难攻；国好言，曰以易攻。国以难攻者，起一得十；国以易攻者，出十亡百。

以“诗书礼乐善修孝弟廉辩”十者为国家衰弱和灭亡的原因，纯属颠倒。数千年事实证明，儒家王朝大多强大而长寿；礼崩乐坏，国家衰弱；反儒非礼，必然短命。秦王朝就是短命的典型。

“国以善民治奸民者，必乱至削；国以奸民治善民者，必治至强。”完全搞反了，这样搞出来的政治和社会，是彻底的逆淘汰，彻底的恶。孔子说：“以直措诸枉，能使枉者直。”“君子之德风，小人之德草，草上之风必偃。”这才是正道和正理。

重罚轻赏，则上爱民，民死上；重赏轻罚，则上不爱民，民不死上。兴国行罚，民利且畏；行赏，民利且爱。国无力而行知巧者，必亡。怯民使以刑，必勇；勇民使以赏，则死。怯民勇，勇民死，国无敌者强，强必王。贫者使以刑，则富；富者使以赏，则贫。治国能令贫者富，富者贫，则国多力，多力者王。王者刑九赏一，强国刑七赏三，削国刑五赏五。

重罚，即严刑峻法，一是轻罪重罚，二是道德问题法律解决。这么做，短期内有效，但后患无穷。这么做，“上”爱民是假，民死“上”是真。民众纷纷为“上”而死，或被动被迫，无可奈何，没有活路，不能不死；或主动，就像丧心病狂的恐怖分子。

国作壹一岁，十岁强；作壹十岁，百岁强，作壹百岁，千岁强。千岁强者王。威，以一取十，以声以实，故能为威者王。能生不能杀，曰自攻之国，必削；能生能杀，曰攻敌之国，必强。故攻害、攻力、攻敌，国用其二舍其一，必强；令用三者，威，必王。

“能生不能杀”，意谓有武力而不用。商鞅认为这样的国家是“自攻之国”，会衰弱。因此他强调，既要善于培养武力积蓄力量，又要及时使用武力攻打敌国。这样国家才能越来越强大。

事实当然是相反的。孟子说：“得道多助，失道寡助；寡助之至，亲戚畔之。”自古极权好战的政权，或四面受敌，或内斗激烈，最后无不众叛亲离而灭亡。

十里断者，国弱；九里断者，国强。以日治者王，以夜治者强，以宿治者削。

决断和处理政事，距离越近越好，速度越快越好。这话本身没什么问题，问题在于决断是否公正，处理是否妥当，为政是否以德，政治以谁为本，是君本还是民本。

举民众口数，生者著死者削。民不逃粟，野无荒草，则国富，国富者强。

做好户口登记和税收工作，是政府的本职。

以刑去刑，国治；以刑致刑，国乱。故曰：行刑重轻，刑去事成，国强；重重而轻轻，刑至事生，国削。刑生力，力生强，强生威，威生惠，惠生于力。举力以成勇战，战以成知谋。

“以刑去刑”，即“行刑重轻”，轻罪重罚，以恶法让民众不敢犯法；“以刑致刑”，刑法过轻导致民众轻于犯法。其实刑法畸重畸轻都不对。儒家强调祥刑和义刑，刑法必须适中适度，特别反对法家以刑去刑、不教而诛的做法。而且“以刑去刑”难以达到“去刑”目的，勉强达到，也是一时性的。

据《汉书·刑法志》，商鞅“连相坐之法，造参夷（夷三族）之诛，增加肉刑、大辟，有凿颠、抽胁、镬亨（烹）之刑。”《史记·菁华录》记载：“卫鞅内刻刀锯之刑，外深铁钺之诛，步过六尺者有罚，弃灰于道者被刑；一日临渭而论囚七百余人，渭水尽赤，号哭之声动于天地。”

儒家“以德去刑”才有大效，才能持久。成康之际“刑措四十年而不用”就是证明。“重重而轻轻”，重罪重罚，轻罪轻罚，理所当然，也是祥刑和义刑题中应有之义。

粟生而金死，粟死而金生。本物贱，事者众，买者少，农困而奸劝，其兵弱，国必削至亡。金一两生于竟内，粟十二石死于竟外；粟十二石生于竟内，金一两死于竟外。国好生金于竟内，则金粟两死，仓府两虚，国弱；国好生粟于竟内，则金粟两生，仓府两实，国强。

将金钱和粮食你死我活、势不两立地对立起来，巧言狡说，似是而非。

强国知十三数：竟内仓口之数，壮男壮女之数，老弱之数，官士之数，以言说取食者之数，利民之数，马牛刍藁之数。欲强国，不知国十三数，地虽利，民虽众，国愈弱至削。

政府理当要做好各方面统计工作。

国无怨民曰强国。兴兵而伐，则武爵武任，必胜。按兵而农，粟爵粟任，则国富。兵起而胜敌、按兵而国富者王。

“国无怨民曰强国”，讲得有道理，然非法家力所能及。法家之术，终将制造大量怨民，迟早导致怨声载道。极权之邪恶无限，民众之忍耐有限。人世有其常理，人性有其常情，历史有其常道。因此极权暴政坚而不久，必然灭亡。不是亡于内乱，就是亡于外敌，或者内忧外患并重，内乱外敌齐来。

《说民》解评

本篇继承《去强》“用奸民”“去虱害”“贫者富，富者贫”“重刑”等等观点，进一步论述了如何治理民众的问题。

辩慧，乱之赞也；礼乐，淫佚之徵也；慈仁；过之母也，任举；奸之鼠也。乱有赞则行，淫佚有徵则用，过有母则生，奸有鼠则不止。八者有群，民胜其政；国无八者，政胜其民。民胜其政，国弱；政胜其民，兵强。故国有八者，上无以使守战，必削至亡。国无八者，上有以使守战，必兴至王。

儒家礼乐是一整套文物典章制度，礼制是礼乐刑政的总和。春秋战国各国的衰弱和灭亡，不是礼乐的问题，恰恰相反，是礼崩乐坏的结果。商鞅对礼乐仁德智慧加以曲解，然后将之污蔑为国家“必削至亡”的根源，别有用心。

用善，则民亲其亲；任奸，则民亲其制。合而复者，善也；别而规者，奸也。章善，则过匿；任奸，则罪诛。过匿，则民胜法；罪诛，则法胜民。民胜法，国乱；法胜民，兵强。故曰：以良民治，必乱至削；以奸民治，必治至强。

复者覆也，“合而复”互相团结，扬善隐过；“别而规”，疏远分开和互相监督。重用鼓励奸民，压制迫害良民，反对“民亲其亲”，鼓励民“别而规”，这些做法，鼎革以来我们并不陌生。只不过，功效恰恰与商鞅所言相反，以奸民治，必乱至削。国家乱成一团，衰弱不堪，经济濒临崩溃边缘。

国以难攻，起一取十，国以易攻，起十亡百。国好力曰以难攻，国好言曰以易攻。民易为言，难为用。国法作民之所难，兵用民之所易，而以力攻者，起一得十；国法作民之所易，兵用民之所难，而以言攻者，出十亡百。

商鞅时时不忘攻战。其治国手段曰法术势，即恶法权术权势，皆以诈力——欺诈和暴力为依托。

罚重，爵尊；赏轻，刑威。爵尊，上爱民；刑威，民死上。故兴国行罚，则民利；用赏，则上重。法详，则刑繁；法繁，则刑省。民治则乱，乱而治之又乱。故治之于其治，则治；治之于其乱，则乱。民之情也治，其事也乱。故行刑，重其轻者，轻者不生，则重者无从至矣，此谓治之于其治者。行刑。重其重者，轻其轻者，轻者不止，则重者无从止矣，此谓治之于其乱也。故重轻则刑去事成，国强；重重而轻轻，则刑至而事生，国削。

“上爱民”说，自欺欺人而已。重用法家和经过法家洗脑的君主，是不可能还有爱心存在的。尊爵高位，只是用来吸引国民拼死效命的工具，绝非“上爱民”的体现。爵尊位高，也非好事。商鞅爵位够高了，还不是死于非命；死于秦始皇父子之手的爵尊位高的秦王朝功臣更是数不胜数。

民勇，则赏之以其所欲；民怯，则杀之以其所恶。故怯民使之以刑则勇，勇民使之以赏则死。怯民勇，勇民死，国无敌者，必王。

以严刑峻法让怯懦之民变得勇敢（因为不勇敢打仗，会受到严惩），以奖赏激励勇敢之民拼死效力。这就是法家“强国”的妙方。秦国阳亢性的无敌和秦始皇昙花式的统一，就是这样建立在无数民众的累累白骨之上的。

民贫则弱国，富则淫，淫则有虱，有虱则弱。故贫者益之以刑，则富；富者损之以赏，则贫。治国之举，贵令贫者富，富者贫。贫者富，国强，富者贫，三官无虱。国久强而无虱者必王。

鼓励和帮助民众劳动致富，理所当然，但“益之以刑”，强迫劳动，以严刑峻法强迫贫民通过农战致富，就恐怖了。而且这种致富也是暂时性的。因为下面提出了“家不积粟”的政策，藏富于民从何说起呢？

“富者损之以赏”，意谓以爵赏诱使富民捐献财富，让他们复归于贫穷。让贫者暂时致富，让富者回复贫穷。商鞅认为这是治理国家的好办法。何其恶毒乃尔。

刑生力，力生强，强生威，威生德，德生于刑。故刑多，则赏重；赏少，则刑重。民之有欲有恶也，欲有六淫，恶有四难。从六淫，国弱；行四难，兵强。故王者刑于九而赏出一。刑于九则六淫止，赏出一则四难行。六淫止，则国无奸；四难行，则兵无敌。民之所欲万，而利之所出一。民非一，则无以致欲，故作一。作一，则力抟；力抟，则强。强而用，重强。故能生力，能杀力，曰攻敌之国，必强。塞私道，以穷其志；启一门，以致其欲，使民必先行其所要，然后致其所欲，故力多。力多而不用，则志穷；志穷，则有私；有私，则有弱。故能生力，不能杀力，曰自攻之国，必削。故曰：王者，国不蓄力，家不积粟。国不蓄力，下用也；家不积粟，上藏也。

将国民意志统一于君王，集中于战争。“家不积粟，上藏也。”是将粮食（财富）集中于国，藏富于上，与“藏富于民”正好相反。

国治：断家王，断官强，断君弱。重轻，刑去。常官，则治。省刑，要保，赏不可倍也，有奸必告之，则民断于心，上令而民知所以应。器成于家，而行于官，则事断于家。故王者刑赏断于民心，器用断于家。治明则同，治暗则异。同则行，异则止，行则治，止则乱。治，则家断；乱，则君断。治国者贵不断，故以十里断者弱，以五里断者强。家断则有余，故曰：日治者王。官断则不足，故曰：夜治者强。君断则乱，故曰：宿治者削。故有道之国，治不听君，民不从官。

暴政恶法，昭告天下，有罪必罚，轻罪重罚，赏罚分明，并建立联保制度，使民众互相监督，互相约束，“奸邪”一经发现必被告发。“令民为什伍，而相牧司连坐。不告奸者腰斩，告奸者与斩敌首同赏，匿奸者与降敌同罚。”（《史记·商君列传》）这样严厉的规定，势必让民众成为惊弓之鸟，不敢不“加强自觉性”。故在一定时间里，确实可以做到民断于心、事断于家、治不听君、民不从官，一切断之于法，唯法是从。如商鞅“投店不得”的故事就验证了民众的这种法律自觉。然而，这不是什么“有道之国”，而是无道之至。

《算地》解评

算地就是计算土地，本篇论述利用土地的方法，人口与土地的关系，充分利用土地与强国的关系。

凡世主之患，用兵者不量力，治草莱者不度地。故有地狭而民众者，民胜其地；地广而民少者，地胜其民。民胜其地，务开；地胜其民者，事徕。开，则行倍。民过地，则国功寡而兵力少；地过民，则山泽财物不为用。夫弃天物遂民淫者，世主之务过也，而上下事之，故故为国任地者——山林居什一，薮泽居什一，谷流水居什一，都邑蹊道居什四，此先王之正律也。故为国分田数：小亩五百，足待一役，此地不任也；方土百里，出战卒万人者，数小也。此其垦田足以食其民，都邑遂路足以处其民，山林、薮泽、谷足以供其利，薮泽堤防足以畜。故兵出，粮给而财有余；兵休，民作而畜长足。此所谓任地待役之律也。

用兵作战要量力而行，开垦荒地要计量土地，地狭而民众，则要鼓励开荒；地广而民少，则要招徕外民。

“任地待役之律”，即以地养战的政策。商鞅的具体做法是，让国家可耕种的土地足以养活那里的民众，山地、森林、湖泊、沼泽、山谷足够供应民众各种生活资料，湖泊沼泽的堤坝足够积蓄水源。因此用兵时，粮食的供应充足而财力有余；不用兵时，都去从事农耕，积蓄富足。处于战乱之世，这确实是个足食强兵的好办法。

今世主，有地方数千里，食不足以待役实仓，而兵为邻敌，臣故为世主患之。夫地大而不垦者，与无地同；民众而不用者，与无民同。故为国之数，务在垦草；用兵之道，务在壹赏。私利塞于外，则民务属于农；属于农，则朴；朴，则畏令。私赏禁于下，则民力抟于敌；抟于敌，则胜。奚以知其然也？夫民之情，朴则生劳而易力，穷则生知而权利。易力则轻死而乐用，权利则畏罚而易苦。易苦则地力尽，乐用则兵力尽。夫治国者，能尽地力而致民死者，名与利交至。

以开垦为当务之急，以壹赏为用兵之道，本没问题。商鞅的问题在于唯农唯战，为了农战而去诗去书去礼绝学，为了“名与利”而不择手段草菅人命，以“致民死”为本事和荣耀。儒家是“民为贵社稷次之君为轻”，法家颠倒了，是君为贵、社稷次之、民为轻。对于法家来说，民众不是人，只是利用来为自己建功立业的工具。

民之性：饥而求食，劳而求佚，苦则索乐，辱则求荣，此民之情也。民之求利，失礼之法；求名，失性之常。奚以论其然也？今夫盗贼，上犯君上之所禁，而下失臣民之礼，故名辱而身危，犹不止者，利也。其上世之士，衣不昫肤，食不满肠，苦其志意，劳其四肢，伤其五脏，而益裕广耳，非性之常也，而为之者，名也。故曰：“名利之所凑，则民道之。”

“饥而求食，劳而求佚，苦则索乐，辱则求荣”，求利求名，都是人之常情。只要加以良性引导，“导之以德，齐之以礼”，就可以将之引上正确的人生道路。

法家诱之以利益，齐之以恶法，才会真正让他们“失礼之法”和“失性之常”，成为愚民和凶人。

主操名利之柄而能致功名者，数也。圣人审权以操柄，审数以使民。数者臣主之术，而国之要也。故万乘失数而不危、臣主失术而不乱者，未之有也。今世主欲辟地治民而不审数，臣欲尽其事而不立术，故国有不服之民，主有不令之臣。故圣人之为国也，入令民以属农，出令民以计战。夫农，民之所苦；而战，民之所危也。犯其所苦行其所危者，计也。故民生则计利，死则虑名。名利之所出，不可不审也。利出于地，则民尽力；名出于战，则民致死。入使民尽力，则草不荒；出使民致死，则胜敌。胜敌而草不荒，富强之功可坐而致也。

“利出于地，名出于战”，原无不可。勤劳务农而获利，抗击外敌而获名，理所当然。但法家将全体国民驱赶诱惑到农战第一线去，以农战为名利唯一来源，则大谬不然。这样做，国家或可富强一时，国民绝无根本之利。

今则不然。世主之所以加务者，皆非国之急也。身有尧、舜之行，而功不及汤、武之略者，此执柄之罪也。臣请语其过。夫治国舍势而任说说，则身脩而功寡。故事诗书谈说之士，则民游而轻其君；事处士，则民远而非其上；事勇士，则民竞而轻其禁；技艺之士用，则民剽而易徙；商贾之士佚且利，则民缘而议其上。故五民加于国用，则田荒而兵弱。谈说之士，资在于口；处士，资在于意；勇士，资在于气；技艺之士，资在于手；商贾之士，资在于身。故天下一宅，而圜身资。民资重于身，而偏托势于外。挟重资，归偏家，尧舜之所难也。故汤武禁之，则功立而名成。圣人非能以世之所易胜其所难也，必以其所难胜其所易。故民愚，则知可以胜之；世知，则力可以胜之。臣愚，则易力而难巧；世巧，则易知而难力。故神农教耕而王天下，师其知也；汤武致强而征诸侯，服其力也。今世巧而民淫，方效汤武之时，而行神农之事，以随世禁。故千乘惑乱，此其所加务者，过也。

法家敌视的“五民”是事诗书谈说之士、处士、勇士、技艺之士和商贾之士，因为这五种人对极权主义大不利。说“汤武禁之”，禁止这五种人，是恶意栽赃。

说“汤武致强而征诸侯，服其力也”，是只知其一不知其二。汤武当然有力，但更有德，是为政以德，让汤武从弱致强，从小变大，最后一举消灭桀纣。诸侯是服其力，更是服其德。正是道义的雄厚，让汤武武力不断壮大；而仁义的缺失，是让桀纣实力加速流失最根本原因。

民之生：度而取长，称而取重，权而索利。明君慎观三者，则国治可立，而民能可得。国之所以求民者少，而民之所以避求者多，入使民属于农，出使民壹于战，故圣人之治也，多禁以止能，任力以穷诈。两者偏用，则境内之民壹；民壹，则农；农，则朴；朴，则安居而恶出。故圣人之为国也，民资藏于地，而偏托危于外。资藏于地则朴，托危于外则惑。民入则朴，出则惑，故其农勉而战戢也。民之农勉则资重，战戢则邻危。资重则不可负而逃，邻危则不归。于无资、归危外托，狂夫之所不为也。故圣人之为国也，观俗立法则治，察国事本则宜。不观时俗，不察国本，则其法立而民乱，事剧而功寡。此臣之所谓过也。

“圣人之治也，多禁以止能，任力以穷诈。”多多制定禁令，以限制民众才能的发挥，利用国家暴力穷治欺诈行为。注意，法家将事诗书谈说之士、处士、勇士、技艺之士和商贾之士统统视为奸诈之民。所以“任力以穷诈”，并非真正反诈骗（法家法术势，其术全是诈术骗术），而是要将所有国民导上农战之途。这不是圣人之治，而是盗贼政治，是典型的暴政。

夫刑者，所以禁邪也；而赏者，所以助禁也。羞辱劳苦者，民之所恶也；显荣佚乐者，民之所务也。故其国刑不可恶而爵禄不足务也，此亡国之兆也。刑人复漏，则小人辟淫而不苦刑，则徼倖于民、上；徼于民、上以利。求显荣之门不一，则君子事势以成名。小人不避其禁，故刑烦。君子不设其令，则罚行。刑烦而罚行者，国多奸，则富者不能守其财，而贫者不能事其业，田荒而国贫。田荒，则民诈生；国贫，则上匮赏。故圣人之为治也，刑人无国位，戮人无官任。刑人有列，则君子下其位；衣锦食肉，则小人冀其利。君子下其位则羞功，小人冀其利则伐奸。故刑戮者所以止奸也，而官爵者所以劝功也。今国立爵而民羞之，设刑而民乐之，此盖法术之患也。故君子操权一正以立术，立官贵爵以称之，论荣举功以任之，则是上下之称平。上下之称平，则臣得尽其力，而主得专其柄。

“夫刑者，所以禁邪也”，似乎没错，但要知道，法家定义的正邪标准非常特殊，将一切不符合君主利益和意志的言行统统视为邪。所以，“国立爵而民羞之，设刑而民乐之”“国刑不可恶而爵禄不足务”是迟早的事。严刑峻法能够让民众产生巨大的恐惧感，一时之间效果会非常可观。但随着暴政的持续和民众忍耐度的不断下降，其效用会越来越小迅速递减。老子提醒的好：“民不畏死，奈何以死惧之。”“民不畏威则大威至。”秦二世时，秦王朝的爵位的尊贵性和刑法的威慑力荡然无存。

《开塞》解评

开塞即开启阻塞之道。商鞅认为，随着时代变化，汤武之道已经行不通。

天地设而民生之。当此之时也，民知其母而不知其父，其道亲亲而爱私。亲亲则别，爱私则险。民众，而以别险为务，则民乱。当此时也，民务胜而力征。务胜则争，力征则讼，讼而无正，则莫得其性也。故贤者立中正，设无私，而民说仁。当此时也，亲亲废，上贤立矣。凡仁者以爱利为务，而贤者以相出为道。民众而无制，久而相出为道，则有乱。故圣人承之，作为土地、货财、男女之分。分定而无制，不可，故立禁；禁立而莫之司，不可，故立官；官设而莫之一，不可，故立君。既立君，则上贤废而贵贵立矣。然则上世亲亲而爱私，中世上贤而说仁，下世贵贵而尊官。上贤者以道相出也，而立君者使贤无用也。亲亲者以私为道也，而中正者使私无行也。此三者非事相反也，民道弊而所重易也，世事变而行道异也。故曰："王道有绳。"

这一段表现了商鞅对儒家的无知和偏见。"亲亲则别，爱私则险。民众，而以别险为务，则民乱。"爱亲人，区别亲疏，喜欢谋求私利，都是人情之常；不一定就会心存邪恶。儒家倡导爱有差等，亲疏当然有别；古之学者为己，利己利他并不矛盾。

在儒家，亲亲与上贤（推崇贤才）贵贵毫无矛盾，不需要"亲亲废"才能"上贤立"，不需要"上贤废"才能"贵贵立"。"立君者使贤无用""中正者使私无行"的结论都不成立。尧舜禹为君，天下为公，选贤与能，立君者何尝使贤才无用？贤者立中正，维护每个人正当的私利，中正者何尝使私无行？

制度形式无论怎么变，仁本原则王道精神不用变，也不能变。

夫王道一端，而臣道亦一端，所道则异，而所绳则一也。故曰：民愚，则知可以王；世知，则力可以王。民愚，则力有余而知不足；世知，则巧有余而力不足。民之生，不知则学力尽则服。故神农教耕而王天下，师其知也；汤、武致强而征诸侯，服其力也。夫民愚，不怀知而问；世知，无余力而服。故以知王天下者并刑，力征诸侯者退德。

"民愚，则知可以王；世知，则力可以王。"这说得不错。但是，无论以智慧还是以力量王天下，都必须以仁为本，道德挂帅。仁德、智慧和实力之间，完全可以取得统一，统归于仁。

神农偏重于智，汤武偏重于力，这是他们的不同，但他们有一个最大的共同点：有大德。因此“以知王天下者并刑，力征诸侯者退德”这个结论不能成立。靠智慧王天下，没必要抛弃刑罚；以实力服诸侯，不应该退弃道德。

圣人不法古，不脩今。法古则后于时，脩今则塞于势。周不法商，夏不法虞，三代异势，而皆可以王。故兴王有道，而持之异理。武王逆取而贵顺，争天下而上让。其取之以力，持之以义。今世强国事兼并，弱国务力守，上不及虞夏之时，而下不脩汤武。汤武塞，故万乘莫不战，千乘莫不守。此道之塞久矣，而世主莫之能废也，故三代不四。非明主莫有能听也，今日愿启之以效。

“圣人不法古，不脩今。”讲得很到位。圣人温故知新，何尝不法古不脩今。圣人当然不会照搬古代制度，但尊重礼制精神，传承中道原则。对于前代的礼制，也应该有所参考。

“周不法商，夏不法虞”，不对。在道统上，周法商，夏法虞，三代同道，同乎中道；在制度上，周参考了商，夏参考了虞。孔子说：“殷因于夏礼，所损益可知也；周因于殷礼，所损益可知也。”夏商周三代的礼，根据当时的实际情况，对前代礼制有所增减。

“武王逆取而贵顺，争天下而上让。其取之以力，持之以义。”周武王革命，应天顺人，似逆实顺；其于天下，似争而实非争，虽然取之以力，但本乎道义。

汤武之道（中道）阻塞了，不行于今之世，再没有出现夏商周那样的王朝，不是汤武之道不行，是当时的周王和诸侯王不行。

古之民朴以厚，今之民巧以伪。故效于古者，先德而治；效于今者，前刑而法。此俗之所惑也。今世之所谓义者，将立民之所好，而废其所恶；此其所谓不义者，将立民之所恶，而废其所乐也。二者名贸实易，不可不察也。立民之所乐，则民伤其所恶；立民之所恶，则民安其所乐。何以知其然也？夫民忧则思，思则出度；乐则淫，淫则生佚。故以刑治则民威，民威则无奸，无奸则民安其所乐。以义教则民纵，民纵则乱，乱则民伤其所恶。吾所谓利者，义之本也；而世所谓义者，暴之道也。夫正民者，以其所恶，必终其所好；以其所好，必败其所恶。

全都似是而非。“古之民朴以厚，今之民巧以伪。”古民今民，民性无异，异在政治和教化。王充说得好：“《传》曰：‘尧舜之民可比屋而封，桀纣之民可比屋而诛。’斯民也，三代所以直道而行也。圣主之民如彼，恶主之民如此，竟在教而不在性也。”（《论衡》）

“故效于古者，先德而治；效于今者，前刑而法。”非也。儒家道德并不空洞，德治实为礼制，礼乐刑政皆备。“先德而治”并不排斥刑法。不过，任何时候，都不能“前刑而法”，即刑法要符合仁义原则，不能抢在前面，占据帅位。

为政以德，以民为本，原则上当然不能反民众而动，逆民意而行，却也并非一味“立民之所好而废其所恶”，一切唯民意，而是要“导之以德，齐之以礼”，将民众引导到正道上来。这才是以义教民。商鞅说：“以义教则民纵，民纵则乱，乱则民伤其所恶。”让民众放纵作乱的，绝非“以义教”。

治国刑多而赏少，故王者刑九而赏一，削国赏九而刑一。夫过有厚薄，则刑有轻重；善有大小，则赏有多少。此二者，世之常用也。刑加于罪所终，则奸不去；赏施于民所义，则过不止。刑不能去奸而赏不能止过者，必乱。故王者刑用于将过，则大邪不生；赏施于告奸，则细过不失。治民能使大邪不生、细过不失，则国治。国治必强。一国行之，境内独治。二国行之，兵则少寝。天下行之，至德复立。此吾以杀刑之反于德而义合于暴也。

“夫过有厚薄，则刑有轻重；善有大小，则赏有多少。”罪过有厚有薄，所以国家刑罚有重有轻；善行有大有小，所以朝廷赏赐有多有少。这两项法则，既理所当然，也礼所当然。商鞅却持反对态度，认为刑罚加在人民犯罪之后，奸邪就不会断绝；赏赐用在人民认为的义事，犯罪就不能杜绝。

“故王者刑用于将过，则大邪不生；赏施于告奸，则细过不失。”这是赤裸裸的暴政。把刑罚用在将要犯罪的时候，说明还没有犯罪，刑法居然可以惩治无罪之人；把赏赐用在告发奸民方面，小过失也不漏网，鼓励告密，“细过”也在告密之列。

古者民丛生而群处，乱，故求有上也。然则天下之乐有上也，将以为治也。今有主，而无法，其害与无主同；有法不胜其乱，与无法同。天下不安无君，而乐胜其法，则举世以为惑也。夫利天下之民者莫大于治，而治莫康于立君，立君之道莫广于胜法，胜法之务莫急于去奸，去奸之本莫深于严刑。故王者以赏禁，以刑劝；求过不求善，藉刑以去刑。

“有法不胜其乱，与无法同。”有法律而不能制止混乱，与无法相同，说得不错。然复须知，不胜其乱，是政治无道、教化不行和法律不良。商鞅以恶法“胜其乱”，岂非背道而驰。虽然“胜其乱”，国民苦难深重，国家后患无穷。恶政府不如无政府，恶法不如无法，此之谓也。

“求过不求善，藉刑以去刑。”典型的法家政治。对民众的言行苛察苛求，对民众的过错严刑严惩，认为这样可以“以刑去刑”。法家乱做梦，必然以人民的噩梦始，以自己的噩梦终。

《壹言》解评

壹言就是论统一，包括“壹国务”和“壹民务”。

凡将立国，制度不可不察也，治法不可不慎也，国务不可不谨也，事本不可不抟也。制度时，则国俗可化，而民从制；治法明，则官无邪；国务壹，则民应用；事本抟，则民喜农而乐战。夫圣人之立法化俗，而使民朝夕从事于农也，不可不知也。夫民之从事死制也，以上之设荣名、置赏罚之明也，不用辩说私门而功立矣。故民之喜农而乐战也，见上之尊农战之士，而下辩说技艺之民，而贱游学之人也。故民壹务，其家必富，而身显于国。上开公利而塞私门，以致民力；私劳不显于国，私门不请于君。若此，而功臣劝，则上令行而荒草辟，淫民止而奸无萌。治国能抟民力而壹民务者，强；能事本而禁末者，富。

“凡将立国，制度不可不察也，治法不可不慎也，国务不可不谨也，事本不可不抟也。”要求制度合乎时宜，政策法令清明，国家政务统一，国家事业集中，诸如此类，泛泛地看这些话都非常正确。

但马上狐狸尾巴又露出来了：“夫圣人之立法化俗，而使民朝夕从事于农也”。全民农战，“使民朝夕从事于农”成为劳动工具，可不是圣人之立法化俗之意，而是极权主义盗贼的愿望。“上开公利而塞私门”的公利，实乃君利，最大的私门私利。

“治国能抟民力而壹民务者，强；能事本而禁末者，富。”抟民力就是集中民力，所有形态的极权政治都喜欢集中民力办大事，或者将民力统一到农战上来。这里的“末”是指商业和手工业。这样的富强之术是国民的噩梦，这样造就的富强势必昙花一现。

夫圣人之治国也，能抟力，能杀力。制度察则民力抟，抟而不化则不行，行而无富则生乱。故治国者，其抟力也，以富国强兵也；其杀力也，以事敌劝民也。夫开而不塞，则短长；长而不攻，则有奸。塞而不开则民浑，浑而不用则力多，力多而不攻则有奸虱。故抟力以壹务也，杀力以攻敌也。治国者贵民壹，民壹则朴，朴则农，农则易勤，勤则富。富者废之以爵，不淫；淫者废之以刑，而务农。故能抟力而不能用者必乱，能杀力而不能抟者必亡。故明君知齐二者，其国强；不知齐二者，其国削。

“夫圣人之治国也，能抟力，能杀力。”将圣人改为盗贼就对了。暴政恶法之下的民众，也会变得愚昧而邪恶。其民众的力量对于暴君来说，也是双刃剑。所以暴君不仅要懂得凝聚集中民众力量，还要懂得化解消耗之。

商鞅认为，民众力量无处使用，又不用来攻打敌国，就会产生虱害或发生动乱。农战主义是集中民力的最佳手段，攻击敌人是消耗民力的最好办法。

夫民之不治者，君道卑也；法之不明者，君长乱也。故明君不道卑、不长乱也；秉权而立，垂法而治，以得奸于上，而官无不；赏罚断，而器用有度。若此，则国制明而民力竭，上爵尊而伦徒举。今世主皆欲治民，而助之以乱；非乐以为乱也，安其故而不窥于时也。是上法古而得其塞，下脩今而不时移，而不明世俗之变，不察治民之情，故多赏以致刑，轻刑以去赏。夫上设刑而民不服，赏匮而奸益多。故民之于上也，先刑而后赏。故圣人之为国也，不法古不脩今，因世而为之治，度俗而为之法。故法不察民之情而立之，则不成；治宜于时而行之，则不干。故圣王之治也，慎为察务，归心于壹而已矣。

除了“不法古不脩今”等本段多数言论，泛泛地看没错。只是法家君本主义思想原则和政治原则大错，貌似正确的言论实质上也不正确，或者并无实质意义。

“故圣王之治也，慎为察务，归心于壹而已矣。”这句话如果放入儒家语境，那是非常正确。壹者道也，归心于壹就是归心于道。“人心惟危，道心惟微。惟精惟一，允执厥中。”岂不漪欤盛哉。然而在法家系统中，壹是壹于农战，归心于壹是将国民的思想行为统一于农战上。差以毫厘谬以千里，此之谓也。

《错法》解评

错通措，施行之意。错法即实行法制。其实，法家并非法律至上，而是君主至上，君本位，法术势都是为君主服务的工具。法家的法制，与现代西方的法治，两者性质截然不同。

臣闻：古之明君，错法而民无邪，举事而材自练，赏行而兵强。此三者，治之本也。夫错法而民无邪者，法明而民利之也。举事而材自练者，功分明；功分明，则民尽力；民尽力，则材自练。行赏而兵强者，爵禄之谓也。爵禄者，兵之实也。是故人君之出爵禄也，道明。道明，则国日强；道幽，则国日削。故爵禄之所道，存亡之机也。夫削国亡主非无爵禄也，其所道过也。三王五霸，其所道不过爵禄，而功相万者，其所道明也。是以明君之使其臣也，用必出于其劳，赏必加于其功。功赏明，则民竞于功。为国而能使其民尽力以竞于功，则兵必强矣。

“古之明君，错法而民无邪，举事而材自练，赏行而兵强。”没错，但“古之明君”，错的是良法，举的是正事（正义之事），赏的是善行。因为在“此三者”之上，有着更重要、更根本的东西，即道德，这才是“治之本”。为政以德，此之谓也。法也，事也，赏也，都统一于德治原则和礼制规范。即使用兵，也是仁义为本。《资治通鉴·秦纪》记载：

陈嚣问荀卿曰：“先生议兵，常以仁义为本，仁者爱人，义者循理，然则又何以兵为？凡所为有兵者，为争夺也。”荀卿曰：“非汝所知也。彼仁者爱人，爱人，故恶人之害之也；义者循理，循理，故恶人之乱之也。彼兵者，所以禁暴除害也，非争夺也。”

“三王五霸，其所道不过爵禄，而功相万者，其所道明也。”这是对三王五霸的贬低和狭化。姑不论夏禹商汤周文王三王，就是春秋五霸，也是“假仁假义”的。这里的假，是假借之意。孟子曰：“尧舜，性之也；汤武，身之也；五霸，假之也。久假而不归，恶知其非有也？”意谓尧舜是本性仁义，汤武是亲身实践仁义，五霸是假借仁义。假借久了而不归还，也就与他们本来拥有无异。

同列而相臣妾者，贫富之谓也；同实而相并兼者，强弱之谓也；有地而君或强或弱者，乱治之谓也。苟有道，里地足容身，士民可致也；苟容市井，财货可聚也。有土者不可以言贫，有民者不可以言弱。地诚任，不患无财；民诚用，不畏强暴。德明教行，则能以民之有为己用矣。故明主者用非其有，使非其民。

“同列而相臣妾者，贫富之谓也；同实而相并兼者，强弱之谓也”，前者是物质主义的标准，后者是丛林社会的原则。

“有地而君或强或弱者，乱治之谓也。”没错，都拥有土地，但有的君主强，有的君主弱，是因为治乱不同。但商鞅考虑的不是国之强弱，更不是民之忧乐，而是君之强弱，这就是君本位邪说的重大特征。所谓“德明教行”，其实是愚民政策的实行，与儒家德教背道而驰。

明主之所贵，惟爵其实而荣显之。不荣，则民不急列位；不显，则民不事爵；爵易得也，则民不贵上爵；列爵禄赏不道其门，则民不以死争位矣。人君而有好恶，故民可治也。人君不可以不审好恶。好恶者赏罚之本也。夫人情好爵禄而恶刑罚，人君设二者以御民之志，而立所欲焉。夫民力尽而爵随之，功立而赏随之，人君能使其民信于此如明日月，则兵无敌矣。

“明主之所贵，惟爵其实而荣显之。”这是典型的物质刺激，以官爵荣华诱惑民众奔赴农战第一线，为君主拼死效命，确实非常有效。在一定的时间里，法家政府也是言而有信而能够取信于民的，所谓“夫民力尽而爵随之，功立而赏随之”。秦兵一时无敌于天下，良有以也，岂徒然哉。

人君有爵行而兵弱者，有禄行而国贫者，有法立而乱者。此三者，国之患也。故人君者，先便请谒而后功力，则爵行而兵弱矣。民不死犯难而利禄可致也，则禄行而国贫矣。法无度数，而事日烦，则法立而治乱矣。是以明君之使其民也，使必尽力以规其功，功立而富贵随之，无私德也，故教化成。如此，则臣忠君明，治著而兵强矣。

法家都喜欢混扯，正确的话里夹杂着错误，错误的话里夹杂着正确。“故人君者，先便请谒而后功力，则爵行而兵弱矣。”很正确。将宠臣的求情请托放在第一位，把有功劳出大力的人放在后面，当然会令人寒心，虽然爵禄了颁发，军队也会丧失斗志和实力。

接着一句就似是而非了。“民不死犯难而利禄可致也，则禄行而国贫矣。”必须拼死作战才能得到利禄爵位，所谓“利出一孔”，这样的国家，焉能持久富裕强大哉。所谓“无私德”，是君主之大私；所谓“教化成”，是恶教化，是愚民政策的成功。

故凡明君之治也，任其力不任其德，是以不忧不劳，而功可立也。度数已立，而法可修。故人君者不可不慎己也。夫离朱见秋毫百步之外，而不能以明目易人；乌获举千钧之重，而不能以多力易力。夫圣人之存体性，不可以易人，然而功可得者，法之谓也。

“故凡明君之治也，任其力不任其德”，又是颠倒之言。缺德之力，是非正义的势力和邪恶的力量。这不是“明君之治”，而是暴君之治，是暴政。

“夫圣人之存体性，不可以易人，然而功可得者，法之谓也。”真是圣人，必实行德治，其法必是良法。商鞅将缺德、反常、悖道的恶法，说成圣王之道，险恶之至。

《战法》解评

战法即作战方法，本篇论述了法家作战的一些基本原则和要求。

凡战法必本于政胜，则其民不争，不争则无以私意，以上为意。故王者之政，使民怯于邑斗，而勇于寇战。民习以力攻难，故轻死。

“凡战法必本于政胜”，非常正确，军事是政治的延伸也。秦王朝的成功，是军事的胜利，某种意义上更是政治的胜利。战国群雄，似好又非礼，似坏又不够，不好不坏不伦不类，遇到以法家思想武装起来的穷凶极恶的虎狼之国，其败也宜，其灭难免。

见敌如溃，溃而不止，则免。故兵法：“大战胜，逐北无过十里。小战胜，逐北无过五里。”

穷寇莫追。

兵起而程敌，政不若者，勿与战；食不若者，勿与久；敌众勿为客；敌尽不如，击之勿疑。故曰：“兵大律在谨，论敌察众，则胜负可先知也。”

贼是小人，智胜君子。

王者之兵，胜而不骄，败而不怨。胜而不骄者，术明也；败而不怨者，知所失也。

“胜而不骄，败而不怨。”这类特点，王者之兵、霸者之兵和极权暴君之兵，都可以具备。暴君之兵同样可有权术邪智。

若敌强兵弱，将贤则胜，将不如则败。若其政出庙算者，将贤亦胜，将不如亦胜。持胜术者，必强至王。若民服而听上，则国富而兵胜，行是久，必王。

兵熊熊一个，将熊熊一窝。将领对战役的胜负具有关键性作用。“若民服而听上，则国富而兵胜”，未必也。前三十年，空前的“民服而听上”，兵虽惨胜，国却至贫。

其过失，无敌深入，偕险绝塞，民倦且饥渴，而复遇疾，此其道也。故将使民者乘良马者，不可不齐也。

行军常识耳。

《立本》解评

凡用兵，胜有三等，若兵未起则错法，错法而俗成，而用具。此三者必行于境内，而后兵可出也。行三者，有二势：一曰辅法而法行，二曰举必得而法立。故恃其众者，谓之茸；恃其备饰者，谓之巧；恃誉目者，谓之诈。此三者恃一，因其兵可禽也。故曰：强者必刚斗其意，斗则力尽，力尽则备，是故无敌于海内。治行则货积，货积则赏能重矣。赏壹则爵尊，爵尊则赏能利矣。故曰：兵生于治而异，俗生于法而万转，过势本于心而饰于备势。三者有论。故强可立也。是以强者必治，治者必强；富者必治，治者必富；强者必富，富者必强。故曰：治强之道三，论其本也。

立本，确立根本也。法家的错误是根本性的。在国民、国家、君主之间，以君为本；在足兵、足食、民信之间，以兵食（农战）为本。本篇所谓的立本，指的是强兵之本。商鞅认为强兵方法有三：一是用兵之前推行法制，二是以法制促成农战的风气，三是让这种风气为战争服务，广大国民成为劳动和作战的工具，整个国家成了高速运转的战争机器。

《靳令》解评

靳令，严格执行法令。公正地说，法家不无长处。相对而言，在“一人之下”的臣民层面，它比较注重法律的公开性、平等性、统一性和司法的严肃性、公正性。

太子犯法，太子是国君的继承人，不能施刑，他的两个师傅公子虔和公孙贾就被治了罪，一个割掉了鼻子，一个在脸上刺字。这在古代难能可贵，值得今人学习借鉴。刘向对商鞅政治持坚定而有力的批判态度，但在取信于民这一点上颇为肯定。刘向说：

> 夫商君极身无二虑，尽公不顾私，使民内急耕织之业以富国，外重战伐之赏以劝戎士，法令必行，内不阿贵宠，外不偏疏远，是以令行而禁止，法出而奸息。

刘向同时又批评商鞅对于东方诸侯的背信弃义：“然无信，诸侯畏而不亲。”并认为，秦之灭六国，也很侥幸，就是因为东方缺乏一个像齐桓公、晋文公这样的霸主。商鞅政治远逊于霸道，给后世带来巨大祸患：

> 今商鞅内刻刀锯之刑，外深铁钺之诛，步过六尺者有罚，弃灰于道者被刑，一日临渭而论囚七百余人，渭水尽赤，号哭之声动于天地，畜怨积雠比于丘山，所逃莫之隐，所归莫之容，身死车裂，

灭族无姓，其去霸王之佐亦远矣。

刘向假设："使商鞅施宽平之法，加之以恩，申之以信，庶几霸者之佐哉！"（《新序》）

靳令，则治不留；法平，则吏无奸。法已定矣，不以善言害法。任功，则民少言；任善，则民多言。行治曲断，以五里断者，王；以十里断者，强；宿治者，削。以刑治，以赏战，求过不求善。故法立而不革，则显，民变诛，计变诛止。贵齐殊使，百都之尊爵厚禄以自伐。国无奸民，则都无奸市。物多末众，农弛奸胜，则国必削。民有余粮，使民以粟出官爵，官爵必以其力，则农不怠。四寸之管无当，必不满也。授官、予爵、出禄不以功，是无当也。

"法已定矣，不以善言害法。"法律一旦制定，就有相当的严肃性，不能任意更改。这没有错。然复须知，善言必不害良法，即使非善言，也应该有表达的自由。

而商鞅是怎么做的呢？请看：

行之十年，秦国道不拾遗，山无盗贼，民勇于公战，怯于私斗，乡邑大治。秦民初言令不便者，有来言令便。卫鞅曰："此皆乱法之民也！"尽迁之于边。其后民莫敢议令。（《史记·商君列传》）

国民对于法令，批评固然不行，赞美也不行。这就很恐怖了。另复须知，在严刑峻法和恐怖主义统治下，"道不拾遗，山无盗贼""国无奸民，都无奸市"的功效不难收到，貌似大治，实为大败，风伤俗败。贾谊痛斥：

商君违礼义，弃伦理，并心于进取，行之二岁，秦俗日败。秦人有子，家富子壮则出分，家贫子壮则出赘。假父耰锄杖彗耳，虑有德色矣；母取瓢碗箕帚，虑立谇语。抱哺其子，与公并踞。妇姑不相说，则反唇而睨。其慈子嗜利而轻简父母也，念罪非有伦理也，其不同禽兽仅焉耳。

人与禽兽没有什么区别了。

“秦民初言令不便者，有来言令便。”此事充分表明了商鞅愚民政策的效果和普通民众的短视。短短十年，多数国民已经失去了基本的是非善恶判断能力，为血腥暴政唱起了颂歌。

国贫而务战，毒生于敌，无六虱，必强；国富而不战，偷生于内，有六虱，必弱。国以功授官予爵，此谓以盛知谋，以盛勇战。以盛知谋，以盛勇战，其国必无敌。国以功授官予爵，则治省言寡，此谓以治去治、以言去言。国以六虱授官予爵，则治烦言生，此谓以治致治、以言致言。则君务于说言，官乱于治邪，邪臣有得志，有功者日退，此谓失。守十者乱，守壹者治。法已定矣，而好用六虱者亡。民毕农，则国富。六虱不用，则兵民毕竟劝而乐为主用，其竟内之民争以为荣，莫以为辱。其次，为赏劝罚沮。其下，民恶之，忧之，羞之；修容而以言，耻食以上交，以避农战；外交以备，国之危也。有饥寒死亡，不为利禄之故战，此亡国之俗也。

“国贫而务战，毒生于敌，无六虱，必强；国富而不战，偷生于内，有六虱，必弱。”这句话表现了法家的好战主义，也暴露了法家本质之毒，中了毒的法家之国，是难以和谐和稳定的，无论贫富，都必须寻找敌人，必须务战。“六虱”说是栽赃儒家；“守十者乱，守壹者治”是污蔑儒家。“十者”指的是《去强》所言的“国有十者”，即儒家仁义礼乐。其实，战国时代群雄比春秋更加礼崩乐坏，所以都不是秦国对手。如果当时其他六雄中有一个国家能够“守十者”，历史恐怕就要改写了。别说尧舜禹汤文武周公那样的圣王，就是有管子齐桓或晋文舅犯那样的霸道人物在，商鞅秦孝亦无能为。刘向指出：

夫霸君若齐桓、晋文者，桓不倍柯之盟，文不负原之期，而诸侯信之，此管仲、咎犯之谋也。今商君倍公子卬之旧恩，弃交魏之明信，诈取三军之众，故诸侯畏其强而莫亲信也。藉使孝公遇齐桓、晋文得诸侯之统，将合诸侯之君，驱天下之兵以伐秦，秦则亡矣。天下无桓、文之君，故秦得以兼诸侯也。卫鞅始自以为知王霸之德，原其事，不伦也。(《新序》)

六虱：曰礼乐，曰诗书，曰修善，曰孝弟，曰诚信，曰贞廉，曰仁义，曰非兵，曰羞战。国有十二者，上无使农战，必贫至削。十二者成群，此谓君之治不胜其臣，官之治不胜其民，此谓六虱胜其政也。十二者成朴，必削。是故，兴国不用十二者，故其国多力，而天下莫能犯也。兵出，必取；取，必能有之；按兵而不攻，必富。朝廷之吏，少者不毁也，多者不损也，效功而取官爵，虽有辩言，不能以相先也，此谓以数治。以力攻者，出一取十；以言攻者，出十亡百。国好力，此谓以难攻；国好言，此谓以易攻。

礼、乐、诗、书、修善、孝弟、诚信、贞廉、仁义属于儒家，没错；非兵和羞战，却与儒家精神格格不入。儒家非的是不义之兵，反的是不义之战。足兵足食、义杀义战原是儒家政治题中应有之义。

重刑少赏，上爱民，民死赏。多赏轻刑，上不爱民，民不死赏。利出一空者，其国无敌；利出二空者，国半利；利出十空者，其国不守。重刑，明大制；不明者，六虱也。六虱成群，则民不用。是故，兴国罚行则民亲，赏行则民利。行罚，重其轻者，轻其重者。轻者不至，重者不来。此谓以刑去刑，刑去事成；罪重刑轻，刑至事生，此谓以刑致刑，其国必削。

“行罚，轻其重者。”这就是恶法的特色之一，轻罪重罚。商鞅认为这样做能够收到“轻者不至，重者不来”和“以刑去刑”的效果，其实未必。数年间，因商鞅之法而刑残之人几乎及一国之半。

圣君知物之要，故其治民有至要，故执赏罚以壹辅仁者，必之续也，圣君之治人也，必得其心，故能用力。力生强，强生威，威生德，德生于力。圣君独有之，故能述仁义于天下。

前面刚刚将礼乐诗书修善孝弟诚信贞廉仁义等等，视为虱害，结尾却又说什么“述仁义于天下”，自相矛盾，自欺欺人。偏偏不少人甘愿为其所欺，良可浩叹！

《画策》解评

画策即谋划和策略。本篇论述法家治国、制民、制天下的谋略。

昔者昊英之世，以代木杀兽，人民少而木兽多，黄帝之世，不麑不卵，官无供备之民，死不得用椁。事不同，皆王者，时异也。神农之世，男耕而食，妇织而衣；刑政不用而治，甲兵不起而王。神农既没，以强胜弱，以众暴寡，故黄帝作为君臣上下之义、父子兄弟之礼、夫妇妃匹之合，内行刀锯，外用甲兵。故时变也。由此观之，神农非高于黄帝也，然其名尊者，以适于时也。故以战去战，虽战可也；以杀去杀，虽杀可也；以刑去刑，虽重刑可也。

说“神农既没，以强胜弱，以众暴寡”，说黄帝“内行刀锯，外用甲兵”，这是伪造史实或想当然。

法家发动的战争、开展的杀戮和实施的刑法，都是大不义、反正义的，到处侵略，杀害无辜，轻罪重惩甚至无罪而罚。这样做，不可能去战去杀去刑，只会殃民祸国、造祸天下并且祸害自己。秦王朝从兼并战争到统一天下再到族灭国亡，自始至终是国无宁日，民无宁日，天下无宁日。法家就是国家天下和他们自家的大灾星。

“故以战去战，虽战可也；以杀去杀，虽杀可也；以刑去刑，虽重刑可也。”这段话让我想起乔治·奥威尔《1984》中的名句：“在这里，奴役就是自由，无知就是力量，战争就是和平。”法家的做法只会招致更多的战争和刑戮，后来的历史作出了坚实的证明。这段话略改几个字就正确了：“以战去战，义战可也；以杀去杀，义杀可也；以刑去刑，义刑可也。”这二十四个字是儒家思想的总结。

昔之能制天下者，必先制其民者也；能胜强敌者，必先胜其民者也。故胜民之本在制民，若治于金、陶于土也。本不坚，则民如飞鸟禽兽，其孰能制之？民本，法也。故善治者塞民以法，而名地作矣。

儒家对于民，强调保民、仁民、亲民；对于天下，说平（平天下），法家则说胜民制民和制天下，一字之差，说体现的政治观、价值观和生命观截然不同。

名尊地广，以至王者，何故？名卑地削，以至于亡者，何故？战罢者也。不胜而王不败而亡者，自古及今未尝有也，民勇者，战胜；民不勇者，战败。能壹民于战者，民勇；不能壹民于战者，民不勇，圣王见王之致于兵也，故举国而责之于兵。入其国，观其治，兵用者强。奚以知民之见用者也？民之见战也，如饿狼之见肉，则民用矣。凡战者，民之所恶也。能使民乐战者王。

强国之民，父遗其子，兄遗其弟，妻遗其夫，皆曰：“不得，无返！”又曰：“失法离令，若死，我死。乡治之。行间无所逃，迁徙无所入。”行间之治，连以五，辨之以章，束之以令。拙无所处，罢无所生。是以三军之众，从令如流，死而不旋踵。

“民之见战也，如饿狼之见肉，则民用矣。”愚弄之利诱之，让民众非人化，把他们训练成杀伐机器，让民众看见打仗就像饥饿的狼看见了肉一样。

父亲送他儿子去当兵，哥哥送他弟弟去当兵，妻子送她丈夫去当兵，都说："不能得到敌人的首级不要回来！"又说："不遵法律，违抗命令，你死，我也得死，乡里会治我们的罪，军队中又没有地方逃，跑回家，我们也没有地方可以搬迁。"军队的管理办法是将五个人编成一伍，实行连坐，用标记区分他们，用军令束缚他们。逃走也没地方居住，失败就没有机会生存。所以三军将士听到军令就像流水奔赴，战死也不掉转脚跟。

这样的强国，何其可怖！这样的强国之民，又何其可怜！他们自己不知道自己可怜，还以上战场为荣为乐。

国之乱也，非其法乱也，非法不用也。国皆有法，而无使法必行之法。国皆有禁奸邪、刑盗贼之法，而无使奸邪、盗贼必得之法，为奸邪盗贼者死刑，而奸邪、盗贼不止者，不必得。必得而尚有奸邪、盗贼者，刑轻也，刑轻者，不得诛也；必得者，刑者众也。故善治者，刑不善而不赏善，故不刑而民善。不刑而民善，刑重也。刑重者，民不敢犯，故无刑也；而民莫敢为非，是一国皆善也，故不赏善而民善。赏善之不可也，犹赏不盗。故善治者，使跖可信，而况伯夷乎？不能治者，使伯夷可疑，而况跖乎？势不能为奸，虽跖可信也；势得为奸，虽伯夷可疑也。

"势不能为奸，虽跖可信也"，此言并非毫无道理。良制良法就有这种功效，可以让盗跖那样的坏人不敢做坏事。商鞅通过严刑峻法、轻罪重罚来达到这种效果，非正道也，持而不坚，坚而不久，一时有效，后患无穷。

国或重治，或重乱。明主在上，所举必贤，则法可在贤。法可在贤，则法在下，不肖不敢为非，是谓重治。不明主在上，所举必不肖，国无明法，不肖者敢为非，是谓重乱。兵或重强，或重弱。民固欲战又不得不战，是谓重强。民固不欲战，又得无战，是谓重弱。

放在儒家文化政治框架中，这段话非常正确。良法加贤才，政治好上加好，“重治”；恶法加“不肖”，政治坏上加坏，“重乱”。抵抗侵略的正义战争，民众本欲抗战，又不能不抗战，强上加强，“重强”。

但是，这段话放在法家框架中就似是而非了。因为法家的道德标准是颠倒的，其所谓的明法，实为恶法；所谓的贤，实非贤才。

明主不滥富贵其臣。所谓富者，非粟米珠玉也？所谓贵者，非爵位官职也？废法作私爵禄之，富贵之，滥也。凡人主，德行非出人也，知非出人也，勇力非过人也。然民虽有圣知，弗敢我谋；勇力，弗敢我杀；虽众，不敢胜其主；虽民至亿万之数，县重赏而民不敢争，行罚而民不敢怨者，法也。

“明主不滥富贵其臣”，当然。儒家同样强调法律公正和赏罚公平，反对君主“废法作私爵禄之，富贵之”。战国时各国诸侯或立法不公，或执法不严，或以私废公，逐渐败于秦国，良有以也。

秦国虽然恶法，但“行罚而民不敢怨”，因为秦法颇有严肃性和公正性。“法不阿贵”“刑过不避大臣，赏善不遗匹夫”。(《韩非子》)在恶法面前，特权阶级并不享有多少特权，官民上下“一视同恶”，任何人违法都严惩不贷，颇能让人信服。

国乱者，民多私义；兵弱者，民多私勇。则削国之所以取爵禄者多涂；亡国之俗，贱爵轻禄。不作而食，不战而荣，无爵而尊，无禄而富，无官而长，此之谓奸民。所谓治主无忠臣，慈父无孝子，欲无善言，皆以法相司也，命相正也。不能独为非，而莫与人为非。所谓富者，入多而出寡。衣服有制，饮食有节，则出寡矣。女事尽于内，男事尽于外，则入多矣。

正常礼制下，国民见义勇为，勇于赴敌，私勇公勇，并无矛盾，私义公义，统归于仁。

“取爵禄者多涂”也是理所当然，获取爵禄的途径，或以德行，或以学问，或以能力，或以贡献，或以功劳，都很正常。唯以农战而取爵禄，不分青红皂白地将“不作而食，不战而荣，无爵而尊，无禄而富，无官而长”者，统统视为奸民，那才是不正常的。

所谓明者，无所不见，则群臣不敢为奸，百姓不敢为非。是以人主处匡床之上，听丝竹之声，而无下治。所谓明者，使众不得不为。所谓强者天下胜，天下胜，是故合力。是以勇强不敢为暴，圣知不敢为诈而虑用；兼天下之众，莫敢不为其所好而辟其所恶。所谓强者，使勇力不得不为己用。其志足，天下益之；不足，天下说之。恃天下者，天下去之；自恃者，得天下。得天下者，先自得者也；能胜强敌者，先自胜者也。

还是文化体系和立场问题。这段话放在儒家体系中，就没有大问题。如“是以人主处匡床之上，听丝竹之声，而无下治”就是无为而治，垂拱而天下治。唯某些措辞不当，如“圣知不敢为诈”，儒家之智，合乎仁义，圣境更是最高道德境界，自然不会不屑为欺诈之事。

圣人知必然之理、必为之时势，故为必治之政。战必勇之民，行必听之令。是以兵出而无敌，令行而天下服从。黄鹄之飞，一举千里，有必飞之备也；丽丽巨巨，日走千里，有必走之势也；虎豹熊罴，鸷而无敌，有必胜之理也。圣人见本然之政，知必然之理，故其制民也，如以高下制水，如以燥湿制火。故曰：“仁者能仁于人，而不能使人仁；义者能爱于人，而不能使人爱。是以知仁义之不足以治天下也。”

“战必勇之民，行必听之令。是以兵出而无敌，令行而天下服从。”儒家圣王，尧舜禹汤，无不如是。法家贼王纵然做到了这些，也行之不远。

“仁者能仁于人，而不能使人仁；义者能爱于人，而不能使人爱。”个人层面不无道理。但不能因此得出“是以知仁义之不足以治天下也”这样的政治结论。在政治上，仁义之道不仅是软性的道德规范而已，更不是空洞的。仁义必须体现为刚性的礼制，礼乐刑政俱全，官员必须守礼，民众必须守法。

圣人有必信之性，又有使天下不得不信之法。所谓义者，为人臣忠，为人子孝，少长有礼，男女有别；非其义也，饿不苟食，死不苟生。此乃有法之常也。圣王者不贵义而贵法。法必明，令必行，则已矣。

除了最后一句，这段话完全正确。这个圣人，实为儒家圣王。“所谓义者，为人臣忠，为人子孝，少长有礼，男女有别；非其义也，饿不苟食，死不苟生。”这不就是儒家思想吗？仅靠严刑峻法岂能做到？“圣王者不贵义而贵法。法必明，令必行，则已矣。”这又自相矛盾起来了。

《境内》解评

境内，是取篇头二字为题。本篇零星记录了秦国一些制度，主要是军事制度，也包括户籍制度、仆役分配制度、对有爵位的人的犯罪处治办法、不同爵位的人、死后坟墓上树木的数量等等。从中可以略窥秦法的细致严酷和法家在激发人性贪欲方面的高明。本篇予以翻译，不予解评。

境之内，丈夫女子皆有名于上，生者著，死者削。

四境之内，男女都要在官府登记名字，新生的人注上，死了的人注销。

其有爵者乞无爵者以为庶子，级乞一人。其无役事也，其庶子役其大夫月六日；其役事也，随而养之军。

有爵位的人申请无爵位的人做“庶子”（仆人），每一级可以申请一个。没有军役的时候，庶子每月为其大夫服役六天；有军役的时候，一直在军中服役。

爵自一级已下至小夫，命曰校、徒、操，出公；爵自二级已上至不更，命曰卒。其战也，五人来簿为伍，一人兆而到其四人，能人得一首则复。五人一屯长，百人一将。其战，百将屯长不得斩首；得三十三首以上，盈论，百将屯长赐爵一级。

爵位从一级以下到小夫，称为校、徒、操、公士。爵位从二级开始到不更，称为卒。在战时，五人编为一个名册为一伍，一人逃跑就加刑于另四人，谁能斩得敌人一颗首级就可免刑。每五人设一屯长，一百人设有一将。百将屯长在作战时不得亲自杀敌，部下得到敌人三十三颗首级以上，就满了朝廷规定的数目，可以升爵一级。

“百将屯长不得斩首”，指作战时，百将屯长不允许亲自杀敌。秦朝官兵职责不同，分工明确，百将屯长的职责是指挥部下作战。秦在战时，常征召有爵者充当百将、屯长等下级军官。《秦律杂抄》规定：“故大夫斩首者，迁。”大夫如在阵前亲自斩敌军之首，要被处以迁刑。但如果指挥得当，部下斩首三十三级，百将屯长则可以得到一级赐爵。

五百主，短兵五十人；二五百主，将之主，短兵百。千石之令短兵百人。八百之令短兵八十人，七百之令短兵七十人，六百之令短兵六十人。国封尉，短兵千人。将，短兵四千人。战及死吏，而到短兵，能一首则优。

五百人的将领，卫兵五十人；统率两个五百人的主将和享受一千石俸禄的县令都可有卫兵一百人。享八百石俸禄的县令，卫兵八十人；享七百石俸禄的县令，卫兵七十人；享六百石俸禄的县令，卫兵六十人。国尉卫兵一千人，大将卫兵四千人。将官战死，卫兵要受刑罚；卫兵中有人能够得到敌人一颗首级，就可免刑。

能攻城围邑，斩首八千已上，则盈论；野战斩首二千，则盈论，吏自操及校以上大将尽赏。行间之吏也，故爵公士也，就为上造也；故爵上造，就为簪袅；就为不更；故爵为大夫。爵吏而为县尉，则赐虏六，加五千六百。爵大夫而为国尉，就为官大夫；故爵官大夫就为公大夫，就为公乘；就为五大夫，则税邑三百家。故爵五大夫，就为大庶长；故爵大庶长就为左更，故三更也，就为大良造。

皆有赐邑三百家，有赐税三百家。爵五大夫，有税邑六百家者，受客。大将、御、参皆赐爵三级。故客卿相，论盈，就正卿。

围攻敌国城邑，能够斩敌首级八千颗以上，野战中能够斩敌人首级两千颗以上，就算满了朝廷规定的数目，所有各级将吏都得到赏赐，都升爵一级。军官旧爵是公士，升为上造；旧爵是上造，升为簪袅；旧爵是簪袅，升为不更；旧爵为不更，升为大夫。旧爵为小吏升为县尉，赏赐奴隶六人，五千六百钱。旧爵为大夫而为国尉的，升为官大夫，旧爵为官大夫的升为公大夫，旧爵为公大夫的升为公乘，旧爵为公乘的升为五大夫，并赏给他三百户的封地。旧爵五大夫，升为庶长；旧爵为庶长升为左更，旧爵为三更升为大良造。庶长、三更及大良造都赏赐三百户的封邑，另赏赐三百户的封地。

有了六百户的封地就可以养门客。将军、车夫、骖乘都赏赐爵位三级。原来客卿辅佐军政，满足了朝廷的规定就升为正卿。

以战故，暴首三，乃校，三日，将军以不疑致士大夫劳爵。夫劳爵，其县过三日有不致士大夫劳爵，罢其县四尉，訾由丞尉。

停战后，把敌人首级示众三天，并加以核实。三天后，将军认为无误，就按功赏给爵位。赏赐的爵位，县里过了三天还没有落实，就撤去该尉的职位，由该县丞尉进行量刑。

能得甲首一者，赏爵一级，益田一顷，益宅九亩，一除庶子一人，乃得入兵官之吏。

能够斩获敌方甲士首级一颗，赐给爵位一级，增加田地一顷，增加宅地九亩，一律赐庶子一名，就可以担任军队或行政部门的官员。

其狱法，高爵訾下爵级。高爵罢，无给有爵人隶仆。爵自二级以上，有刑罪则贬。爵自一级以下，有刑罪则已。小夫死。

刑狱的法律，由爵位高者审判爵位低者，爵位高者被罢免后，不再享用有爵位者的奴仆。二级爵位以上者，犯了罪就降低他的爵位；一级以下者，犯了罪就取消他的爵位。小夫犯罪就处死。

公士以上至大夫，其官级一等，其墓树级一树。

公士以上到大夫，官爵每高一级，他的坟上就多种一棵树。

其攻城围邑也，国司空訾其城之广厚之数。国尉分地，以徒校分积尺而攻之，为期。曰："先已者当为最启，后已者訾为最殿。再訾则废。"内通则积薪，积薪则燔柱。陷队之士，面十八人。陷队之士知疾斗，不得，斩首；队五人则陷队之士，人赐爵一级；死，则一人后；不能死之，千人环，规谏，黥劓于城下。国尉分地，以中卒随之。将军为木壹，与国正监、与王御史参望之。其先入者，举为最启；其后入者，举为最殿。其陷队也，尽其几者；几者不足，乃以欲级益之。

围攻敌国城邑的时候，"国司空"测量城邑面积的大小和城墙的厚度，国尉划分各队攻打地点，徒校限定立方尺，定出攻取期限，命令说："最先完成的立头功，最后完成的斥为末等，两次被斥为末等就撤销他的爵位。"打穿洞穴，就塞上杂柴烧起木头。每面城墙分布十八个冲锋陷阵的士兵。每个士兵都知道拼死力战，不成功就要斩首。一个队能斩得五个敌人，每个士兵获得爵位一级；如果战死，爵位由家人中一人继承。如果怕死退避，就在千人围观之下，在城下遭受黥刑或劓刑。国尉划分地段，中军的士兵听从分派。将军搭起木台，和国家的正监、王的御使一同观望。士兵先进城的评为头功，后进城的评为落后。冲锋陷阵的士兵，尽量用自己申请的人，自己申请的人不够，就用希望晋级的人补足。

《弱民》解评

弱民就是从文化、智慧、力量各方面削弱民众，将民众变成原子化的弱势群体和弱智群体。这是古今中外一切极权主义不约而同的高招和共识，这也是法家反儒灭儒的重要目的。儒家重视亲情家族，强调君子人格，培养出来的君子，"仁智勇"皆备，是典型的"强民"，被极权主义视为大敌和"虱害"，岂非理所当然。

儒家重视家族的兴旺和宗族的建设，法家相反。秦法规定，父子及成年兄弟不得同居一室，到成年还不分家的，加倍征收户口税，强制推行一夫一妻的小家庭制度。因此，“秦人家富子壮则出分，家贫子壮则出赘。”（《新书》）这也是法家削弱民众和民间力量的手段之一。

本篇充分暴露了法家政治之恶，其恶之大，可以概括为十六个字：“夺民之利，削民之力，弱民之智，防民如贼。”

民弱国强，国强民弱。故有道之国务在弱民。朴则弱，淫则强。弱则轨，淫则越志。弱则有用，越志则强。故曰：以强去强者，弱；以弱去强者，强。

法家着力于培养既愚昧又嗜血的奴隶。愚昧则好骗，容易统一思想和行动；残暴则好使，嗜血乐杀，打起仗来不要命。这种做法不难致富致强一时，却是不可持续的。靠一群愚民和暴民，是不可能建设起真正富强的国家的。这种国家，没有外患，必有内乱。而且随着道德越来越匮乏，文化越来越贫困，社会越来越丧失活力，经济科技的发展也会逐渐停滞。

民，善之则亲，利之用则和；用则有任，和则匮；有任，乃富于政。上舍法，任民之所善，故奸多。民贫则力富，力富则淫，淫则有虱。故民富而不用，则使民以食出官爵，官爵必以有力，则农不偷。农不偷，六虱无萌。故国富而贫治，重强。

当时秦国战士和农民封官拜爵的一定很多，然一切都在朝廷掌握和算计之中。贫也好富也好，农也好战也好，无非工具而已。而且这些工具们连淫（放纵）和偷（偷懒）一下的机会都没有。或许一时荣耀，并无幸福可言，恶报继之而来。这是疯狂帮忙的农战群体的必然命运。殷鉴不远呀。

兵，易弱难强。民，乐生安佚，死难，难正，易之则强。事有羞，多奸；寡赏，无失。多奸疑，敌失必，利。兵至强，威；事无羞，利。用兵久处利势，必王。故兵行敌之所不敢行，强；事兴敌之所羞为，利。法有，民安其次；主变，事能得齐。国守安，主操权，利。故主贵多变，国贵少变。

“事兴敌之所羞为，利。”这是彻底的利益主义，只要有利可图，不妨去做敌人认为可耻的事。无耻之耻，无耻矣。

利出一孔，则国多物；出十孔，则国少物。守一者治，守十者乱。治则强，乱则弱。强则物来，弱则物去。故国致物者强，去物者弱。

利出一孔，意谓获得利禄赏赐，只有一条途径或一个管道。这个唯一的管道就是农战。此外的商业娱乐等事项尽在禁除之列。全民皆农，全农皆兵。

管子也有类似说法：“利出于一孔者，其国无敌。出二孔者，其兵不诎；出三孔者，不可以举兵；出四孔者，其国必亡。”（《管子·国蓄》）法家分为管晏派和商韩派。前者重视道德的重用，开出霸道，虽非真仁政，颇为接近，故孔子称赞管子“如其仁，如其仁”；后者反对儒家和道德，开出暴政，与儒家原则完全背道而驰。

民，辱则贵爵，弱则尊官，贫则重赏。以刑治民，则乐用；以赏战民，则轻死。故战事兵用曰强。民有私荣，则贱列卑官，富则轻赏。治民羞辱以刑，战则战。民畏死，事乱而战，故兵农怠而国弱。

弱民，就是卑辱之，怯弱之，贫困之。鼓励民众致富，又千方百计地让他们复归于贫困。卑辱就会崇尚爵位，怯弱就会尊敬官吏，贫困就重视赏赐。这种民众特别好治理，好使用。“治民羞辱以刑，战则战。”以严刑峻法折磨、羞辱他们，战时他们就会勇于战。法家为君主考虑得何其周道呀。

农、商、官三者国之常食官也。农辟地，商致物，官法民。三官生虱六，曰岁，曰食，曰美，曰好，曰志，曰行。六者有朴，必削。农有余食，则薄燕于岁；商有淫利，有美好，伤器；官设而不用，志行为卒。六虱成俗，兵必大败。

在法家眼里，一切美好的东西，都是虱害。

农战可以富贵，但富贵难以持久，因为国家不允许。法家认为，农民有了剩余粮食，就会成年安逸享乐；商人获致丰厚利润和美好器玩，就会懈怠日用物品流通；官吏设置而不常用，就会萌发异志高行而不肯为国效力。法家有的是毒辣手段让他们重新贫贱化，最大限度地榨取他们的利用价值。

法枉治乱，任善言多。治众国乱，言多兵弱。法明治省，任力言息。治省国治，言息兵强。故治大，国小；治小，国大。

任善言多，言多兵弱。这是恶意栽赃。尧舜禹汤文武周公时代，选贤尊贤，兵何尝弱？国何尝小？至于言多言少，不妨顺其自然。任力言息，确然确然。暴力镇压恶法威慑之下，民众当然不敢言了。

政作民之所恶，民弱；政作民之所乐，民强。民弱国强，民强国弱。故民之所乐民强，民强而强之，兵重弱。民之所乐民强，民强而弱之，兵重强。故以强，重弱；弱，重强。王。以强攻强弱，弱存；以弱攻弱强，强去。强存则弱，强去则王。故以强攻弱，削；以弱攻强，王也。

儒家为政强调以民为本，敬德保民，应天顺人；法家正好相反，以君为本，悖德弱民，逆天逆人，赤裸裸的宣称“政作民之所恶，民弱”，政治就是要建立人民所憎恶的东西，采取弱民政策和愚民政策，让人民成为弱小化和愚昧化。

明主之使其臣也，用必加于功，赏必尽其劳。人主使其民信此如日月，则无敌矣。今离娄见秋毫之末，不能以明目易人；乌获举千钧之重，不能以多力易人；圣贤在体性也，不能以相易也。今当世之用事者，皆欲为上圣，举法之谓也。背法而治，此任重道远而无马、牛，济大川而无舡、楫也。今夫人众兵强，此帝王之大资也，苟非明法以守之也，与危亡为邻。故明主察法，境内之民无辟淫之心，游处之士迫于战阵，万民疾于耕战。有以知其然也。楚国之民齐疾而均，速若飘风；宛钜铁釶，利若蜂虿；胁蛟犀兕，坚若金石；江、汉以为池，汝、颍以为限；隐以邓林，缘以方城。秦师至，鄢、郢举，若振槁；唐蔑死于垂涉，庄蹻发于内，楚分为五。地非不大也，民非不众也，甲兵财用非不多也；战不胜，守不固，此无法之所生也，释权衡而操轻重者。

及时提拔任用有功之臣，奖赏充分彰显他的功劳，赏罚分明，言而有信，取得了国民的信任，这确实是法家值得学习的优点。“人主使其民信此如日月，则无敌矣。”秦王朝一统天下，这是要因之一。

信义第一，取信于民，本是儒家政治要旨，可当时列国不争气，礼崩乐坏，纷纷失信于民，让以信用为手段的法家捡了个大便宜。呜呼！

《君臣》解评

本篇论述君臣在治理国家中的角色和作用。儒家君臣是道义关系和契约关系，“君使臣以礼，臣事君以忠”。臣以道事君，不可则止；法家君臣则是主奴关系，一切为君，一切唯君。

古者未有君臣、上下之时，民乱而不治。是以圣人列贵贱，制爵位，立名号，以别君臣上下之义。地广，民众，万物多，故分五官而守之。民众而奸邪生；故立法制、为度量以禁之。是故有君臣之义、五官之分、法制之禁，不可不慎也。

儒家也讲君臣上下之义和三纲，儒家君主制也是等级制。唯儒家君主制属于“善的等级制”，有一定的历史合理性和合法性；儒家的三纲在讲臣子（妻）义务的时候，也强调君父（夫）的责任，君君臣臣，父父子子，君父作为“矛盾的主要方面”，要起模范带头作用，三纲要接受五常制约。

法家君主制则不同，一是三纲唯强调君父夫、尤其君主的权威，却不讲君主的道德责任；二是仁义礼智信，五常道被反掉了，人都不成其为人了。所以法家君主制是“恶的等级制”，即使在古代也毫无合理性。

处君位而令不行，则危；五官分而无常，则乱；法制设而私善行，则民不畏刑。君尊则令行，官修则有常事，法制明则民畏刑。法制不明，而求民之行令也，不可得也。民不从令，而求君之尊也，虽尧舜之知，不能以治。明王之治天下也，缘法而治，按功而赏。凡民之所疾战不避死者，以求爵禄也。明君之治国也，士有斩首捕虏之功，必其爵足荣也，禄足食也；农不离廛者，足以养二亲，治军事。故军士死节，而农民不偷也。

儒家同样反对官事不修、法制不明和民不从令。儒家礼制包括礼乐刑政，在礼制框架下同样“缘法而治，按功而赏”。战士有斩首捕虏的功劳，当然应该享有爵位的荣耀和足够的俸禄；农民务农，当然应该足够奉养双亲和供给军需。

今世君不然，释法而以知，背功而以誉，故军士不战而农民流徙。臣闻：道民之门，在上所先。故民，可令农战，可令游宦，可令学问，在上所与。上以功劳与，则民战；上以诗书与，则民学问。民之于利也，若水于下也，四旁无择也。民徒可以得利而为之者上与之也。瞋目扼腕而语勇者得，垂衣裳而谈说者得，迟日旷久积劳私门者得——尊向三者，无功而皆可以得，民去农战而为之，或谈议而索之，或事便辟而请之，或以勇争之。故农战之民日寡，而游食者愈众，则国乱而地削，兵弱而主卑。此其所以然者，释法制而任名誉也。

“上以功劳与，则民战；上以诗书与，则民学问。”国君重视战功依此行赏，国民就勇于作战；国君重视诗书依此赐予爵禄，国民就致力学问。没错，商鞅错在将两者非此即彼地对立起来了。

在儒家，两者完全可以取得统一。孔子强调足兵足食，说：“不教民战，是谓弃之。”又说：“善人教民七年，亦可以即戎矣。”在礼崩乐坏的时代，“庶之、富之、教之”之后，必要时为了保家卫国，以民“即戎”，符合儒家义理。

故明主慎法制。言不中法者不听也，行不中法者不高也，事不中法者不为也。言中法，则辩之；行中法，则高之；事中法，则为之。故国治而地广，兵强而主尊，此治之至也。人君者不可不察也。

在礼制中，刑法是最低底线。非礼都不行，何况非法？“言不中法者不听也，行不中法者不高也，事不中法者不为也。”这是理所当然的。区别在于，礼制之下的法是良法，法家之法是恶法。通过神圣化恶法，纵然取得一时性的“国治地广兵强主尊”，必然恶果累累，后患无穷。

第六章　关于荀子对王道和霸道的认识

《王霸》解评

本篇是荀子一篇谈论治国之道的政治论文，结构严谨，逻辑严密，立论中正，见识高明。君主能否治理好国家，关键在于实行什么样的治国之道。荀子在介绍王道、霸道的政治特征的同时，还常常将亡国之道对举。立义为王道，立信为霸道，立权谋为亡国之道。只有以仁义为基本原则，然后选择一个贤能的宰相，让百官坚守法度，各负其责，就可以大安大荣，一统天下。

国者，天下之制利用也；人主者，天下之利势也。得道以持之，则大安也，大荣也，积美之源也。不得道以持之，则大危也，大累也，有之不如无之，及其綦也，索为匹夫不可得也，齐湣、宋献是也。故人主，天下之利势也，然而不能自安也，安之者必将道也。故用国者，义立而王，信立而霸，权谋立而亡。三者，明主之所谨择也，仁人之所务白也。

文章开头，提出来三种治国之道即指导思想，君主之安危荣辱，国家之盛衰存亡，皆取决于此。

荀子指出，指导思想正确，政权既非常安全又非常荣耀，成为积聚功德和美誉之源；指导思想错误，君主就会非常危险又非常劳累，有位不如无位，发展到最糟糕的情况时，想要做个平民百姓都办不到了，齐湣王、宋献公就是如此。荀子之后这种情况就更多了。

如秦王朝第二代、第三代领导人胡亥和子婴，隋炀帝，都是“索为匹夫不可得也”。赵高派女婿阎乐去杀胡亥，胡亥临死前与阎乐有一段对话，录此共赏：

阎乐前即二世数曰：“足下骄恣，诛杀无道，天下共畔足下，足下其自为计。”二世曰：“丞相可得见否？”乐曰：“不可。”二世曰：“吾原得一郡为王。”弗许。又曰：“原为万户侯。”弗许。曰：“原与妻子为黔首，比诸公子。”阎乐曰：“臣受命于丞相，为天下诛足下，足下虽多言，臣不敢报。”麾其兵进。二世自杀。(《史记》)

“国者，天下之制利用也；人主者，天下之利势也。得道以持之，则大安也，大荣也，积美之源也。”国家，是天下最为有用的工具（制字显然是衍文）；君位，是天下最为有利的地位。君主权位入小人之手，确实会变成作恶的工具，但是，它也是君子行道不可或缺的工具。只要道统高于政统，道德统帅权位，权位就是光荣的，就是积累美好的源泉。“圣人之大宝曰位。”(《易经》) 然哉。

西方以政府和权力为“必要的恶”，非正见也。权力是中性的，本身没有善恶之分，为善为恶，在乎其人其制。对于儒家来说，它可以称为“必要的善”——是必要的，必须是善的。

挈国以呼礼义而无以害之，行一不义、杀一无罪而得天下，仁者不为也，然扶持心国，且若是其固也。之所与为之者之人，则举义士也；之所以为布陈于国家刑法者，则举义法也；主之所极然帅群臣而首乡之者，则举义志也。如是，则下仰上以义矣，是綦定也。綦定而国定，国定而天下定。仲尼无置锥之地，诚义乎志意，加意乎身行，著之言语，济之日，不隐乎天下，名垂乎后世。今亦以天下之显诸侯，诚义乎志意，加义乎法则度量，著之以政事，案申重之以贵贱杀生，使袭然终始犹一也。如是，则夫名声之部发于天地之间也，岂不如日月雷霆然矣哉！故曰：“以国齐义，一日而白，汤武是也。汤以亳，武王以鄗，皆百里之地也，天下为一，诸侯为臣，通达之属莫不从服，无它故焉，以济义矣。是所谓义立而王也。”

本段介绍王道政治的特征。

儒家理想之美善与手段之正义并重。荀子说：“行一不义、杀一无罪而得天下，仁者不为也。”孟子也说过：“杀一无辜而得天下不为也。”又说：“杀一无罪非仁也，非其有而取之非义也。”这是政治原则。盖儒家主张“民为贵，社稷次之，君为轻”，认为“天地之间人为贵”，特别关心民众和珍惜人命。

各种抗暴卫道、救灾抢险的正事善举，都有可能连累乃至牺牲无辜，汤武革命，吊民伐罪，或亦难免误伤，那是一种无奈，不是主观故意。若为“得天下”或“谋全局谋万世”而有意牺牲无辜，明知无辜还要加害，那是大罪恶。

或问：“为了救天下能不能杀无辜呢？”答：“不论什么伟大的理由、崇高的目的都不能杀无辜，这是政治底线也是人道底线，这个底线若破了，‘天下’和‘无辜’都悲剧。其实天下不可能靠杀无辜而得救，邪恶手段达不成善良的目的和美好的理想。救无辜才能救天下，杀无辜适足以害天下。”

杨朱也有“杀一无辜而得天下不为也”的说法，但杨朱是利己主义，“拔一毛而利天下不为也”，虽不损人，但不利他，与儒家自立立人、自达达人的高度圆融和己饥己溺、民胞物与的利他追求是大不同的。

统一天下有两种方式：法家式和儒家式，前者以嬴政为典型，武力挂帅；后者以汤武为榜样，仁义至上。“汤以亳，武王以鄗，皆百里之地也，天下为一，诸侯为臣，通达之属莫不从服”，这就是仁义的统一。

德虽未至也，义虽未济也，然而天下之理略奏矣，刑赏已、诺，信乎天下矣，臣下晓然皆知其可要也。政令已陈，虽睹利败，不欺其民；约结已定，虽睹利败，不欺其与。如是，则兵劲城固，敌国畏之，国一綦明，与国信之，虽在僻陋之国，威动天下，五伯是也。非本政教也，非致隆高也，非綦文理也，非服人之心也；乡方略，审劳佚，谨畜积，修战备，然上下相信，而天下莫之敢当。故齐桓、晋文、楚庄、吴阖闾、越勾践，是皆僻陋之国也，威动天下，强殆中国，无它故焉，略信也。是所谓信立而霸也。

本段介绍霸道的特点。霸道比上不足，比下有余，比王道差得远，比暴政好得多，颇有可取。

霸道立信，信也是儒家五常道之一，但在五常道中居末位，重要性逊于仁义礼智。霸道虽然讲信用，但制度并非德治礼制，政治缺乏道统指导，故比王道差得远。

但是，能够立信，能够尊王攘夷，又有相当的文明性，故比暴政好得多。

对管子及其代表的霸道，儒家既有认可又有否定。孔子赞扬管子“如其仁”又斥其非礼；孟子颇为不屑，又承认其经世之才；荀子称管子为“良臣”和“野人”，都体现儒家的中庸态度：如实如理，实事求是，大中至正。东海对佛道两家和自由主义既相当赞许又不完全认同，正是纯正的儒家立场。

西方政府及其企业，在重信用方面也达到了霸道的标准。“瑞士银行是全世界最安全的银行，不要说普通人了，连各国军阀、贪污犯、大毒枭、走私犯，还有纳粹分子都把钱存到该银行。”这就是信义的作用和魅力。

挈国以呼功利，不务张其义，齐其信，唯利之求，内则不惮诈其民而求小利焉，外则不惮诈其与而求大利焉，内不修正其所以有，然常欲人之有如是，则臣下百姓莫不以诈心待其上矣。上诈其下，下诈其上，则是上下析也。如是，则敌国轻之，与国疑之，权谋日行而国不免危削，綦之而亡，齐闵、薛公是也。故用强齐，非以修礼义也，非以本政教也，非以一天下也，绵绵常以结引驰外为务。故强，南足以破楚，西足以诎秦，北足以败燕，中足以举宋。及以燕赵起而攻之，若振槁然，而身死国亡，为天下大戮，后世言恶则必稽焉。是无他故焉，唯其不由礼义而由权谋也。三者，明主之所以谨择也，而仁人之所以务白也。善择者制人，不善择者人制之。

本段介绍亡国之道，即苛政暴政的特点。治理国家背信弃义，唯利是图，对内肆无忌惮地欺诈民众，以谋取小利；对外则毫无顾忌地欺骗盟国，以谋取大利，不好好管理已有的，总是觊觎别人的财富。结果是君主欺诈臣民，臣民欺诈君主，上下离心离德，敌国轻视，盟国怀疑。随着权术谋略越搞越多，国家仍然日益危险弱小，发展到最后就是灭亡。

古人云："物必自腐而后虫生。"孟子说："人必自侮，而后人侮之；家必自毁，而后人毁之；国必自伐，而后人伐之。"亡国之道，无论亡于内忧、亡于外患还是亡于内忧外患的结合，都是自侮、自毁、自伐的结果。

国者，天下之大器也，重任也，不可不善为择所而后错之，错险则危；不可不善为择道然后道之，涂秽则塞，危塞则亡。彼国错者，非封焉之谓也，何法之道，谁子之与也？故道王者之法与王者之人为之，则亦王；道霸者之法与霸者之人为之，则亦霸；道亡国之法与亡国之人为之，则亦亡。三者，明主之所以谨择也，而仁人之所以务白也。

本段强调治国采用什么思想、使用什么人的关键作用。尧舜禹汤、文武周公都是"道王者之法与王者之人为之"的榜样，所以实现了王道；齐桓晋文是"道霸者之法与霸者之人为之"的典型，所以实现了霸道；桀、纣、齐湣、宋献和后来的嬴政、隋炀，则是"道亡国之法与亡国之人为之"的"模范"，所以都亡了国。

本段可以与曾子的一段话参看。曾子说：

天下，器也。今人之置器，置诸安处则安，置诸危处则危；而天下之情，与器无以异，在天子所置尔。汤武置天下于仁义礼乐而德泽洽，禽兽草木广育，被蛮貊四夷，累子孙十余世，历年久五六百岁，此天下之所共闻也。秦王置天下于法令刑罚，德泽无一有，而怨毒盈世，民憎恶如仇雠，祸几及身，子孙诛绝，此天下之所共见也。夫用仁义礼乐为天下者，行五六百岁犹存；用法令为天下者，十余年即亡；是非明效大验乎？

故国者，重任也，不以积持之则不立。故国者，世所以新者也，是惮惮，非变也，改王改行也。故一朝之日也，一日之人也，然而厌焉有千岁之固何也？曰："援夫千岁之信法以持之也，安与夫千岁之信士为之也。人无百岁之寿，而有千岁之信士，何也？"曰："以夫千岁之法自持者，是乃千岁之信士矣。故与积礼义之君子为之则王，与端诚信全之士为之则霸，与权谋倾覆之人为之则亡。三者，明主之所以谨择也，而仁人之所以务白也。善择之者制人，不善择之者人制之。"

"故国者，世所以新者也，是惮惮，非变也，改王改行也。"惮惮同坦坦，王为古玉字。句义谓，国家世代更新，只是当权者的变更，只是改变佩玉和某些政治行为而已，并非原则改变。

儒家礼制，可以因时制宜，应该与时偕宜，但礼制背后的精神，即仁义原则，即中道，那是放之四海而皆准，传之万古而不易，任何时候都不能改变的。

荀子将人才分为三种：一是积礼义之君子，知书达礼，明了政治大义，相当于孔子说的君子儒，可以为帝王师，成就王道政治；一是端诚信全之士，不识仁本，但品质不错，端正诚实守信，相当于小人儒，可以辅助君主成就霸道政治。至于权谋倾覆之人，权谋人士也，喜欢玩阴谋诡计，可以帮助君主灭亡国家。

彼持国者，必不可以独也，然则强固荣辱在于取相矣。身能相能，如是者王。身不能，知恐惧而求能者，如是者强。身不能，不知恐惧而求能者，安唯便僻左右亲比己者之用，如是者危削，綦之而亡。

国者，巨用之则大，小用之则小，綦大而王，綦小而亡，小巨分流者存。巨用之者，先义而后利，安不恤亲疏，不恤贵贱，唯诚能之求，夫是之谓巨用之。小用之者，先利而后义，安不恤是非，不治曲直，唯便僻亲比己者之用，夫是之谓小用之。巨用之者若彼，小用之者若此，小巨分流者亦一若彼，一若此也。故曰："粹而王，驳而霸，无一焉而亡。"此之谓也。

本段强调宰相的作用。君主自己和宰相都贤能，可以实现王道；自己无能，但懂得寻求贤能的宰相，可以强大国家；自己无能，又不能寻求贤能，只任用左右小臣和亲附自己的人，国家就会削弱危险，发展到极致就会灭亡。

治理国家有三种方式：巨用、小用和小巨分流。道义至上，先义后利，不分亲疏贵贱，只任用贤能，这是"巨用之"，大手笔治国；利益挂帅，不论是非曲直，只任用左右小臣和亲附自己的人，这是"小用之"，小手段治国；一会儿大，一会儿小，或大或小，大小各占一半，这是"小巨分流"。三种方式治国，发展到极致分别为：王道、霸道和亡国。

国无礼则不正。礼之所以正国也，譬之犹衡之于轻重也，犹绳墨之于曲直也，犹规矩之于方圆也，既错之而人莫之能诬也。《诗》云："如霜雪之将将，如日月之光明，为之则存，不为则亡。"此之谓也。

前段讲用人、得人的重要，本段讲礼制的重要。礼就如衡器规矩，对规范行为、治理国家重要无比。王道与霸道最大的区别在此。

霸道有信但无礼，没有礼乐制度，或者说其礼不符合中道要求。至于亡国之道，完全背信弃义，背礼而驰。

国危则无乐君，国安则无忧民。乱则国危，治则国安。今君人者，急逐乐而缓治国，岂不过甚矣哉！譬之是由好声色而恬无耳目也，岂不哀哉！夫人之情，目欲綦色，耳欲綦声，口欲綦味，鼻欲綦臭，心欲綦佚。此五綦者，人情之所必不免也。养五綦者有具，无其具则五綦者不可得而致也。万乘之国，可谓广大富厚矣，加有治辨、强固之道焉，若是，则恬愉无患难矣，然后养五綦之具具也。故百乐者生于治国者也，忧患者生于乱国者也。急逐乐而缓治国者，非知乐者也。故明君者，必将先治其国，然后百乐得其中。暗君必将急逐乐而缓治国，故忧患不可胜校也，必至于身死国亡然后止也，岂不哀哉！将以为乐，乃得忧焉；将以为安，乃得危焉；将以为福，乃得死亡焉；岂不哀哉！於乎！君人者，亦可以察若言矣！故治国有道，人主有职。若夫贯日而治详，一日而曲列之，是所使夫百吏官人为也，不足以是伤游玩安燕之乐。若夫论一相以兼率之，使臣下百吏莫不宿道乡方而务，是夫人主之职也。若是，则一天下，名配尧禹。之主者，守至约而详，事至佚而功，垂衣裳不下簟席之上，而海内之人莫不愿得以为帝王。夫是之谓至约，乐莫大焉。

“国危则无乐君，国安则无忧民。”或谓这里“君”与“民”为互文，句意为“国危则既无乐君也无乐民，国安则既无忧民也无忧君”。或谓“民”疑为“君”字。都讲得通，录此备案。

本段指出，君主要想获得长久的安乐，就应该抓纲治国，抓住道统，其中最要紧的职责，是选择一个贤能的宰相，统领文武百官，使百官坚持道义立场，沿着正确的方向开展工作。如此，就可以“一天下，名配尧禹”，可以“守至约而详，事至佚而功，垂衣裳不下簟席之上，而海内之人莫不愿得以为帝王”。也不影响“游玩安燕之乐”。

荀子从分工的必要性，以及分工所带来的高效率的角度，论述了君主授权于相的必要和重要性。

人主者，以官人为能者也；匹夫者，以自能为能者也。人主得使人为之，匹夫则无所移之。百亩一守，事业穷，无所移之也。今以一人兼听天下，日有余而治不足者，使人为之也。大有天下，小有一国，必自为之然后可，则劳若耗？莫甚焉，如是，则虽臧获不肯与天子易势业。以是县天下，一四海，何故必自为之？为之者，役夫之道也，墨子之说也。论德使能而官施之者，圣王之道也，儒之所谨守也。传曰："农分田而耕，贾分货而贩，百工分事而劝，士大夫分职而听，建国诸侯之君分土而守，三公总方而议；则天子共己而已。"出若入若，天下莫不平均，莫不治辨，是百王之所同也，而礼法之大分也。

以自能为能，事事亲力亲为，那是役夫之道，墨子之说；圣王之道是"论德使能而官施之"，选择和任用德才兼备的人才，给予一定的官职。农民、商人、工人、士大夫、各国诸侯、朝廷三公，各事其业，各尽其责，天子就可以垂拱而治了。

《尚书·武成》："列爵惟五，分土惟三，建官惟贤，位事惟能。重民五教，惟食丧祭，惇信明义，崇德报功，垂拱而天下治。"《论语·卫灵公》："夫何为哉！恭己正南面而已矣。"可以参看。

百里之地可以取天下，是不虚，其难者在人主之知之也。取天下者，非负其土地而从之之谓也，道足以壹人而已矣。彼其人苟壹，则其土地且奚去我而适它？故百里之地，其等位爵服，足以容天下之贤士矣；其官职事业，足以容天下之能士矣；循其旧法，择其善者而明用之，足以顺服好利之人矣。贤士一焉，能士官焉，好利之人服焉，三者具而天下尽，无有是其外矣。故百里之地，足以竭势矣；致忠信，著仁义，足以竭人矣。两者合而天下取，诸侯后同者先危。《诗》曰："自西自东，自南自北，无思不服。"一人之谓也。

取天下即统一天下，即平天下。"取天下者，非负其土地而从之之谓也，道足以壹人而已矣。"平天下，不需要抢夺土地，只需要获得人心，"道足以壹人"，近悦远来，人心归附，他们的土地自然而然也就归附了。汤武的统一，与秦始皇的统一，根本区别在此。

"壹人"之道有三：一是贤才同心同德，二是能者有官有职，三是好利之人顺服。

羿、蜂门者，善服射者也。王良、造父者，善服驭者也；聪明君子者，善服人者也。人服而势从之，人不服而势去之，故王者已于服人矣。故人主欲得善射，射远中微，则莫若羿、蜂门矣；欲得善驭，及速致远，则莫若王良、造父矣；欲得调壹天下，制秦楚，则莫若聪明君子矣。其用知甚简，其为事不劳而功名致大，甚易处而綦可乐也，故明君以为宝，而愚者以为难。

仍然是强调人才的重要性。"欲得调壹天下，制秦楚，则莫若聪明君子矣。"聪明君子对明君来说，那是宝贝。聪明君子，意谓德智双全者。这里的聪明，指明察事理、闻见明辨，与智慧近义。

夫贵为天子，富有天下，名为圣王，兼制人，人莫得而制也，是人情之所同欲也，而王者兼而有是者也。重色而衣之，重味而食之，重财物而制之，合天下而君之；饮食甚厚，声乐甚大，台榭甚高，园囿甚广，臣使诸侯，一天下，是又人情之所同欲也，而天子之礼制如是者也。制度以陈，政令以挟；官人失要则死，公侯失礼则幽，四方之国，有侈离之德则必灭；名声若日月，功绩如天地，天下之人应之如景向，是又人情之所同欲也，而王者兼而有是者也。故人之情，口好味而臭味莫美焉，耳好声而声乐莫大焉，目好色而文章致繁、妇女莫众焉，形体好佚而安重闲静莫愉焉，心好利而谷禄莫厚焉；合天下之所同愿兼而有之，皋牢天下而制之若制子孙，人苟不狂惑戆陋者，其谁能睹是而不乐也哉！欲是之主并肩而存，能建是之士不世绝，千岁而不合，何也？曰："人主不公，人臣不忠也。人主则外贤而偏举，人臣则争职而妒贤，是其所以不合之故也。人主胡不广焉，无恤亲疏，无偏贵贱，唯诚能之求？若是，则人臣轻职业让贤而安随其后；如是，则舜禹还至，王业还起。功壹天下，名配舜禹，物由有可乐如是其美焉者乎？呜呼！君人者亦可以察若言矣！"杨朱哭衢涂，曰："此夫过举跬步而觉跌千里者夫！"哀哭之。此亦荣辱安危存亡之衢已，此其为可哀甚于衢涂。呜呼哀哉！君人者千岁而不觉也。

本段长篇大论，核心在于五个字："唯诚能之求。"君主只要做到了这一点，等于事半功倍，一步千里，就有望"功壹天下，名配舜禹"。

无国而不有治法，无国而不有乱法；无国而不有贤士，无国而不有罢士；无国而不有愿民，无国而不有悍民；无国而不有美俗，无国而不有恶俗。两者并行而国在，上偏而国安，下偏而国危，上一而王，下一而亡。故其法治，其佐贤，其民愿，其俗美，而四者齐，夫是之谓上一。如是，则不战而胜，不攻而得，甲兵不劳而天下服。故汤以亳，武王以鄗，皆百里之地也，天下为一，诸侯为臣，通达之属莫不从服，无他故焉，四者齐也。桀纣即序于有天下之势，索为匹夫而不可得也，是无它故焉，四者并亡也。故百王之法不同若是，所归者一也。

治法，即良法，善法，使社会安定的法律；乱法即恶法。王道政治，良制良法，没有乱法；极权暴政，恶制恶法，没有治法。

治法乱法、贤士罢士、愿民悍民、美俗恶俗，这些现象同时存在，国家不好不坏，“存在”而已。偏于上一种情况的国家就安定，偏于下一种情况的国家就危险。

治法贤士、愿民美俗，四者具备，就是王道，汤武之道也，天下统一，诸侯臣服，凡是能通达的地方，无不服从；乱法罢士、悍民恶俗，四者具备，就会亡国，桀纣之道也，即使掌握了天下大权，占据了天下大势，最后想做一个小老百姓而不得。

上莫不致爱其下而制之以礼，上之于下，如保赤子。政令制度，所以接下之人百姓，有不理者如豪末，则虽孤独鳏寡必不加焉。故下之亲上欢如父母，可杀而不可使不顺。君臣上下，贵贱长幼，至于庶人，莫不以是为隆正。然后皆内自省以谨于分，是百王之所以同也，而礼法之枢要也。然后农分田而耕，贾分货而贩，百工分事而劝，士大夫分职而听，建国诸侯之君分土而守，三公总方而议，则天子共己而止矣。出若入若，天下莫不平均，莫不治辨，是百王之所同而礼法之大分也。

“上之于下，如保赤子。”父母爱护子女之心，无所不至。故儒家强调为政者要有父母心。这是儒家政治道德的核心，以民为本的内在基础。《洪范》“天子作民父母”，孟子再三以“为民父母”之说引导人主行仁政。《诗经》“恺悌君子，民之父母”“乐只君子，民之父母”二句为历代圣贤大儒乐引。《大学》引之并解释：“民之所好好之，民之所恶恶之，此之谓民之父母。”

孔子曰：“夫民之父母乎，必达于礼乐之原，以致五至，而行三无，以横于天下，四方有败，必先知之。此之谓民之父母矣。”从孔子、子夏、曾子，到子思，再到孟子，对“民之父母”阐释角度有所不同，立场完全一致。《荀子》也说：“君子者，天地之参，万物之总，民之父母。”“汤武者民之父母也。”

在《大戴礼记》中记载孔子说民众“归之如流水，亲之如父母”，是执政者最大的快乐，远远超过辩论的快乐。子曰：“辨言之乐，不若治政之乐；辨言之乐不下席；治政之乐皇于四海。夫政善则民说，民说则归之如流水，亲之如父母；诸侯初入而后臣之，安用辨言？”（《大戴礼记·小辨》）

《孝经》说“民之父母”是“至德”的表现。注意，威严不碍慈悲，执法不碍为民父母，关键要尊重民意，合乎公道。“左右皆曰可杀，勿听；诸大夫皆曰可杀，勿听；国人皆曰可杀，然后察之。见可杀焉，然后杀之。故曰国人杀之也。如此然后可以为民父母。”（《孟子》）

有仁心方有仁政。源于父母心的儒家仁政，绝非空洞或虚伪的说教。《洪范》有“八政”要求，孔子有“足食、足兵、民信之”之训，孟子有“制民之产”“均田制禄”的主张，都是仁政的内容。

“政令制度，所以接下之人百姓，有不理者如豪末，则虽孤独鳏寡必不加焉。”

制度政令必须高度正义，公平公正，合情合理，即使对待孤独鳏寡，也不能有丝毫不合情理之处。

若夫贯日而治平，权物而称用，使衣服有制，宫室有度，人徒有数，丧祭械用皆有等宜，以是用挟于万物，尺寸寻丈，莫得不循乎制度数量然后行，则是官人使吏之事也，不足数于大君子之前。故君人者，立隆政本朝而当，所使要百事者诚仁人也，则身佚而国治，功大而名美，上可以王，下可以霸；立隆正本朝而不当，所使要百事者非仁人也，则身劳而国乱，功废而名辱，社稷必危：是人君者之枢机也。故能当一人而天下取，失当一人而社稷危，不能当一人而能当千人百人者，说无之有也。既能当一人，则身有何劳而为，垂衣裳而天下定。故汤用伊尹，文王用吕尚，武王用召公，成王用周公旦。卑者五伯，齐桓公闺门之内，县乐奢泰游玩之修，于天下不见谓修，然九合诸侯，一匡天下，为五伯长。是亦无他故焉，知一政于管仲也，是君人者之要守也。知者易为之兴力而功名綦大，舍是而孰足为也？故古之人有大功名者，必道是者也；丧其国，危其身者，必反是者也。故孔子曰："知者之知，固以多矣，有以守少，能无察乎！愚者之知，固以少矣，有以守多，能无狂乎！"此之谓也。

君临天下者，没必要也不应该事必躬亲，把自己降为一个普通的管理者，关键在于制订正确的政治准则，任用恰当的宰相。"故君人者，立隆政本朝而当，所使要百事者诚仁人也，则身佚而国治，功大而名美，上可以王，下可以霸。"

意谓最高领导人，制订根本制度，使政治准则恰当，使管理百官之人都是仁者，就可以使身体安逸而国泰民安，功劳伟大而名声美好，上可以成就王业，下可以成就霸业。

"择相"是君主的重中之重。只要择相得当，自己就可以"垂衣裳而天下定"，即使游玩燕乐，也能国治民安，如商汤任用伊尹，周文王任用吕尚，周武王任用召公，周成王任用周公旦。次等的如五霸，齐桓公在宫门之内悬挂乐器，奢侈放纵，游荡玩耍，但在天下并没有被说成是讲求享乐。他九合诸侯，一匡天下，成为五霸中第一霸。根本原因是因为他懂得把政事全部交给管仲，这就是当君主的重要守则。

治国者，分已定，则主相、臣下、百吏各谨其所闻，不务听其所不闻；各谨其所见，不务视其所不见。所闻所见诚以齐矣，则虽幽闲隐辟，百姓莫敢不敬分安制以化其上，是治国之征也。

本段承前文继续论说分职而治、抓住要领的重要。国君、臣下、百官职责明确之后，各谨其职，不干涉别人事务。

主道治近不治远，治明不治幽，治一不治二。主能治近则远者理，主能治明则幽者化，主能当一则百事正。夫兼听天下，日有余而治不足者如此也，是治之极也。既能治近，又务治远；既能治明，又务见幽；既能当一，又务正百：是过者也。过，犹不及也，辟之是犹立直木而求其景之枉也。不能治近，又务治远；不能察明，又务见幽；不能当一，又务正百：是悖者也，辟之是犹立枉木而求其景之直也。故明主好要而暗主好详。主好要则百事详，主好详则百事荒。君者，论一相，陈一法，明一指，以兼覆之，兼炤之，以观其盛者也。相者，论列百官之长，要百事之听，以饰朝廷臣下百吏之分，度其功劳，论其庆赏，岁终奉其成功以效于君。当则可，不当则废，故君人劳于索之，而休于使之。

君主的统治原则是："治近不治远，治明不治幽，治一不治二。"因为，能够治理好近处，远处自然有条理；能够治理好明处，暗处自然潜移默化；能够治理好根本性的大事，各种小事自然会端正。这是政治的最高境界。

"既能治近，又务治远；既能治明，又务见幽；既能当一，又务正百。"这就过了，过犹不及，就像树起直木而希望它的影子弯曲一样，办不到；"不能治近，又务治远；不能察明，又务见幽；不能当一，又务正百。"这更是颠倒了，就像树起曲木而希望它影子笔直一样，根本不可能。

"故明主好要而暗主好详。主好要则百事详，主好详则百事荒。"英明的君主喜欢抓住要领，愚昧的君主喜欢管得周详。抓住要领则百事周详，管得周详则百事荒废。对从事领导工作的现代人来说，这个教导仍然大有意义。

用国者，得百姓之力者富，得百姓之死者强，得百姓之誉者荣。三得者具而天下归之，三得者亡而天下去之。天下归之之谓王，天下去之之谓亡。汤武者，循其道，行其义，兴天下同利，除天下同害，天下归之。故厚德音以先之，明礼义以道之，致忠信以爱之，尚贤使能以次之，爵服赏庆以申重之，时其事、轻其任以调齐之，潢然兼覆之，养长之，如何赤子。生民则致宽，使民则綦理，辩政令制度，所以接天下之人百姓，有非理者如豪末，则虽孤独鳏寡必不加焉。是故百姓贵之如帝，亲之如父母，为之出死断亡而不愉者，无他故焉，道德诚明，利泽诚厚也。乱世不然：污漫突盗以先之，权谋倾覆以示之，俳优、侏儒、妇女之请谒以悖之，使愚诏知，使不肖临贤，生民则致贫隘，使民则綦劳苦。是故百姓贱之如尪，恶之如鬼，日欲司间而相与投藉之，去逐之。卒有寇难之事，又望百姓之为己死，不可得也，说无以取之焉。孔子曰："审吾所以适人，适人之所以来我也。"此之谓也。

王者，天下归往。"天下归之之谓王"，这才是王道的真义。如何才能达到"天下归之"的境界呢？荀子以汤武为例说，汤武遵循王道原则，实践仁义政治，兴起天下人的共同福利，除去天下人的共同祸害，天下人都归附他们。

相反，"天下去之之谓亡"。荀子描述亡国之道造成的乱世景象：君主以下流盗贼行径引导人民；以权术阴谋倾轧陷害人民；让戏子侏儒女人求见说情来扰乱政治；让愚人去教诲智者；让缺德者去领导贤才；"养育"人民使他们贫穷困厄；奴役人民使他们疲劳辛苦。所以百姓鄙视他就像鄙视残疾人，厌恶他就像厌恶鬼魅，天天想找机会一起抛弃践踏他、驱逐他。

伤国者何也？曰："以小人尚民而威，以非所取于民而巧，是伤国之大灾也。大国之主也，而好见小利，是伤国；其于声色、台榭、园囿也，愈厌而好新，是伤国；不好循正其所以有，啖啖常欲人之有，是伤国。三邪者在匈中，而又好以权谋倾覆之人断事其外，若是，则权轻名辱，社稷必危，是伤国者也。大国之主也，不隆本行，不敬旧法，而好诈故若是，则夫朝廷群臣亦从而成俗于不隆礼义而好倾覆也。朝廷群臣之俗若是，则夫众庶百姓亦从而成俗于不隆礼义而好贪利矣。君臣上下之俗莫不若是，则地虽广，权必轻；人虽众，兵必弱；刑罚虽繁，令不下通。夫是之谓危国，是伤国者也。”

本段指出各种危害国家的行为。

让小人骑在民众头上作威作福，用奸诈非法的手段掠夺民众，这是伤害国家最大的灾难。其他如：大国君王而喜好小利；沉迷于声色台榭园囿，喜新厌旧；不好好管理自己所拥有的，对别人所拥有的垂涎三尺，诸如此类，都是危害国家的行为。

儒者为之不然，必将曲辨：朝廷必将隆礼义而审贵贱，若是，则士大夫莫不敬节死制者矣。百官则将齐其制度，重其官秩，若是，则百吏莫不畏法而遵绳矣。关市几而不征，质律禁止而不偏，如是，则商贾莫不敦悫而无诈矣。百工将时斩伐，佻其期日而利其巧任，如是，则百工莫不忠信而不楛矣。县鄙将轻田野之税，省刀布之敛，罕举力役，无夺农时，如是，则农夫莫不朴力而寡能矣。士大夫务节死制，然而兵劲。百吏畏法循绳，然后国常不乱。商贾敦悫无诈，则商旅安，货财通，而国求给矣。百工忠信而不楛，则器用巧便而财不匮矣。农夫朴力而寡能，则上不失天时，下不失地利，中得人和，而百事不废。是之谓政令行，风俗美，以守则固，以征则强，居则有名，动则有功。此儒之所谓曲辨也。

本段作为全篇结尾，罗列了儒者治国必须细致周详地做好的几件重要工作，如要求朝廷，隆礼义而审贵贱；督促百官，则将齐其制度、重其官秩，关市几而不征等等。

关市几而不征，意谓对各个关口和市场，只稽查不收税。《礼记·玉藻》郑注：“几犹察也。”几就是稽查、查问之义。荀子在《王制》中又说：“王者之法：等赋、政事、财万物，所以养万民也。田野什一，关市几而不征，山林泽梁，以时禁发而不税。”

《孟子·公孙丑》：“市廛而不征，法而不廛，则天下之商皆悦，而愿藏于其市矣。”意谓市场管理上，给商人提供堆放货物的场地但不收税；商品滞消时，依法征购，不让长久积压。齐桓公就曾这样做："通齐国之鱼盐于东莱，使关市几而不征，以为诸侯利。"（《国语·齐语》）

如果上述措施能够落到实处，如果王道理论能够取得指导思想地位，并完全付诸实践，毫无疑问，国家的政治文明度、社会和谐度和民众幸福度，都将是最高的——即使在君主时代。

第七章　关于《世说新语》

前　言

刘强兄浸淫《世说新语》十余载，自称有《世说》癖，欲建立“世说学”。今读其《世说新语——有竹居新评》一书，不少评点灵心独运，推陈出新，颇为独到，可以说代表了该书评点研究的最高水平，得到了骆玉明、唐翼明、鲍鹏山诸位学者名家的肯定和赞许。

然而，儒眼相看，优点固然很多，问题亦复不少，主要有二：首先，就整体而言，对魏晋玄学、魏晋名士和清谈抬举过度；其次，对一些名士的具体言论和行为褒贬失当，主要是褒扬过度。两个问题可以用两个字来概括：“过誉”。

这是个“历史性”的问题，存在于《世说新语》（后文简称《世说》）历代评点研究者笔下，更存在于《世说》本身，还存在于魏晋名士群体之间——由于标准和眼光出了问题，他们相互间往往褒贬和吹捧过度。下面分别剖析、批判之。

清谈误国

魏晋清谈，始于魏齐王曹芳正始年间，由何晏、王弼创始，其后阮籍、嵇康主张“越名教任自然”“非汤武而薄周孔”（《与山巨源绝交书》），嵇康并“以六经为芜秽，以仁义为臭腐”（《难自然好学论》）。其后郭象《庄子注》一出，玄学大畅，“儒墨之迹见鄙，道家之言遂盛焉。”（《晋书·郭象传》）记述自汉末到刘宋时，名士贵族的遗闻轶事和玄言清谈的《世说》，被鲁迅称为“名士教科书”。鲁迅说：

这种清谈本从汉之清议而来。汉末政治黑暗，一般名士议论政事，其初在社会上很有势力，后来遭执政者之嫉视，渐渐被害，如孔融、祢衡等都被曹操设法害死，所以到了晋代底名士，就不敢再议论政事，而一变为专谈玄理；清议而不谈政事，这就成了所谓清谈了。但这种清谈的名士，当时在社会上仍旧很有势力，若不能玄谈的，好似不够名士底资格；而《世说》这部书，差不多就可看做一部名士底教科书。

说清谈从清议而来，并不准确。清议的道德根源是儒学，清谈的文化基础是玄学，以老庄为宗。《世说·文学》记载：

阮宣子有令闻。太尉王夷甫见而问曰：“老庄与圣教同异？”对曰：“将无同？”太尉善其言，辟之为掾。世谓“三语掾”。卫玠嘲之曰：“一言可辟，何假于三！”宣子曰：“苟是天下人望，亦可无言而辟，复何假于一！”遂相与为友。

老庄与圣教之别，即道学与儒学之别。两者有同有异，大同大异。两家都强调道德，但对道德的认知大不同。“将无同”之说，含含混混，全不着调，却受到王夷甫高度称赞，可见阮宣子和王夷甫的糊涂。魏晋名士认理不明、悟道不透，于此可见。刘强评曰：

阮修实是王衍肚中蛔虫，将无同三字，正解开王衍辈心中之千千结矣！有此理论根据，则尽可遗落世事而虚谈废务，端居庙堂而祖述虚无，致使王纲解钮，五胡乱华，神州倾覆，万里丘墟，在所不惜也。清谈误国之说，推本溯源，实在此三字！然究其实，清谈未必定误国。误国者无他，在以王衍辈治国也。故近人章太炎云：

“五朝所以不竞，由任世贵，又以言貌举人，不在玄学。”

前半甚是，后半有误。王衍辈误国，就是清谈误国、玄学误国和老庄误国。

王衍，字夷甫，出生于魏晋名门琅琊王氏，从兄王戎为“竹林七贤”之一，王衍亦以谈老庄为事。他妙善玄言，又居高位，历任中领军、中书令、尚书令，位至三公，后进仿效，成为当时清谈玄学的代表人物，誉满天下，还常常自比子贡。《晋书·乐广传》：“广与王衍俱宅心事外，名重于时。故天下言风流者，谓王、乐为称首焉。”

其实这个王衍，风流谈不上，下流免不了。他被石勒俘虏后，推脱西晋灭亡与自己无关，石勒怒道：“君名盖四海，身居重任，少壮登朝，至于白首，何得言不豫世事邪！破坏天下，正是君罪。”

王衍又劝石勒建国称帝，但还是被石勒活埋了，临死叹息：“呜呼！吾曹虽不如古人，向若不祖尚浮虚，戮力以匡天下，犹可不至今日。”后来桓温北伐，眺望中原慨叹：“神州陆沉，百年丘墟，王夷甫诸人不得不任其责。”

一味祖尚浮虚，不肯戮力以匡天下，正是清谈派的问题所在。清谈派者，苟安派也。清谈派诸名士，初到江南，曾作新亭对泣的可怜状，但形势稍定，就丧失了恢复之志，唯图苟且偷安与门第尊荣。正如钱穆所说：“当时诸族拥戴晋室，正如曹操迎汉献帝，挟天子以令诸侯，把南方的财富，来支撑北方的门第。”（《国史大纲》）

关于名士，王恭有一句名言：“名士不必须奇才，但使常得无事，痛饮酒，熟读《离骚》，便可称名士。”（《任诞》）其实，真正熟读《离骚》，就不可能无所事事，玩世不恭。像众多魏晋名士那样，或轻薄，或浅薄，或刻薄，对世事民瘼漠不关心，却身为物质权位所役，飞来飞去宰相家，或为相为将，与《离骚》精神格格不入矣。

晋室东迁，衣冠南渡，南渡人物本有文化缺陷，历久弥彰，每况愈下。而北方诸胡，反而越来越汉化儒化，颇能尊孔尊儒。此消彼长，北方文化、政治、社会各方面渐渐胜于南方，最后超越和统一南方。《北史·儒林传序》曰：“南人约简，得其英华；北学深芜，穷其枝叶。”此说不当。北学粗糙，固未穷其枝叶；南人虚浮，何尝得其英华。《世说·文学》：

褚季野语孙安国云：“北人学问，渊综广博。”孙答曰：“南人学问，清通简要。”支道林闻之，曰：“圣贤故所忘言。自中人以还，北人看书，如显处视月；南人学问，如牖中窥日。”

褚季野和支道林对南人学问都过誉了。南学立足于老庄，清而不通，简而不要，不是牖中窥日，而是坐井观天。

魏晋清谈和南人学问，孔融、祢衡有以启之。钱穆指出：

路粹奏孔融与白衣祢衡跌荡放言，云：“父之于子，当有何亲？论其本意，实为情欲发耳。子之于母，亦复奚为？譬如寄物瓶中，出则离矣。”此等狂论，皆下开魏晋风气。惟孔融尚未正式弃孔孟归庄老，正式主张庄老者，为王弼、何晏。然何晏尚务实干，以庄老为玄虚者，乃阮籍、嵇康。然阮、嵇皆别具苦心。此下则又自玄虚转成放诞矣。(《国史大纲》)

“父之于子，当有何亲？论其本意，实为情欲发耳。子之于母，亦复奚为？譬如寄物瓶中，出则离矣。”这段极端非礼背义的话，出自路粹的告状书。据《后汉书·孔融传》：“曹操既积嫌忌，而郗虑复构成其罪，遂令丞相军谋祭酒，路粹枉状奏融。”枉状，诬告也。孔融到底是否说过这种话，未能确定。

按其为人似不会这么说。《后汉书·孔融传》：“年十三丧父，哀悴过毁，扶而后起，州里归其孝。”《三国志》：“郡人甄子然孝行知名，早卒，融恨不及之，乃令配食县社。”让梨，与兄争入狱，都说明他很重视孝悌，能付诸实践。但他又是狂士，好酒放浪，言行疏狂，“理不胜词，以至乎杂以嘲戏”，酒后狂言戏语亦非不可能。

这类观点下开魏晋风气，流弊无穷，而清谈派又每况愈下，放诞狂浪，蔑弃礼法，排斥六经，名望越高，影响越坏，对政治和社会的误导越严重。

刘强认为，魏晋之际“儒学渐趋式微，老庄乘势抬头，又加佛教东渐，道教兴起，诸种思潮交互影响，磨合激荡，遂形成中华文明史上十分独特而别具光彩之玄学时代。”东海看去，黑暗有余而光彩不足，根源就在于老庄玄学和魏晋风度。

所谓的魏晋风度，才情有余而性情不足，花叶有余而根蒂不足，外观有余而内涵不足。《品藻》记载蔡叔子云：“韩康伯虽无骨干，然亦肤立。”余嘉锡云：“此言其虽无骨干，而其见于外者亦足自立也。”清谈派上流，亦仅能“肤立”而已，其中下流人物，则肤立亦不能够，烂肉一堆耳。魏晋风流，不乏清风更有歪风，也有上流更多下流。

魏晋清谈，始于正始年间，有“正始之音”之称，受到刘强和《世说》爱好者的高度称赞，殊不知“正始之音”一开始就大不正。顾炎武一针见血地指出：

魏明帝殂，少帝即位，改元正始，凡九年。其十年，则太傅司马懿杀大将军曹爽，而魏之大权移矣。三国鼎立，至此垂三十年，一时名士风流，盛于洛下。乃其弃经典而尚老庄，蔑礼法而崇放达，视其主之颠危若路人然，即此诸贤为之倡也。自此以后，竞相祖述。如《晋书》言王敦见卫玠，谓长史谢鲲曰：“不意永嘉之末，复闻正始之音。”沙门支遁以清谈著名于时，莫不崇敬，以为“造微之功，足参诸正始”。《宋书》言羊玄保二子，太祖赐名曰咸、曰粲，谓玄保曰：“欲令卿二子有林下正始余风。”王微《与何偃书》曰：“卿少陶玄风，淹雅修畅，自是正始中人。”《南齐书》言袁粲言于帝曰：“臣观张绪有正始遗风。”《南史》言何尚之谓王球“正始之风尚在”。其为后人企羡如此。

然而《晋书·儒林传序》云：“摒阙里之典经，习正始之余论，指礼法为流俗，目纵诞以清高。”此则虚名虽被于时流，笃论未忘乎学者。是以讲明六艺，郑王为集汉之终；演说老庄，王何为开晋之始。以至国亡于上，教沦于下，羌胡互僭，君臣屡易，非林下诸贤之咎而谁咎哉！（《日知录·卷十三·正始》）

顾炎武又说：“刘石乱华，本于清谈之流祸，人人知之。”（《与友人论学书》）其然，岂其然乎？大量《世说》的爱好者评点者，欣赏有加、赞美有加呢。

魏晋清谈的文化根基是道家学说。道家若作为辅统，自有裨益，若凌驾于儒家之上，成为主体文化和主导思想，则其蔽不可胜言。换言之，道家可以锦上添花，为正人君子和文明世界增加文化芬芳，但不能雪中送炭，不能为缺德的人物和世道提供必要的道德营养。

荀子说：“庄子蔽于天而不知人。”东海说：“老子蔽于静而不知动。”老庄都一样蔽于体而不知用，蔽于道而不知器，蔽于德而不知政，其学说有严重的纰漏，不能对政治、社会和家庭生活做出正确的指导。儒家如主食，道家如药。药再好也不能当饭吃。魏晋各种政治、社会问题的根源，就是把主食当成了药，又把药当成了主食。

《易经·系辞》说：“唯深也，故能通天下之志；唯几也，故能成天下之务。”不能“通天下之志”，何以“成天下之务”。魏晋国运愈趋愈下，东晋不能恢复中原，文化问题是最根本的问题。从汉末到魏晋，主导性文化从儒家转而为法家，又转而为道家，世道人心也随之越来越坏，直到南朝，终于不可收拾，被北方所“收拾”。

祸世败家

作为魏晋风度的重要理念和突出表现，“非汤武而薄周孔，越名教而任自然”的宣言，大错特错，误人非浅。汤武周孔，中道仁本，一脉相承。非汤武就是反中道，薄周礼就是薄仁义。汤武不可非也，周孔不可薄也。除了方外人士，名教不可越也；未抵圣人境界，自然不可任也。

“任自然”的结果就是“善人少，恶人多”。对此《世说》中殷浩不小心说破了。《世说·文学》：

殷中军问：“自然无心于禀受，何以正善人少，恶人多？”诸人莫有言者。刘尹答曰：“譬如泄水著地，正自纵横流漫，略无正方圆者。”一时绝叹，以为名通。

这则清谈谈论的是人性。克己复礼为仁，中正方圆的正人君子和圣贤，需要持之以恒地学养培育，才能水到渠成。“任其自然”的结果，就像泼水于地，纵横流漫，难得出现“正方圆者”。这正是道家和庄子的弊端。儒家强调尽心、克己、尽己，庄子则一味强调忘己和自然。马一浮曾经指出：“庄子实有执性废修之弊。”（《复性书院讲录》）刘强评点说：

真长此语，看似睿智玄妙，实亦老庄唾余，不足为训。于此可知，晋人昧于老庄玄理，而于儒学形上之道甚为隔膜。《中庸》所谓天命之谓性，率性之谓道，修道之谓教，孟子所谓尽心、知性、知天，以及存心、养性、事天之论，皆被道家自然一词所取代，故天命流行、天道下贯人道之理，遂成认知盲区。

这段评点甚是。但刘强在《有竹居新评》中一而再、再而三地肯定赞赏“越名教而任自然”观点，未免自相矛盾。

司马氏试图通过“名教”收拾人心，然而司马氏的政权是篡窃而来的，名不正、言不顺，只能提出一个“孝”字而不得不舍弃“忠”字，其所谓的“名教”显得特别虚伪。“越”司马氏的“名教”，可以理解，但不能泛泛地说“越名教”，就像反对伪道德但不能反对道德本身一样。

所谓“名教”，就是礼制、礼法，是政治秩序和道德精神的制度保障，一经制定，在一定时间段内就有其严肃性，不可轻易违反和逾越。国而无礼，不成其为国；家而无礼，不成其为家；人而无礼，不成其为人。

礼制崩坏了应恢复之，虚伪了应真诚之，出偏了、落后了应纠正更新之。孔子恢复周礼的努力，康有为变法维新的选择，最为正确，而清谈派的做法无异于火上浇油。所谓“竹林七贤”，贤在不合作，“不肖”在弃经典而蔑礼法。《任诞》：

温公喜慢语，卞令礼法自居。至庾公许，大相剖击，温发口鄙秽，庾公徐曰：太真终日无鄙言。

刘强评点卞令说：“礼法之士诚可畏，不是真儒家。”又说：“礼法人，亦套中人。”反对礼法，贬低卞壶，皆出言不谨。温太真二次救晋室于危乱，在江州任上“甚有惠政，甄异行能”，确实值得称赞，但不能因此贬斥尚书令卞壶。

卞壶是东晋初优秀之士。卞壶，字望之，元帝时任从事中郎，明帝时迁东中郎长史，为人俭素廉洁，以礼法自居，不畏强权，不肯苟同时好，意图纠正当世。成帝即位，与庾亮共参机要。王导因疾不朝，壶斥责之。咸和元年六月，又上奏王导无大臣之节，亏法纵私，朝野惊惮。当时贵族子弟仿慕王澄、谢鲲等放达无束，卞壶厉色于朝曰：“悖礼伤教，罪莫大焉；中朝倾覆，实由于此。”（邓粲《晋纪》）苏峻作乱，卞壶后率兵抵抗，最终战死，谥曰忠贞。

这样的人物，在当时最是难得，却不受尊重，每为诸名士所贬。刘强说他“不是真儒家”，有“落井下石”之嫌。

礼法这个套，轻易解不得。无礼无法，必然导致政治无道，社会无序，让各种恶习得到大解放。如《汰侈》十二则所载争豪斗富、人乳喂猪、斩美劝酒之类，疯狂、变态、邪恶、丑陋无限。如《汰侈》：

石崇每要客燕集，常令美人行酒；客饮酒不尽者，使黄门交斩美人。王丞相与大将军尝共诣崇。丞相素不能饮，辄自勉强，至于沉醉。每至大将军，固不饮以观其变，已斩三人，颜色如故，尚不肯饮。丞相让之，大将军曰："自杀伊家人，何预卿事！"

这个石崇是个官匪合一的贼头。王隐《晋书》记载："石崇为荆州刺史，劫夺杀人，以致巨富。"石崇作为地方首长抢劫杀人，甚至当着王导的面杀人，王导身为丞相，不能出一言规正之、约束之，清高如此，近乎冷酷，令人寒心。与王大将军相比，五十步笑百步而已。刘强说"丞相到底仁厚"，我说是刘强过于仁厚。

宋武帝即位告天策："晋自东迁，四维不振，宰辅凭依，为日已久。"对东晋四维不振的状况，王导这个宰辅和文化领袖，理所当然负有重大责任。

刘强说："《汰侈》十二则，大抵皆无道无义之事，读之可厌。西晋亡国，实骄奢淫逸之罪，不关清谈。"

殊不知"西晋一朝，上自皇帝，下至名臣，无不骄奢好货"。和他们的骄奢淫逸，正是清谈派非汤武、薄周孔、反礼法、任自然的结果。魏晋之间，清谈和恶浊之间有着内在的因果。《尤悔》：

王导、温峤俱见明帝，帝问温前世所以得天下之由。温未答。顷，王曰："温峤年少未谙，臣为陛下陈之。"王乃具叙宣王创业之始，诛夷名族，宠树同己。及文王之末，高贵乡公事。明帝闻之，覆面著床曰："若如公言，祚安得长！"

刘强评王导"有智有勇"，又说："王导善导，明帝能明。"非也。明帝固然能明，王导却不善导，明帝不失为可辅之君，王导却不是合格之相，他缺乏高远的政治抱负和道德理想。

晋篡于魏，取之无道，但是，前人虽然逆取，今人何妨顺守？晋明帝通过王导之口了解本朝不光明的历史后，覆面著床，自感羞耻，可谓知耻。如果宰辅能够善加诱导，让他知耻后勇，君臣发愤图强，弃旧图新，完全可以在“敬天保民”“民重君轻”思想的指引下，返本开新，开创出一个光明的政治局面来。

王导无此想法，放任苟安，一味在各种人物和势力之间和稀泥，到了晚年，更是昏聩和怠于政事。《政事》：

丞相末年，略不复省事，正封箓，诺之。自叹曰：“人言我愦愦，后人当思此愦愦。”

对王导这句自我解嘲之语，刘强说：“聪明容易糊涂难。此大有宁武子愚不可及、郑板桥难得糊涂之妙也。清谈政治家常读老庄玄理，故能不粘滞于一事一物。”这样的赞美，王导和清谈家们当不起。而寄望这些家伙救民水火和恢复中原，更是望虫成龙，不可能也。

国已不国，家亦不家。清谈派大多门风不良，乾纲不振，不能齐家。《世说·规箴》：

王夷甫妇，郭泰宁女，才拙而性刚，聚敛无厌，干预人事。夷甫患之而不能禁。时其乡人幽州刺史李阳，京都大侠，犹汉之楼护，郭氏惮之。夷甫骤谏之，乃曰：“非但我言卿不可，李阳亦谓卿不可。”郭氏小为之损。

太太贪婪无度，聚敛无厌，王衍“患之而不能禁”，只好搬来京都大侠的话作救兵，才使太太“小为之损”，稍微收敛，可见效果有限。王衍作为当时的名门望族、朝廷高官和清谈派领袖，既不能治国又不能齐家，王戎、王敦也都一样。这也是清谈派共通之疾，玄学不足以与儒学相提并论明矣。

王夫人是郭豫（郭泰宁）之女，郭豫仕至相国参军，也是当时知名人士。养不教父之过，有这样的女儿，可见郭家家教同样不行。

非礼、非法必然导致非人化；政治上国不国，文化上家不家，社会就难免人不人鬼不鬼。当时居然有以子杀母者。《晋书·阮籍传》记载：

有司言有子杀母者，籍曰："嘻！杀父乃可，至杀母乎！"坐者怪其失言。帝曰："杀父，天下之极恶，而以为可乎？"籍曰："禽兽知母而不知父，杀父，禽兽之类也。杀母，禽兽之不若。"众乃悦服。

阮籍有所不知，社会丛林化，民众禽兽化甚至变得禽兽不如，正是反礼法思想的逻辑必然。阮籍有句名言说"礼岂为我辈设"，殊不知，"礼"不能不为政治设，"法"不能不为民众设。若要政治文明、社会和谐、道德正常，这是不可或缺的两条底线呀。

"竹林七贤"

《世说》共三卷三十六门，上卷四门为德行、言语、政事、文学；中卷九门为方正、雅量、识鉴、赏誉、品藻、规箴、捷悟、夙慧、豪爽，都是正面的褒扬；下卷二十三门，虽有贬斥，仍以褒扬为主。总之，三十六门都褒扬了很多不值得、不应该褒扬的东西，甚至错认庸俗为脱俗，错认下流为风流。下面举例说明之。

古今艳称的"竹林七贤"，就有些名不副实。

《晋书·嵇康传》："嵇康居山阳，所与神交者惟陈留阮籍、河内山涛，豫其流者河内向秀、沛国刘伶、籍兄子咸、琅邪王戎，遂为竹林之游，世所谓'竹林七贤'也。"《世说·任诞》说他们"七人常集于竹林之下，肆意酣畅，故世谓'竹林七贤'"。

当时清谈派共同议论"竹林七贤"的优劣，谢玄说："先辈初不臧贬七贤。"刘强赞美说："谢公此语用心良苦，盖七贤未尝无优劣，然竹林之精神实乃浑一整体，有沛然莫之能御者在焉，割裂观之，必伤其真髓，损其元气，所谓只见树木不见森林矣。”

竹林精神，植根于老庄，归本于虚静，有一定的清高超脱，却谈不上什么“有沛然莫之能御者在焉”，而七人优劣不同也是很明显的。按照儒家标准衡量，劣者龌龊小人而已，优者的境界也很有限，没有一流人士，只是一般人士，优缺点并存，勉强可称为准君子。

他们堪称进退失据：进不像官员，退不像隐士；皆不能济世，或不能保身，如“竹林七贤”之首嵇康，可谓活着徒有虚名，死不足以成仁。如嵇康，字叔夜，官曹魏中散大夫，世称嵇中散。《德行》载：“王戎云：‘与嵇康居二十年，未尝见其喜愠之色。’”够谨慎的了，可惜人才华有余而德智不足，还是得罪钟会，为其构陷而被司马昭处死，年仅四十岁。

刘强说：“嵇康之死，惊天地泣鬼神，堪与苏格拉底之死相媲美，实人类史上最壮美之死亡矣！”太过誉了。嵇康之死，死得无谓之至，值得同情，不值得敬佩。明哲既不足以保身，杀身亦不足以成仁，哀哉。

《政事》载：嵇康被诛后，山公举康子绍为秘书丞。公曰：“为君思之久矣。天地四时，犹有消息，而况人乎？”尽管山涛、嵇绍是正面人物，但山涛举荐嵇绍，陷嵇绍于不义；而嵇绍居然靦颜事仇，置父仇于不顾。儒眼看去，都有道德问题。

刘书所引顾炎武和余嘉锡的批评，中肯在理。顾炎武说：

> 昔者嵇绍之父康被杀于晋文王，至武帝革命之时，而山涛荐之入仕。绍时屏居私门，欲辞不就。涛谓之曰：“为君思之久矣！天地四时，犹有消息，而况于人乎？”一时传诵以为名言，而不知其败义伤教，至于率天下而无父也。夫绍之于晋，非其君也。忘其父而事其非君，当其未死，三十余年之间，为无父之人，亦已久矣。而荡阴之死，何足以赎其罪乎？且其入仕之初，岂知必有乘舆败绩之

事，而可树其忠名，以盖于晚也。(《日知录》)

余嘉锡说：

绍自为山涛所荐，后遂死于荡阴之难。夫食焉不避其难。既食其禄，自不得临难苟免。绍之死无可议，其失在不当出仕耳……劝之出者岂非陷人于不义乎！所谓天地四时，犹有消息，尤辩而无理。大抵清谈诸人，多不明出处之义。

王夫之的批判最为严厉：

嵇绍可以仕晋乎？曰："不可。"仕晋而可为之死乎？曰："仕而恶可弗死也！仕则必死之，故必不可仕也。"父受诛，子雠焉，非法也；父不受诛，子不雠焉，非心也。此犹为一王之下，君臣分定，天子制法，有司奉行，而有受诛不受诛者言也。嵇康之在魏，与司马昭俱比肩而事主，康非昭之所得杀而杀之，亦平人之相贼杀而已。且康之死也，以非汤、武而见惮于昭，是晋之终篡，康且遗恨于泉下，而绍戴之以为君，然则昭其汤、武而康其飞廉、恶来矣乎！绍于是不孝之罪通于天矣。

沈充以逆伏诛，而子劲为晋效死。蔡仲之命曰："尔尚盖前人之愆。一沈劲克当之矣。绍盖前人之美，而以父母之身，糜烂而殉怨不共天之乱贼，愚哉其不仁也！汤阴之血，河不洒于魏社为屋之日，何不洒于叔夜赴市之琴，而洒于司马氏之衣也？"(《读通鉴论》)

朱熹否定嵇绍仕晋之举，但肯定嵇绍死难是忠君，明朝程潜也说，晋惠帝时朝政昏暗、士风颓败，"独嵇绍一死，遗芳万古，凛乎其可敬也"。但王夫之对嵇绍荡阴之死也采取完全否定的态度，认为绍仕不当仕之朝，为有父仇的昏君死难，是不仁且愚昧之举，无忠义可言。而是“逆先人之志节，以殉仇贼之子孙”的不仁不智行为，是“妄人之妄，自毙而已矣”。

山涛与嵇康、阮籍友善。《晋阳秋》曰：“涛雅量恢达，度量弘远，心存事外而与时俯仰。尝与阮籍、嵇康诸人著忘言之契。至于群子，屯蹇于世，涛独保浩然之度。”世人都以嵇康、阮籍为高，东海相反，认为山涛的品德优于嵇康、阮籍。虽然他“心存事外而与时俯仰”，随波逐流，算不得什么大德。

阮籍字嗣宗，《魏氏春秋》称他：“宏达不羁，不拘礼俗。兖州刺史王昶请与相见，终日不得与言。昶愧叹之，自以不能测也。口不论事，自然高迈。”与人相见又让人“终日不得与言”，太做作矫情了，不如不见为高。

《德行》：“晋文王称阮嗣宗至慎，每与之言，言皆玄远，未尝臧否人物。”

《简傲》：“晋文王功德盛大，坐席严敬，拟于王者。唯阮籍在坐，箕踞啸歌，酣放自若。”

晋文王就是司马昭，曹魏权臣和西晋的奠基者，虽然厉害，并非正人。被这样的人物赞叹，有什么可光荣的。真正的高士，根本不会入其坐，也必自有保身之道，用不着到司马昭面前去装疯佯狂。

阮籍本质不坏，但言行不正，带坏了一批人。王隐《晋书》记载：

魏末阮籍，嗜酒荒放，露头散发，裸袒箕踞。其后贵游子弟阮瞻、王澄、谢鲲、胡毋辅之之徒，皆祖述于籍，谓得大道之本。故去巾帻，脱衣服，露丑恶，同禽兽。甚者名之为通，次者名之为达也。

干宝《晋纪》记载：“何曾尝谓阮籍曰：‘卿恣情任性，败俗之人也。今忠贤执政，综核名实，若卿之徒，何可长也！'” 魏晋之际，政治无道，篡乱频仍，“忠贤执政，综核名实”是远远谈不上，说阮籍为恣情任性的败俗之人，则是实话实说。

这个何曾历仕魏、晋，并为晋重臣，日食万钱犹云无下箸处，一味豪奢而无补大局，却有一定眼光。史载：

> 初，曾侍武帝宴，退而告遵等曰：“国家应天受禅，创业垂统。吾每宴见，未尝闻经国远图，惟说平生常事，非贻厥孙谋之兆也。及身而已，后嗣其殆乎！此子孙之忧也，汝等犹可获没。”指诸孙曰：“此等必遇乱亡也。”（《晋书·卷三十三》）

后来的历史果然被何曾不幸而言中：晋武帝坐享太平，晋惠帝是个草包，侥幸苟活，但“八王之乱”随之上演，晋国再无宁日，第三代开始天翻地覆。

比起山涛、嵇康、阮籍来，向秀、阮咸、刘伶又等而下之了。“七贤”中王戎最不贤，鄙俗小人而已。晋书谓王戎“性好利”，多置园田水碓，聚敛无已，富甲京城。此人早年在荆州刺史任上，曾因私派部下修建园宅而被免官，后来出钱赎回官位，晚年经常与夫人手执象牙筹，计算财产，日夜不辍，真可谓身为物役、守财成奴。

《世说·俭啬》共九条，即有四条记王戎事，其中一条特别令人厌恶。《俭啬》：“王戎有好李，常卖之，恐人得其种，恒钻其核。”鄙吝至此，匪夷所思，无论以古今中外哪家哪派的标准衡量，皆非贤者。

戴逵评：“王戎晦默于危乱之际，获免忧祸，既明且哲，于是在矣。”认为这是王戎避祸于乱世的“自晦”之举，余嘉锡认为，王戎天性鄙吝，戴逵所言乃是出于“名士相为护惜”“阿私所好，非公论也”。余嘉锡所言是。

作为魏晋风度的代表人物，“竹林七贤”尚且如此，何况其他。

贼头祖逖

历来最为褒扬过度的人物是祖逖。这个与“闻鸡起舞”“中流击楫”两个成语联系在一起、非常正面励志的人物，其实与石崇一样是个官匪合一的贼头。

祖逖祖上世代担任二千石的高官，父亲祖武曾任上谷太守，是北方一个大族。西晋灭亡后，祖逖也渡江南下，被晋元帝司马睿用为徐州刺史，寻征军谘祭酒，居丹徒之京口，经常在晋元帝辖区内进行武装抢劫。《世说·豪爽》：

祖车骑过江时，公私俭薄，无好服玩。王庾诸公共就祖，忽见裘袍重叠，珍饰盈列。诸公怪问之，祖曰：“昨夜复南塘一出。”祖于时恒自使健儿鼓行劫钞，在事之人，亦容而不问。

《晋书》和《晋阳秋》亦有类似记载：

逖以社稷倾覆，常怀振复之志。宾客义徒皆暴杰勇士，逖遇之如子弟。时扬土大饥，此辈多为盗窃，攻剽富室，逖抚慰问之曰：“比复南塘一出不？”或为吏所绳，逖辄拥护救解之。谈者以此少逖，然自若也。(《晋书·卷六十二》)

逖性通济，不拘小节。又宾从多是桀黠勇士，逖待之皆如子弟。永嘉中，流民以万数，扬土大饥，宾客攻剽，逖辄拥护全卫，谈者以此少之，故久不得调。(《晋阳秋》)

所谓“健儿、宾客、义徒、勇士”，无非一些流氓、盗贼、亡命徒而已。当时扬州闹灾荒，这些人便常常劫掠富户和商旅。南塘是当时富户集中的地方，“昨夜复南塘一出”，意谓昨夜又出去抢劫了一回。兄弟们有人若被官府捕获，祖逖便去解救。人们为此非议他，但祖逖若无其事，我行我素。他还常主动问兄弟们："比复南塘一出不？"意谓要不要再去干上一票？当然，祖逖的抢劫有补充军用的目的，可这成其为理由吗？

作为地方长官，居然明目张胆地鼓励、支持和率领部属抢劫，这不是什么"通脱"和"不拘小节"，而是无法无天的大恶大罪。此而可为，何事不可为？此而可恕，何事不可恕？这种恶人又谈得上什么家国责任感！到哪里都是祸害。

祖逖率其部百余家渡江的时候，曾经击楫而誓："祖逖不能清中原而复济者，有如大江。"此人一去不返，倒是江南百姓的福气。如果略存羞耻之心，想必他也不好意思重回江南了。凭这种凶恶下流的人物，要恢复中原，那是难如登天。

吴勉学云："可知东晋尚能用人，今必不容矣。"李贽云："击楫渡江，誓清中原，使石勒畏避者，此盗也，俗儒岂知！"这些评点，成什么话。如此恶行，有愧石勒多矣。从民本和民众角度论，宁选石勒，不要祖逖。

君不见，石勒特别重视儒学教育。史载："勒增置宣文、宣教、崇儒、崇训十余小学于襄国四门，简将佐豪右子弟百余人以教之。"石勒称王第六年，亲到襄国的学校，考试诸生的经义，对成绩最优者进行奖赏。八年，用牙门将王波为记室参军，典定九流，始立秀才、孝廉试经之制。石勒崇拜刘邦，敬重刘秀，轻蔑曹操和司马懿，说：

朕若逢高皇，当北面而事之，与韩、彭竞鞭而争先耳。脱遇光武，当并驱于中原，未知鹿死谁手。大丈夫行事当礌礌落落，如日月皎然，终不能如曹孟德、司马仲达父子，欺他孤儿寡妇，狐媚以取天下也。

这才是真英雄大丈夫之言。而对祖逖，我只能说卿本佳人，奈何做贼？佳人做贼，不如放下屠刀的盗贼。南方文化和政治渐渐逊色于北方，于祖逖和石勒这两个重要人物身上可见一斑。后来南方为北方所吞并，于此已肇其端。

世人都知道“闻鸡起舞”的故事，不知后面祖逖与刘琨还有一段话。《晋阳秋》：

逖与司空刘琨俱以雄豪著名。年二十四，与琨同辟司州主簿，情好绸缪，共被而寝。中夜闻鸡鸣，俱起曰：“此非恶声也。”每语世事，或中宵起坐，相谓曰：“若四海鼎沸，豪杰共起，吾与足下相避中原耳！”

两人相约，如果国家动乱，豪杰争霸，我们逐鹿中原的时候，应该互相避让。这里有自负之意，更有避免相互为敌，自相残杀之意，暴露了这两个家伙动机不纯。如果真是为了恢复中原，重建中华，就应该团结互助、携手中原才是，何必相避？

祖逖之弟祖约也不是善类。祖约，字士少，东晋平西将军，在兄长祖逖死后任豫州刺史，并接掌其部众，但他在后赵石勒的进攻下丧师失地。公元 327 年与苏峻一起发动叛乱，被东晋勤王军所攻，投奔后赵。石勒十分鄙薄他，久久不愿接见。后来因为与宾客族人“占夺乡里先人田地”（《祖约别传》），让石勒极端厌恶，干脆诛之，并灭其族。

祖约特别惧内，某晚在小妾处过夜时，被人剁了一刀。祖约以为是其婆姨遣人谋杀，为了躲避，上奏元帝要弃职出京。元帝不许，祖约就私自出京，遭到司徒刘隗的弹劾。修身齐家，皆非所能，为政为将，一无可观，确实太不像话了。《世说》中有多则涉及祖约。《世说·雅量》：

祖士少好财，阮遥集好屐，并恒自经营。同是一累，而未判其得失。人有诣祖，见料视财物。客至，屏当未尽，余两小簏，著背后，倾身障之，意未能平。或有诣阮，见自吹火蜡屐，因叹曰："未知一生当着几量屐！"神色闲畅。于是胜负始分。

活脱脱一个恶浊俗物、守财奴的形象。当然，阮遥集好屐，同样是为屐所累，虽然胜于祖士少，有限得很，五十步笑百步而已。

对祖约这个贪财好货的守财奴、反叛投敌的卖国贼和抢夺成性的抢劫犯，晋人居然赞美有加。王右军（王羲之）道祖士少"风领毛骨，恐没世不复见如此人"。意谓祖约风度体貌，不同凡响。王子猷说："世目士少为朗，我家亦以为傲朗。"

大丞相王导召祖约夜语，至晓不眠，说："昨与士少语，遂使人忘疲。"《晋诸公赞》说："祖约少有清称。"真不知道"清"在何处。想起逐臭嗜痂之典，不由得莞尔。

似是而非

孔门四科：德行、言语、政事、文学。《世说》三十六门，也以"孔门四科"居首，貌似"颇有宗经、征圣之意"（刘强语），其实《世说》德行与政事诸标准与孔门大不同，颇多似是而非之处。《世说·德行》记载了为世人所艳称的"管宁割席绝交"的故事：

管宁、华歆共园中锄菜，见地有片金，管挥锄与瓦石不异，华捉而掷去之。又尝同席读书，有乘轩冕过门者，宁读如故，歆废书出看。宁割席分坐，曰："子非吾友也！"

刘强赞曰："道不同不相为谋也。写得管宁何等风骨！"又赞："管宁心外无俗物，华歆眼中尚有金。作者未下一句判语，而优劣立见，高下立判矣。此诚千古绝妙文字！"太过奖了。

管宁貌似清高超脱，其实其表现比华歆更差劲，其绝交之言，褊狭隘俗，有违“友道”和“恕道”。华歆行为纵然不佳，并非恶劣，更未到“道不同”的地步。管宁完全可以提醒和劝告之，而不是以绝交来表现自己清高。山涛荐举嵇康，嵇康与之绝交，犯的也是同样的毛病。

儒家主张以德服人，以德养人，魏晋名士们则喜欢以德凌人，貌似清高，其实低俗，缺乏悲天悯人之心和济世救民之志。

经华歆推举，魏文帝曹丕登极初年曾下诏，将管宁从辽东召还。魏明帝曹睿即位，时任太尉的华歆要让位给管宁。《魏略》记载：“宁少恬静，常笑邴原、华子鱼有仕宦意。及歆司徒，上书让宁。宁闻之，笑曰：‘子鱼本欲作老吏，故荣之耳！’”这么说就显得刻薄了。华歆以太尉之位相让，应该是希望管宁有所作为。

鼎鼎大名的王羲之在《世说》中多次出现。《言语》：

王右军与谢太傅共登冶城，王谓谢曰：“夏禹勤王，手足胼胝；文王旰食，日不暇给。今四郊多垒，宜人人自效；而虚谈废务，浮文妨要，恐非当今所宜。”谢答曰：“秦任商鞅，二世而亡，岂清言致患邪？”

王右军即王羲之，谢太傅即谢安。刘强评谢安之言说：“其言何其速也，其理何其坚也。右军之言极落实，反显不及。”又说：“谢公为清谈辩诬，千载之下，犹掷地有声。袁中道云：‘二公俱有经济，但大小乘耳，谢大王小。良有以也。’”

非也非也。谢安之言纯属狡辩，秦二世而亡，是法家致患；晋偏安江南，乱象频仍，则是清言致患。王羲之一针见血，“虚谈废务，浮文妨要”正是当时膏肓之疾。《礼记》说：“四郊多垒，卿大夫之辱也。”而当时的公卿士大夫群体却不以为辱，热衷于浮文虚谈，诗酒风流，以致荒废政事，疏于时务，陈叔宝全无心肝，此之谓也。王夫之说“害莫大于浮浅”，魏晋之混乱黑暗就是最好的证明。

但王羲之也有问题。他是大书法家，但不是大君子，品质和眼光都有限。《世说·规箴》：

王右军与王敬仁、许玄度并善，二人亡后，右军为论议更克。孔岩戒之曰："明府昔与王、许周旋有情，及逝没之后，无慎终之好，民所不取。"右军甚愧。

苛评过世的好友，友道有亏，刘强说得好："右军虽骨鲠之人，然恃才傲物，为人难免刻薄寡恩。"好在经孔岩的批评，王羲之知道惭愧，毕竟本质不坏。

《世说·企羡》：

王右军得人以《兰亭集序》方《金谷诗序》，又以己敌石崇，甚有欣色。

刘强评曰："右军不以石崇为非类，正是晋人潇洒处。"其实这不是潇洒，而是糊涂和自轻。石崇是官匪合一的贼头，又是奢侈无度、草菅人命的恶棍，即使《金谷诗序》作得好，何足欣羡！

王子猷，本名王徽之，王羲之的第五子。此人在品德、功业、才华各方面都乏善可陈，但特别会装酷。《世说·简傲》：

王子猷作桓车骑骑兵参军。桓问曰："卿何署？"答曰："不知何署，时见牵马来，似是马曹。"桓又问："官有几马？"答曰："不问马，何由知其数？"又问："马比死多少？"答曰："未知生，焉知死？"

《世说·简傲》：

王子猷作桓车骑参军。桓谓王曰："卿在府久，比当相料理。"初不答，直高视，以手版拄颊云："西山朝来，致有爽气。"

对于政务时事毫不关心，偏要从政“参军”，政治军事能不一团糟吗？刘强说：“桓问之愚，反衬王答之妙。可为王孝伯所言下一转语：‘名士不必须奇才，但使常得无事，痛饮酒，熟读《论语》，便可称名士。’”东海看王子猷顾左右之答，丝毫不见其妙，只见其尸位素餐、玩世不恭和毫无责任感。

如此高姿、高致之士，平时也罢了，战时如此，不仅误事，而且等于找死。

《世说·简傲》：

谢万北征，常以啸咏自高，未尝抚慰众士。谢公甚器爱万，而审其必败，乃俱行，从容谓万曰：“汝为元帅，宜数唤诸将宴会，以悦众心。”万从之。因召集诸将，都无所说，直以如意指四坐云：“诸君皆是劲卒。”诸将甚忿恨之。谢公欲深著恩信，自队主将帅以下，无不身造，厚相逊谢。及万事败，军中因欲除之。复云：“当为隐士。”故幸而得免。

谢万，字万石，谢安之弟。史称他“才气高俊，蚤知名，历吏部郎、西中郎将、豫州刺史、散骑常侍”。此人善于清谈和写文章，曾作《八贤论》，八贤指渔父、屈原、季主、贾谊、楚老、龚胜、孙登、嵇康。其旨以处者为优，出者为劣。

此人肩负北伐大任，却大摆派头，只知清谈啸咏，不知安抚士众。而且其北伐军败得莫名其妙。当时谢万与北中郎将郗昙，兵分两路北伐前燕。郗昙因病而退屯彭城，谢万却以为对方是因前燕兵强而退，仓促退兵，导致士众溃败，谢万狼狈逃还。如此北伐，真成儿戏；如此将军，其败也宜。谢万兵败后，其部下曾打算趁机杀了他，只因其兄谢安的缘故，才幸免一死。呜呼！

《世说·规箴》：

谢中郎在寿春败，临奔走，犹求玉帖镫。太傅在军，前后初无损益之言。尔日犹云："当今岂须烦此！"

谢中郎即谢万，兵败逃亡时还在寻求"玉帖镫"，说好听点，像个小顽童，说难听点，简直是头蠢猪。

太傅即谢安。谢万北征时，谢安未出仕，随军同行，但沉默是金，"前后初无损益之言"，似乎胜败都无所谓。刘强评曰："谢公处时顺变，心无挂碍，方显风流本色。"非也。这不是风流本色，而是莫名其妙。既然不在乎战事，那又何必随军？难道就为了在逃命时提醒弟弟一句"当今岂须烦此"？但看《简傲》，谢安在军中还是对谢万提过建议、有过损益之言的。

《世说·贤媛》：

赵母嫁女，女临去，敕之曰："慎勿为好！"女曰："不为好，可为恶邪？"母曰："好尚不可为，其况恶乎！"

刘强评说："答固险怪，然终得正理。"又说："赵母无好无恶，便是庄子无是无非之旨，已有晋人意趣。"其实赵母之言，非正理也。这种"晋人意趣"，颇有乡愿色彩，不可为训。恶固不可为，善则不可不为。还是刘备说得好："勿以恶小而为之，勿以善小而不为。"

《淮南子》里有一个类似的故事："人有嫁其女而教之者，曰：'尔为善，善人疾之。'对曰：'然则当为不善乎？'曰：'善尚不可为，而况不善乎？'"此言非理。善人岂会疾人为善？疾人为善者，焉能称为善人？这类观点，似是而非，最易误导。

附：有关微言一束

【看历史】儒家礼制，时间久了会出问题。一是败坏，如春秋，礼崩乐坏，有必要恢复和重建；二是落后，如清末，不合时宜，有必要返本开新，根据“仁本中道原则”和“礼以义起”的要求，继旧制之优，汲西制之美，制作符合时代要求的新礼制。笼统地反掉儒家和礼制，那就不可收拾了。

【看历史】魏晋重门第，倡孝道，以孝治天下，有他们不得已的苦衷：他们的政权都是僭窃而来的，大悖忠德也。由于政权来路不正，政治缺德，孝道也不成，经不起儒家经典的观照和孔孟之道的衡量，所以进而提倡老庄和玄学。这是魏晋之际，玄学兴起、清谈泛滥的根本原因。

【看历史】常说官贼一家、兵匪一家，多为形容，而祖逖是真正的集官贼兵匪于一身的人，白昼为官，黑夜做贼（强盗）；战时打仗，平时抢劫，抢劫的对象则是富户和商旅，而且形成了习惯，时不时就干一票。这不是“小德出入可也”，不是什么错误过失，而是无可饶恕的大罪，古来任何名将所不敢为亦不忍为。

【看历史】南朝比魏晋更加不堪。两晋时儒家和礼制被蔑弃，尚有门第精神在，南朝则连门第也遭到了蔑弃，一切落空，政治道德全面败坏，极度下流，无复底线。刘裕篡东晋建立的宋朝，诸帝荒唐不经，宫闱毫无伦理，王室骨肉相残，禽兽不如。宋武九子、四十余孙、六十七曾孙，多数死于非命，无一有后。

【看历史】南方诸朝越来越蛮夷，而北方自五胡迄魏、齐、周历代王室，越来越汉化即儒化，政治、社会、文化、教育各方面越来越高于南朝，最后隋灭南陈，统南北为一国，开隋唐之新运。儒家文化为北方的兴盛，提供了一定的道德基础和思想指导。

【看历史】何敬容，梁武帝时曾为宰相。《梁书·何敬容传》说他：“聪明识治，勤于簿领，诘朝理事，日旰不休。”却因此遭到时论的轻蔑。“自晋宋以来，宰相皆文义自逸，敬容独勤庶务，为世所嗤鄙。”可见当时社会风气之一斑。老庄风流，玄旗高张，评价标准如此颠倒乃尔。

【看历史】《梁书·何敬容传》：“是年，太宗频于玄圃自讲老庄二书，学士吴孜时寄詹事府，每日入听。敬容谓孜曰：‘昔晋代丧乱，颇由祖尚玄虚，胡贼殄覆中夏。今东宫复袭此，殆非人事，其将为戎乎？’俄而侯景难作，其言有征也。”何敬容真高见也。梁太宗此时尚为太子，后来被叛贼侯景所立，傀儡耳，不久被弑，子孙皆被杀尽。

第八章　关于《吕氏春秋》

（一）

《吕氏春秋》，是战国末年秦国丞相吕不韦组织门客集体编撰的著作，又名《吕览》。此书共分为十二纪、八览、六论，一百六十篇，二十余万字。

当时，魏国有信陵君，楚国有春申君，赵国有平原君，齐国有孟尝君，他们都礼贤下士，结交宾客。吕不韦“羞不如”，要在这方面争个高低，也招来了大量文人学士，给他们优厚的待遇，门下食客多达三千人。不同的是，吕不韦招揽门客，特重文才，令门下凡能撰文者，都把自己所闻所见和感想写出来。吕不韦对这些文章进行筛选、归类、删定，综合在一起成书，取名叫《吕氏春秋》。

《吕氏春秋》十二纪是全书的大旨所在，是全书的重要部分，分为《春纪》《夏纪》《秋纪》《冬纪》。每纪都是十五篇，共六十篇。《春纪》主要讨论养生之道，《夏纪》论述教学道理及音乐理论，《秋纪》主要讨论军事问题，《冬纪》主要讨论人的品质问题。在相当于全书总序的《序意》中说：

凡十二纪者，所以纪治乱存亡也，所以知寿夭吉凶也，上揆之天、下验之地、中审之人，若此，则是非可不可无所遁矣。

八览，现存六十三篇，显然脱去一篇。内容从开天辟地说起，一直说到做人务本之道、治国之道，以及如何认识、分辨事物，如何用民、为君等。六论，共三十六篇，杂论各家学说。

《吕氏春秋》的编著目的是总结历史经验教训，为以后的秦国统治提供长久的治国方略。此书试图兼容并包，融汇百家。《不二》中说："老耽贵柔，孔子贵仁，墨翟贵兼，关尹贵清，列子贵虚，陈骈贵齐，阳生贵己，孙膑贵势，王廖贵先，儿良贵后。此十人者，皆天下之豪士也。"

对先秦各家都予以相当的肯定和赞许，同时进行总结性批判和批判性吸收。例如对墨家思想,《吕氏春秋》赞同墨子"节葬"观念，又批驳了墨子的"非攻"主张："夫攻伐之事，未有不攻无道而罚不义也。攻无道而伐之义，则福莫大焉，黔首利莫厚焉。禁之者，是息有道而伐有义也，是务汤武之事而遂桀纣之过也。"(《振乱》)

《吕氏春秋》主张兴"义兵"："义兵至，则邻国之民归之如流水，诛国之民望之若父母，行地滋远，得民滋众，兵不接刃，而民服若化。"(《怀宠》)《吕氏春秋》认为，"攻无道而伐不义"，除暴安良的正义战争，可以得到人民的衷心拥护。这就很儒家。

《吕氏春秋》理论并没有机会付诸实践。秦始皇执政后，就将吕不韦逼死了，秦始皇欣赏和采纳的是韩非、李斯的法家学说。

（二）

或以为《吕氏春秋》"坚持了法家学派的基本理论"。实则非也。

法家的基本理论是"性恶论"和"君本位"，"法术势"是为君主服务的，儒家同样有自己的"法术势"思想（刑法、权道、地位权势和时代大势）。关键在于以何为本、以何为帅。儒家道德上仁本位，政治上民本位，其他一切都必须围绕着"仁"字大旗而转。

《吕氏春秋》处处强调仁义道德的重要性和原则性，对法家严刑峻法多有批评。《上德》说："严刑峻法，此衰世之政也。"本篇开头即指出：

为天下及国，莫如以德，莫如行义。以德以义，不赏而民劝，不罚而邪止，此神农、黄帝之政也。以德以义，则四海之大，江河之水，不能亢矣；太华之高，会稽之险，不能障矣；阖庐之教，孙吴之兵，不能当矣。

可见，学界以《上德》为兵家之言，是错误的。“为天下及国”政治工作，只要“以德以义”，阖庐的政教，孙武、吴起的军队都不能抵挡。这就是仁者无敌的道理。兵家云乎哉。由于阖闾和孙武的密切关系，《吕氏春秋》把他与孙武、吴起联系在一起。

《上德》还介绍了“舜德服三苗”的真实历史故事：

三苗不服，禹请攻之，舜曰：“以德可也。”行德三年，而三苗服。孔子闻之，曰：“通乎德之情，则孟门、太行不为险矣。故曰德之速，疾乎以邮传命。”周明堂金在其后，有以见先德后武也。舜其犹此乎！其臧武通于周矣。

舜德服三苗事见于《尚书·大禹谟》。这里引的孔子之言“德之速，疾乎以邮传命”，《孟子·公孙丑》中作“德之流行，速于置邮而传命”，意谓德政最得人心，最易通行，推行起来，比驿站转送命令还要迅速。

其次，《吕氏春秋》对士的态度和法家截然不同。商鞅认为游学之士，引诱农民脱离生产、干扰国家政策的贯彻，应予取缔。《吕氏春秋》则对贤士表示出高度的推崇，对贤士的重要性和治国安邦的作用有大量论述。

如《期贤》说：“凡国不徒安，名不徒显，必得贤士。”《谨听》说：“名不徒立，功不自成，国不虚存，必有贤者。”《本味》说：“功名之立，由事之本也，得贤之化也。非贤，其孰知乎事化？故曰其本在得贤。”《求人》说：“身安、国安、天下治必贤人。”《赞能》说：“得十良马，不若得一伯乐；得十良剑，不若得一欧冶；得地千里，不若得一圣人。”等等。

在《士容》《下贤》《知分》《离俗》《谕大》等篇中，以儒家特点为主，道家色彩为辅，描绘了理想中的贤士形象和特征。

卢文弨《书吕氏春秋后》谓：“《吕氏春秋》一书，大约宗墨氏之学，而缘以儒术。”近人杜国庠认为：“在吕不韦的主观上，比较是有意畸重于道家。”熊铁基的《秦汉新道家论稿》认为《吕氏春秋》是秦汉“新道家”的代表作。也都不对。

《汉书·艺文志》把《吕氏春秋》著录于“杂家”类，并说：“杂家者流，盖出于议官，兼儒墨，合名法，知国体之有此，见王治之无不贯，此其长也。”此说也不够准确。

（三）

《吕氏春秋》旨在对诸子百家兼收并蓄，“兼儒墨，合名法”，收百家之长，成一家之言。应该说在一定程度上做到了，把各门各派、各种不同的思想统一到了道德上。它吸取法家“耕战”观点，又反对严刑峻法。“宗墨氏之学”又批评墨家“非攻”“救守”之说，对诸家皆有取有舍。可以说，在一定程度上对各家各派进行了优化改良。

司马迁在《史记》里将《吕氏春秋》与《周易》《春秋》《离骚》等并列，表示了他对《吕氏春秋》的重视。东汉的高诱为《吕氏春秋》作注，在《序》中写道：

庄襄王立三年而薨，太子正立，是为秦始皇帝，尊不韦为相国，号称仲父。不韦乃集儒书，使著其所闻，为《十二纪》《八览》《六论》，训解各十余万言，备天地万物古今之事，名为《吕氏春秋》，暴之咸阳市门，悬千金其上，有能增损一字者，与千金。时人无能增损者。诱以为时人非不能也，盖惮相国，畏其势耳。然此书所尚，以道德为标的，以无为为纲纪，以忠义为品式，以公方为检格，与孟轲、孙卿、淮南、扬雄相表里也，是以著在录略。诱正《孟子章句》，作《淮南》《孝经》解毕讫，家有此书，寻绎案省，大出诸子之右。

“乃集儒书”的“儒书”是“儒士”之误。可见当时吕不韦的门客以儒生为主，该书是以儒家思想为主干是理所当然的。那些儒生水平不高，也是显而易见的。《吕氏春秋》似儒非儒，作者中没有大儒，大儒也不屑于给吕不韦这种人做门客。

高诱明确指出《吕氏春秋》“以道德为标的，以无为为纲纪，以忠义为品式，以公方为检格，与孟轲、孙卿、淮南、扬雄相表里”的特点。高诱认为此书“大出诸子之右”。让它超过了诸子成就的主要原因，正是其一定程度的道德精神。元大儒陈澔认为该书是“当时儒生学士有志者所为”，他在《礼记集说》里说：

吕不韦相秦十余年，此时已有必得天下之势，故大集群儒，损益先王之礼而作此书，名曰《春秋》，将欲为一代兴王之典礼也，故其间亦多有未见之礼经合者。其后徙死，始皇并天下，李斯作相，尽废先王之制，而《吕氏春秋》亦无用矣。然其书也，亦当时儒生学士有志者所为，犹能仿佛古制，故记礼者有取焉。

明方孝孺对该书也持相当肯定的态度：

然其书诚有足取者，其《节丧》《安死》篇讥厚葬之弊，其《勿躬》篇言人君之要在任人，《用民》篇言刑罚不如德礼（此文应在《上德》），《达郁》《分职》篇皆尽君人之道，切中始皇之病。其后秦卒以是数者偾败亡国，非知几之士，岂足以为之哉？

又说：

然予独有感焉，世之谓严酷者，必曰秦法，而为相者，乃广致宾客以著书，书皆诋訾时君为俗主，至数秦先王之过无所惮，若是者皆后世之所甚讳，而秦不以罪。呜呼！然则秦法犹宽也。（《逊志斋集·读吕氏春秋》）

方孝孺指出：“书皆诋訾时君为俗主，至数秦先王之过无所惮。”其中关于“君人之道”的阐说“切中始皇之病”。可见《吕氏春秋》与秦始皇的道德立场及政治态度大不同。当时吕不韦能够“广致宾客以著书”，只是因为秦始皇羽毛未丰而已。

清人汪中指出：

《吕氏春秋》出，则诸子之说兼有之。故《劝学》《尊师》《诬徒》《善学》四篇，皆教学之方，与《学记》表里；《大乐》《侈乐》《适音》《古乐》《音律》《制乐》，皆论乐，凡此诸篇，则六艺之遗文也；《十二纪》发明明堂礼，则明堂阴阳之学也；《贵生》《情欲》《尽数》《审分》《君守》五篇，尚清静养生之术，则道家流也；《荡兵》《振乱》《禁塞》《怀宠》《论威》《简述》《决胜》《爱士》八篇，皆论兵，则兵权谋，形势二家也；《上农》《任地》《辨土》三篇，皆农桑树艺之事，则农家者流也；其有抵牾者：《振乱》《禁塞》《大乐》各三篇，以墨子《非攻》《救守》及《非乐》为过。而《当染》全取墨子，《应言》司马喜事，则深重墨氏之学。（《述学吕氏春秋附考》）

《四库全书总目》说的最是中肯：

不韦固小人，而是书较诸子之言独为醇正。大抵以儒为主，而参以道家、墨家。故多引六籍之文典与孔子、曾子之言，其他如论音则引《乐记》，论铸剑则引《考工记》，虽不著篇名，而其文可案。所引庄、列之言，皆不取放诞恣肆者；墨翟之言，不取其《非儒》《明鬼》者；而纵横之术、刑名之说，一无及焉，其持论颇为不苟。

东海认为，《吕氏春秋》全书博采兵、农、法、阴阳各家学说，归宗于道德，思想主干颇为儒家，或者说大部分篇幅灌注了相当程度的儒家精神，在强调德治、孝道、礼乐、民本、正名、重贤等方面，与儒家一脉相承。在此基础上融合道、墨、法、兵众家之长，形成了包括政治、经济、哲学、道德、军事各方面的“吕氏体系”，结构严整、体例划一。只是可惜，该书没有明确确立儒家文化为主体，对道德的理解把握不够精确到位，故似是而非的地方不少。可称之为“儒门外道”之书，与《荀子》一书并列。

《吕氏春秋》是吕不韦众门客的集体创作，《吕氏春秋》并不代表吕不韦的文化道德水准。吕不韦这个人，善于投机、富有权术而劣于德行，一身商贾气，没啥儒家味。他献姬于子楚，救助子楚从赵国脱身，帮助子楚成为太子，都是商业行为，视子楚为奇货可居。

把《吕氏春秋》全书誊抄悬挂在咸阳城门，声称谁能改动一字即赏给千金。这不啻为一次绝妙的炒作。吕不韦的头脑确实好使。时人没有一个能加以改动的。“诱以为时人非不能也，盖惮相国，畏其势耳。”高诱的这个推测挺有意思。

（四）

从《爱类》开头一段，就可以看出《吕氏春秋》的一大特点：重视仁德又理解到位，有儒家精神而又不够儒家。下面逐句试析这一段。

仁于他物，不仁于人，不得为仁；不仁于他物，独仁于人，犹若为仁。仁也者，仁乎其类者也。故仁人之于民也，可以便之，无不行也。神农之教曰：“士有当年而不耕者，则天下或受其饥矣；女有当年而不绩者，则天下或受其寒矣。”故身亲耕、妻亲绩，所以见致民利也。贤人之不远海内之路，而时往来乎王公之朝，非以要利也，以民为务故也。人主有能以民为务者，则天下归之矣。王也者，非必坚甲利兵选卒练士也，非必隳（huī）人之城郭、杀人之士民也。上世之王者众矣，而事皆不同。其当世之急、忧民之利、除民之害同。(《吕氏春秋·爱类》)

“仁于他物，不仁于人，不得为仁。”很正确。仁者爱人，连作为同类的人都不爱，哪还有什么“仁”可言？

“不仁于他物，独仁于人，犹若为仁。”也没错。儒家“亲亲、仁民、爱物”，爱有差等而无局限。“不仁于他物”，境界不高，但能够“仁于人”，值得肯定。“犹若为仁”，也蛮好，就像孔子赞美管子“如其仁”一样。

“仁也者，仁乎其类者也。”不准确。“仁乎其类”是必须的，这是“民胞”，但儒家还进一步强调“物与”和“天地万物一体之仁”。

“故仁人之于民也，可以便之，无不行也。”自当如此。只要方便、有利于民众的事，就应该去做、去实践。

“神农之教曰：‘士有当年而不耕者，则天下或受其饥矣；女有当年而不绩者，则天下或受其寒矣。’故身亲耕，妻亲绩，所以见致民利也。”不对了。士农工商，社会分工不同，“劳心者治人，劳力者治于人。”文化人和政治人自有其应尽的文化政治责任，岂能事事亲力亲为？如果“身亲耕，妻亲绩”，恰恰是不义不仁的。

《左传》记载：

仲尼曰：“臧文仲，其不仁者三，不知者三。下展禽，废六关，妾织蒲，三不仁也。作虚器，纵逆祀，祀爰居，三不知也。”(《左传·文公二年》)

“妾织蒲”，杜预注：“家人贩席，言其与民争利。”后即用作为政不仁与民争利之典故。《南史·范泰传》：“食禄之家，不与百姓争利，故拔葵所以明政，织蒲谓之不仁。”

“贤人之不远海内之路，而时往来乎王公之朝，非以要利也，以民为务故也。”对，但不够准确。孔孟“不远海内之路”周游列国，历代大儒“时往来乎王公之朝”，既是“以民为务”，也是为了成就良知光明和生命辉煌。儒家行道，把仁义之道“举而措之天下之民”，既为了利民又为了利己。

“人主有能以民为务者，则天下归之矣。”不错。但怎样才是“以民为务”，却大有讲究，最关键的是指导思想要正确高明。法家思想无论动机如何，都会被指导出“以民为奴”的现实。

“王也者，非必坚甲利兵选卒练士也，非必隳人之城郭、杀人之士民也。”注意口气。什么叫“非必”（不一定）？“上世之王者众矣，而事皆不同。其当世之急、忧民之利、除民之害同。”这是对的。